U0147841

中國文化通史

秦漢卷・下冊

目錄
CONTENTS

第三章　文化衝突與論爭

第四章　　吸納百川，吞吐六合

第五章　　經學 —— 秦漢時期的學術主流

第六章　天人分際與古今之義

第七章　天與神佛的世界

第十章　大一統政局下的史學

第十一章　大氣磅礴的秦漢文學

第十二章　多姿多彩的藝術天地

第十三章　勘天・格物・厚生 —— 科學技術成就

第十四章　秦漢風俗

參考書目

再版後記

第十章

大一統政局下
的史學

　　史學是文化的重要因數，是社會意識形態的組成部分，既有獨立的學術形態，又與社會其他因素有緊密的內在聯繫。它通過反映社會變化、解答歷史課題為社會服務，顯示特有價值，也在社會實踐中不斷豐富發展自己。

　　秦漢時期中國史學處於成長階段。封建大一統政權的出現對史學產生了深刻影響，史學又自覺承擔起服務於大一統政治的歷史使命，在與社會緊密結合、互相促進的過程中，中國史學逐漸成熟起來。

　　這一時期歷史撰述上出現了成一家之言的史學著作，形成與封建社會相適應的史學，樸素唯物主義者對歷史動力、歷史趨勢等問題作了較深入思考，歷史文獻學和歷史文學也都取得了相當高的成就。

秦與漢初的史學

一、秦朝的史官制度

　　秦史學源遠流長。《史記・秦本紀》記載:「(秦文公)十三年(前753年),初有史以紀事,民多化者。」明確指出秦在立國之初,即設有專門史官並建立了修史制度,史學在秦早期國家的建設發展中起過一定作用。其實,秦從初封為諸侯的秦襄公(前777-前766年)之前八十年的秦侯時期始,就有了較準確的各代首領在位年數。[1]可見,秦開始歷史記載的時間可能還要早一些。

　　《史記・封禪書》中,有兩段關於秦史官情況的記載。一條是:「文公夢黃蛇自天下屬地,其口止於鄜衍。文公問史敦,敦曰:『此上帝之徵,君其祠之。』於是作鄜畤,用三牲郊祭白帝焉。」金德建認為:「史敦是秦國最早的史官,也就是現在所可考見的《秦記》的最早著作者之一。」[2]說史敦是秦最早的史官,可能問題不大,說他是《秦記》的最早作者,目前還缺乏更有力的材料來證實。另一條是:「秦繆公立,病臥五日不寤。寤,乃言夢見上帝,上帝命繆公平晉

1　《史記・秦本紀》。
2　金德建:《司馬遷所見書考》,420頁,上海,上海人民出版社,1963。

亂。史書而記藏之府。」這已是明確的史官活動記錄，反映了史官記載並收藏特別史實的工作程序。此後，秦史官記史、修史活動當有所發展。大家熟知的典型事例是秦趙澠池之會，兩國史官互記對方君主鼓瑟、擊缶的故事。統一後秦皇朝的官方史學工作正常進行，且有一定成就。

秦政府設有專門機構，配備專門人員搜集管理圖書資料。《漢書‧百官公卿表》記載，秦御史大夫下有中丞，在殿中蘭臺，掌圖籍秘書。漢丞相張蒼，在秦時即曾任御史，得以明習天下圖書計籍。《漢書‧藝文志‧六藝》錄有「《奏事》二十篇」。注云：「秦時大臣奏事，及刻石名山之文也。」可見秦圖書檔案的保管整理工作很有成績。秦燔滅文章，使天下圖書遭一劫難，但政府掌管的圖籍卻在保護之列。後來劉邦入咸陽，蕭何「收秦丞相御史律令圖書藏之」。因而在楚漢相爭中，漢以「具知天下厄塞、戶口多少、強弱之處、民所疾苦」[3]，掌握了制勝的主動權。

秦史官沿襲周制，也負責文字的教授與釐定工作。太史令胡毋敬曾著《博學》七章，文字多取於周史官教授學童的《史籀篇》，而以秦篆書之。[4]

秦史官的最主要職責應是在朝中司記注之職。司馬遷記載張蒼在秦「主柱下方書」，如淳解說：「方，版也，謂書事在版上者也。」又進一步說明：「秦以上置柱下史，蒼為御史，主其事。」司馬貞也說：「周秦皆有柱下史，謂御史也。所掌及侍立恆在殿柱之下，故老子為周柱下史。今蒼在秦代亦居斯職。」[5]他們都認為秦未廢史官侍立柱下之制。從上引史官記錄並收藏秦繆公做夢之事和澠池之會的事例看，這個說法是有根據的。

秦焚書的規定中所言「非博士官所職，天下敢有藏詩、書、百家語，悉詣守尉雜燒之」[6]云云，說明秦代包括百家語在內的書籍由博士官典藏傳習。《漢書‧百官公卿表》記載秦博士隸屬於奉常，「掌通古今，秩比六百石，員多至數十

3　《史記‧蕭相國世家》。
4　《漢書‧藝文志》。
5　裴駰：《史記集解‧張丞相列傳》、司馬貞：《史記索隱‧張丞相列傳》。
6　《史記‧秦始皇本紀》。

人」。秦代博士兼掌各門學術並參議朝政，與漢代只立經學博士不同，在他們所職掌的學術任務中，通古今顯然居於最重要地位。這裡對史學強調的已不是簡單的記注要求，而是研究職能。把通古今與議朝政聯繫起來，我們可以看出史學在秦施政中占有一定地位。

在記注的基礎上加工整理，就成為官修之史。秦史官所修之史，今天可以略見一斑的是《秦記》。金德建在《〈秦記〉考徵》[7]一文中對此書作了較詳盡的考辨。大略內容是：（一）《秦記》敘事始於秦襄公，止於秦亡。雖然「不載日月，其文略不具」，但記載了「犬戎敗幽王，周東徙洛邑，秦襄公始封為諸侯，作西畤用事上帝」等史實，而且「戰國之權變亦有可頗采者」[8]。（二）《秦記》對司馬遷作《史記》影響很大，《史記·六國年表》基本參據《秦記》修成，《史記》中詳記張儀、白起等許多秦人事蹟，與較多採據《秦記》材料有關，從《史記》的一些其他記述中，也可找出採據《秦記》的線索。（三）班固曾見過《秦記》，《漢書·藝文志》未著錄此書是由於疏漏，從《決疑錄要》、《華陽國志》等書的徵引可知，《秦記》到魏、晉時還未佚失。

另一部重要書籍是一九七五年在睡虎地秦墓中出土的竹簡《編年記》。[9]《編年記》竹簡共五十三支，逐年記載秦昭王元年（前 306 年）到秦始皇三十年（前 217

《編年記》

7　《司馬遷所見書考》。
8　《史記·六國年表序》。
9　《睡虎地秦墓竹簡》。

年）秦的戰爭等大事，同時，記錄墓主喜的生平等事項。《編年記》的每條記述都很簡單，有時還列年而不記事，體例與《春秋》相近，可以看出早期史書的編年記事方式的大致狀況。此書採取國史與家史結合的形式，將國家大事與個人生平記錄在一起，很值得注意。由此可見，春秋時世卿設官修史之制，秦統一後仍得到保留。與《編年記》一起出土的還有大量法律及其他文書，喜在秦始皇時曾任安陸御史、安陸令史、鄢令等與法律有關的職務，可知以吏為師的作法，在焚書之前就已成為秦的重要文化政策。

二、秦始皇的史學政策

秦建立中央集權的大帝國後，樹立法家思想權威，實行全面專制統治。秦始皇看到了思想文化與社會政治的密切關係，為適應建立、鞏固大一統政權的需要，在實施一系列政治經濟方面統一舉措的同時，也採取了思想文化上的統制措施，實行「書同文，行同倫」的文化政策，要求將文字和倫理行為統一起來。這個政策具有兩重性的效果：一方面，它順應了全國政治、經濟、文化統一的歷史趨勢，促進了具有大一統特色的秦漢文化的形成和發展，從而為兩千年來的封建政治格局奠定了穩固的思想基礎；另一方面，文化高壓政策引起人們普遍不滿，在一定條件下，轉化為強秦暴亡的催化劑。

秦始皇對史學有較深認識。在他的專制主義的文化政策中，史學政策占有重要地位。對於史學，秦始皇採取了正面利用與嚴格限制兩手政策。

秦朝君臣都很重視史學的鑒戒功能。統一前李斯的《諫逐客書》，之所以能說服秦王吸收六國人才，共圖統一大業，最根本原因就是用歷史上秦繆公、孝公、惠王、昭王重用由余、百里奚、商鞅、張儀、范雎等外來人才，使國家強盛等有力的歷史事實，說明了「向使四君卻客而不內，疏士而不用，是使國無富利之實，而秦無強大之名」[10]的道理。

---

10 《史記·李斯列傳》。

秦始皇常參照歷史作出重大決策。天下初定之時，他讓群臣議帝王的尊號。以為非此則「無以稱成功，傳後世」，表現出很強的歷史意識。王綰、馮劫、李斯等人認為秦始皇的功業，「自上古以來未嘗有，五帝所不及」，因此，應以三皇之稱中最貴的「泰皇」作為尊號。秦始皇將「泰」字去掉，「采上古『帝』位號，號曰『皇帝』」。他又因為「太古有號毋諡，中古有號，死而以行為諡。如此，則子議父，臣議君也，甚無謂」，決定「自今以來，除諡法。朕為始皇帝，後世以數計，二世三世至於萬世，傳之無窮」。既借重歷史，又懼怕歷史的矛盾心情，在這裡表露無遺。在實行分封制還是實行郡縣制的討論中，李斯引古籌今的一番議論深深打動了秦始皇。他說：「周文武所封子弟同姓甚眾，然後屬疏遠，相攻擊如仇讎，諸侯更相誅伐，周天子弗能禁止。今海內賴陛下神靈一統，皆為郡縣，諸子功臣以公賦稅重賞賜之，甚足易制。天下無異意，則安寧之術也。置諸侯不便。」於是秦將郡縣制推行到全國，確立了大一統中央集權制的基本格局。在引發焚書的討論中，李斯不同意淳于越「事不師古而能長久者，非所聞也」的論點，但用以反駁的第一條論據便是「五帝不相復，三代不相襲，各以治，非其相反，時變異也」。仍沒有離開歷史的思考。法家欣賞愚民政策，但自身並不缺乏文化修養。他們很善於運用所掌握的知識為自己的政治目的服務。我們不贊成李斯毀棄文化的主張，但必須承認，他以時變的觀點來看歷史，較之對歷史事實的直接引證，在理論上要高一個層次。

秦始皇注意發揮歷史的宣傳工具作用。他信奉當時流行的五德終始的歷史哲學，用來論證秦皇朝代周火德而起，在五德之運中屬水德，具有合法性。為了順應自己政權的德運，在朝章國制上，採取了相應的改制措施，以水德為準，服飾旗幟尚黑，執政也是「剛毅戾深，事皆決於法，刻削毋仁恩和義，然後合五德之數，於是急法，久者不赦」。秦始皇意識到對皇權合法性的論證和對自己統一中國、建立帝制功勞的宣傳對政權的作用。他不止一次地到全國各地巡遊，刻石記功，宣傳自己的功業超邁往古，秦政權永世長存。刻石中隨處可見「六合之內，皇帝之土。西涉流沙，南盡北戶。東有東海，北過大夏。人跡所至，無不臣者。功蓋五帝，澤及牛馬」、「治道運行，諸產得宜，皆有法式。大義休明，垂於萬世，順承勿革」這樣的詞句。值得注意的是，秦在興起時奉行過變革思想，這時

卻表現出萬世不變的保守傾向。

人們比較關注的是秦始皇對歷史記載的恐懼態度。他推行愚民政策，不願意讓民眾掌握文化知識，保留對統一以前歷史的記憶，恐怕由此引發對現政權的反抗。把這一思想貫徹到極致，就是實行焚書政策，毀掉民間流傳的《詩》、《書》、百家語和一切非秦國的史書。在李斯所作焚書的論證中，最能打動秦始皇的語言便是：「今諸生不師今而學古，以非當世，惑亂黔首。」按焚書的要求：「史官非秦記皆燒之。非博士官所職，天下敢有藏《詩》、《書》、百家語者，悉詣守尉雜燒之。有敢偶語詩、書者棄市，以古非今者族，吏見知不舉者與同罪。令下三日不燒，黥為城旦，所不去者，醫藥卜筮種樹之書。若欲有學法令，以吏為師。」[11]這個政策阻礙了史學知識的傳播，造成嚴重後果。

秦始皇推行文化專制主義，採取簡單禁絕史學在社會傳播的辦法並沒有取得成功。歷史學具有頑強的生命力，雨暴風狂會使「菡萏香銷翠葉殘」，可奈何不得大地回春，「一夜滿枝新綠替殘紅」。秦始皇能夠強令焚毀《詩》、《書》，卻無法磨滅人們的歷史記憶。秦始皇和李斯想用強制的方法建立起與「今皇帝併有天下，別黑白而定一尊」[12]的政治格局相適應的思想文化體系，但沒有取得成功。最終，秦的文化專制主義與暴政同歸於盡。當然，深入分析起來，這也是一種史學與政治相聯繫的作法，說秦始皇廢棄歷史，不要文化，未免有些簡單。

總的看來，秦皇朝在史學上沒有作出與封建大一統相適應的建樹，它留給後人更多的是關於史學與政治關係的思考。

三、對秦亡漢興經驗教訓的總結

秦亡漢興的歷史實踐，提出了發人深思的問題：秦累世經營，滅六國而成帝

---

11 以上引文均見《史記·秦始皇本紀》。
12 同上。

業，為什麼陳涉揭竿而起，一下子就土崩瓦解？劉邦出身平民，無累世功德，為什麼幾年內就打敗了所有競爭對手，建立起大漢帝國，成為天子？這事有沒有合理依據？秦何以亡得這樣快？漢何以興得這樣速？當時的政治家、思想家、史學家思索這些問題，是為了了解歷史變化的原因，給新生政權提供經驗教訓，解決漢政權怎樣統治下去的問題。

劉邦即帝位當年，便開始思考這個問題。在與群臣歡聚時，他問臣下：「列侯諸將無敢隱朕，皆言其情。吾所以有天下者何？項氏所以失天下者何？」高起、王陵回答：「陛下慢而侮人，項羽仁而愛人。然陛下使人攻城掠地，所降下者因以予之，與天下同利也。項羽妒賢嫉能，有功者害之，賢者疑之，戰勝而不予人功，得地而不予人利，此所以失天下也。」劉邦說：「公知其一，未知其二。夫運籌策帷帳之中，決勝於千里之外，吾不如子房。鎮國家，撫百姓，給饋饟，不絕糧道，吾不如蕭何。連百萬之軍，戰必勝，攻必取，吾不如韓信。此三者，皆人傑也，吾能用之，此吾所以取天下也。項羽有一范增而不能用，此其所以為我擒也。」[13]劉邦君臣都把人的作用放在首位。不同的是，高起和王陵看到的是劉、項用人的不同，注意的是領導者的胸懷與氣度。劉邦的高明之處在於看到了個人力量的有限，意識到廣用各方面人才之長，才能成就大業。在天下初定之時，他們想到的只是勝負的直接原因，還來不及對歷史作深入的思考。

深入總結歷史經驗教訓，提出鞏固政權根本方針的是陸賈。他常常在劉邦面前稱引《詩》、《書》，惹得劉邦很反感，訓斥他說：「乃公居馬上得之，安事《詩》、《書》？」陸賈反問：「居馬上得之，寧可以馬上治之乎？」此言可謂一語破的，道出了奪取政權與鞏固政權方略的不同。不能以武力治天下，可說是千古不磨的真理，有著久遠的生命力。接下來，他用歷史事實說明了不施仁義，純任武力必然失敗的道理，也道出了秦亡的根本原因：「且湯、武逆取而順守之，文武並用，長久之術也。昔者吳王夫差、智伯極武而亡，秦任刑法不變，卒滅趙氏。向使秦已併天下，行仁義，法先聖，陛下安得而有之？」劉邦被他說得面有

---

13 《史記·高祖本紀》。

慚色，要求他總結出秦亡漢興及歷史上成敗得失的經驗教訓來。陸賈「乃粗述存亡之徵，凡著十二篇」。因為很好地貫徹了劉邦的撰述意圖，所以「每奏一篇，高帝未嘗不稱善，左右呼萬歲，號其書曰《新語》」[14]。在《新語》中，陸賈系統總結古今施政的經驗教訓，闡述了以仁義為本的治國學說。針對百廢待興的社會現實，他提出無為而治的主張，要求政府減少對社會的行政干預，減少徭役，減輕刑罰，休養民力，通過教化達到天下大治。陸賈的思想主張對漢初統治者有很大影響，從高祖、呂后，到文帝、景帝，一直執行休養生息的政策，取得了巨大的歷史成就。陸賈的思想主張對後來的思想家也有重要影響。王充在《論衡·案書篇》中說：「《新語》陸賈所造，蓋董仲舒相被服焉。皆言君臣政治得失，言可採行，事美足觀，鴻知所言，參貳經傳，雖古聖之言，不能過增。」

漢文帝時的賈誼對歷史與現實問題又一次作了深入思考。他的《過秦論》[15]是一篇出色的歷史論文。文章對秦由興起到敗亡的歷史作了全面回顧與總結。肯定秦「立法度，務耕織，修守戰之備」，完成統一大業的歷史功績。然後分析秦統一後政策的失誤，揭示秦亡的原因。他具體論述道：天下初定時，經多年戰亂之苦，「天下之士斐然向風」，「元元之民冀得安其性命，莫不虛心而仰上」，為社會的安定與治理提供了良好的時機。可惜秦始皇不能及時調整政策，仍崇尚武力，「其道不易，其政不改，是其所以取之守之者無異也。孤獨而有之，故其亡可立而待」。而且繼秦始皇為帝的二世與子嬰還不知改弦更張，「三主惑而終身不悟，亡不亦宜乎」！通過細緻的分析，他得出結論：秦滅亡的根本原因在於「仁義不施，而攻守之勢異也」。賈誼所言歷史，處處觀照著現實，明白表露出總結歷史經驗，為現實服務的宗旨。文中言：「君子為國，觀之上古，驗之當世，參以人事，察盛衰之理，審權勢之宜，去就有序，變化有時，故曠日長久而社稷安矣。」這已是從個別歷史現象中總結出來的規律性的治國方略了。

從漢興到文帝時期，一直執行無為而治的政策，雖然民眾得到休養，社會經濟得到恢復和發展，取得了不小的成就，卻也積累了一些問題。在經濟逐步好轉

---

14 《史記·酈生陸賈列傳》。
15 《史記·秦始皇本紀贊》。

之際，王公貴族、強宗豪右逐漸養成奢靡之風，連以恭儉著稱的文帝也有與臣下馳驅射獵，一日再三出之舉。對於這樣的苗頭，如不能防微杜漸，發展下去便會重蹈亡秦的覆轍。最嚴重的是諸侯王驕奢淫逸，小者淫荒越法，大者睽孤橫逆，成為封建皇朝的離心力量，威脅著國家的統一。賈誼具有見盛觀衰的敏銳眼光，在朝廷內外一派歌舞昇平之時，寫下重要政論文章《治安策》。指出天下大勢危如累卵，「可為痛哭者一，可為流涕者二，可為長太息者六，若其他背理而傷道者，難遍以疏舉」。他逐一討論了當時所存在的社會問題，「稽之天地，驗之往古，按之當今之務」，提出了「移風易俗，使天下回心而向道」，「定經制，令君君臣臣，上下有差，父子六親各得其宜」等根本措施，及理順朝廷與地方關係的具體解決辦法。賈誼服膺儒家的仁義學說，但與陸賈不同，他主張積極有為地整頓社會，使之進於王道之境，實發武帝尊儒之先聲。賈誼與賈山、張釋之等人對秦亡教訓的總結，對文帝有很深影響，文帝、景帝都執行恭儉、以德懷民的政策，在對內對外政策上，也多採納賈誼之議，禮遇大臣，撫慰南越，繼續與匈奴和親等，這些都與文景之治有直接關係。他提出的「眾建諸侯而少其力」的辦法，更成為後來根本解決藩國問題的良策。賈誼雖然個人未進位三公之列，但所言大部分為文帝吸取，有人評論他未為不遇，是很有道理的。

《史記》——
史家之絕唱

一、司馬遷的生平和著史動機

《史記》本名《太史公書》，作者司馬遷，字子長，漢左馮翊夏陽（今陝西韓城）人。生於漢景帝中五年（前 145 年，或說生於武帝建元六年，即前 135 年），卒於武帝晚年，大約活了五十歲。他出生在一個史官世家，父親司馬談任漢太史令，是個有成就的學者，所著《論六家要指》，在中國學術史上產生了重大影響。司馬談有很強的歷史著述責任感，曾進行一些漢史的撰述工作，為《史記》的寫作奠定下很好的基礎。

司馬遷幼年在家鄉生活，十歲左右隨父親到長安，開始研讀古文。他跟孔安國學過古文《尚書》，向董仲舒學過《春秋公羊傳》，又博覽六藝、百家雜語及天文、律曆、地理、醫藥等自然科學知識，有很高的文化素養。他二十歲起出外遊歷，考察民情，詢問典故，足跡遍於長江中下游和山東、河南一帶。後來又奉命出使西南夷，這些經歷大大開拓了他的胸襟，開闊了他的眼界，成為他成功撰寫《史記》的一個重要因素。

武帝元封元年（前 110 年），司馬遷回到長安。這時漢武帝正在舉行封禪的曠世大典，司馬談有病滯留洛陽，未能參加，因而「發憤且卒」。司馬遷見到他時，他向司馬遷傾訴了自己著史的宏願：「余先周室之太史也。自上世嘗顯功名於虞夏，典天官事。後世中衰，絕於予乎？汝復為太史，則續吾祖矣。……余死，汝必為太史，為太史無忘吾所欲論著矣。……自獲麟以來四百有餘歲而諸侯相兼，史記放絕。今漢興，海內一統，明主賢君忠臣死義之士，余為太史而弗論載，廢天下之史文，余甚懼焉，汝其念哉！」這個遺囑表現了司馬談作為史家的高度責任感，對司馬遷有很深的觸動。司馬遷在病榻前流淚表示：一定要繼承父親遺願，「請悉論先人所次舊聞，弗敢闕」[16]。繼父志而修史，是司馬遷著史的動機之一。

過了三年，司馬遷果然任太史令。他先主持了一次有名的曆法改革，廢除已不適用的顓頊曆，改用比較精密的太初曆。當時史官的主要職責有二：一為司天，二為記事。因此司馬遷對於改曆之事非常看重，認為這是自己平生必做的兩大重要事業之一。在《太史公自序》中，特別提示：「五年而當太初元年，十一月甲子朔旦冬至，天曆始改，建於明堂，諸神受紀。」

司馬遷任太史令後，便開始了《史記》的寫作。可是不久，一場意外的災難降臨到他的身上。李陵敗沒匈奴，漢武帝召問時，他說了幾句公道話。漢武帝疑心他是在譏刺寵臣李廣利，於是將他逮捕入獄。在「家貧，財賂不足以自贖，交遊莫救，左右親近不為壹言」[17]的情況下，為了完成著史宏願，他忍辱接受了宮刑。這一人生變故使他對封建政治和社會現實產生了一些新的認識，思想發生了很大變化。此後，他忍辱負重，以先賢的事蹟激勵自己，終於用畢生心血寫成了千古不朽的歷史巨著——《史記》。

除繼承父親遺志外，司馬遷修史的更重要動機是要像孔子修《春秋》那樣，實現以史書服務於社會的崇高目的。在《太史公自序》中，他說得很清楚：「太

16 《史記‧太史公自序》。
17 《漢書‧司馬遷傳》。

史公曰：『先人有言：自周公卒後五百歲而有孔子，孔子卒後至於今五百歲，有能紹明世，正易傳，繼春秋，本詩書禮樂之際，意在斯乎，意在斯乎！小子何敢讓焉！』」表白了他以孔子為榜樣，修史以正世道人心的熱切濟世情懷和崇高史家責任感。

司馬遷修《史記》，也是為了完成時代賦予的歷史使命。此時漢統一大帝國已建立幾十年，武帝時期在鞏固大一統政權方面又取得了偉大的歷史成就，客觀上需要把它記錄下來，作一古今比較，完成宣漢的歷史使命。

二、《史記》的體例與內容特點

司馬遷在《報任安書》中，對自己的著述旨趣作了一個概括的說明：「僕竊不遜，近自託於無能之辭，網羅天下放失舊聞，考之行事，稽其成敗興壞之理，凡百三十篇，亦欲以究天人之際，通古今之變，成一家之言。」[18]成一家之言反映了他以史學名家的意願。對於他的一家之言，我們可以從兩方面理解：一是成就一部亙古未有的歷史著作，二是從思想上闡發出他對歷史的獨到見解。

《史記》由十二本紀、十表、八書、三十世家、七十列傳五大部分組成，本紀可看作是全書的綱領，按年代記載一代盛衰大事；表以譜表方式記錄某些歷史現象的變化；書記載典章制度或經濟文化等現象，具有專史性質；世家融合本紀、列傳兩種形式，記錄諸侯及重要歷史人物的家族或集團歷史；列傳主要記載人物，也記載一些不便收入其他部分的史實。《史記》熔五種體裁於一爐，形成一個新的互相配合的整體，創建了全新的綜合性的史體——紀傳體。紀傳體可以最大限度地從多側面反映社會歷史全貌，其容量之大，表現力之豐富，是傳統史學中其他任何史體都不能比的。

對於這種體制，司馬遷自己作了很貼切的說明：「網羅天下放失舊聞，王跡

---

18 《漢書・司馬遷傳》。

所興，原始察終，見盛觀衰，論考之行事，略推三代，錄秦漢，上記軒轅，下至於茲，著十二本紀，既科條之矣。並時異世，年差不明，作十表。禮樂損益，律曆改易，兵權山川鬼神，天人之際，承敝通變，作八書。二十八宿環北辰，三十幅共一轂，運行無窮，輔拂股肱之臣配焉，忠信行道，以奉主上，作三十世家。扶義倜儻，不令己失時，立功名於天下，作七十列傳。」[19]可以看出這種宏大規模和全面賅備的表述形式，與封建一統政權的國家規模氣度及社會結構層次是相符合的。因此，可以說它是社會發展的產物。這種結構形式有著其他體裁無法比擬的優點，又與封建國家制度有十分契合的關係，所以司馬遷創造的紀傳體史書成為中國史書的最主要體裁，一直居於主導地位，歷代統治者也將之目為正史。

《史記》是一部規模宏大的中國通史。在縱的方面，它記載了從傳說時代的黃帝，下至漢武帝時期大約三千年的歷史。這部通史貫徹了詳近略遠的原則，特別注意當代史的撰述。全書一百三十篇中，寫楚漢戰爭之後百餘年史實的占半數以上。這固然是發揚了古代史學的優良傳統，更重要的是為了突出宣傳漢朝的功業，完成宣漢的歷史使命。橫的方面，它記載了中原地區以至西到中亞，北至大漠，南至南越，東至大海這一廣闊地域上各民族及中央與地方政權的歷史活動。在記述範圍上，它幾乎囊括了社會歷史所有領域，包括政治、經濟、軍事、文化、科技、交通、民族、民俗、宗教等各方面內容。所記人物則包括社會各階層，上至王侯將相，下至卜者、游俠、醫生、以至農工商賈，都在書中得到反映。可以說它是一部組織嚴密、內容豐富的百科全書式的通史巨著。這樣廣闊時空與豐富內容的結合，使它成為前無古人的開創之作。

為了做到記載上的真實，司馬遷非常注意廣泛搜求材料。他本人讀過許多書，當時又正值漢政府「大收篇籍，廣開獻書之路，置寫書之官，下及諸子傳記，皆充秘府」[20]，司馬遷作為史官，「天下遺文古事，靡不畢集太史公」，這些為《史記》的取材廣博，創造了方便條件。可貴的是，司馬遷並不滿足於簡單羅列、排比材料，而是在廣搜博採材料的基礎上進行細緻的考訂，下工夫予以剪

---

19 《史記·太史公自序》。
20 《漢書·藝文志》。

裁。他把這個工作叫作「厥協六經異傳，整齊百家雜語」[21]，力求提供出準確的史實，給人以系統的教益。他還多次深入民間，向故老採訪口碑史料，補充或訂正有關史實。

司馬遷繼承了古代史家書法不隱的優良品質，敢於恣情奮筆，無所阿容。在歷史撰述上，特別是漢代史的撰述上表現出不畏強禦，追求歷史真實的可貴精神。對漢代各帝王及權貴的記述中，他力求如實反映出他們的功過得失。在他筆下我們既感受到高祖豁達大度從諫如流的英雄氣概，也看到了此人貪財好色、自私自利的流氓相。對漢武帝這位當代帝王，書中既肯定了他創造的豐功偉業，也敢於寫出他大興功業，造成國家凋敝的過失。因此，他的《史記》得到「其文直、其事核、不虛美、不隱惡，故謂之實錄」[22]的讚譽，一直被視為信史，成為了解和研究先秦、秦漢史的最重要材料。

《史記》是一部成功的歷史著作，也是一部傑出的文史兼美的佳作。它的語言簡潔、生動、傳神，在鋪陳形勢、描寫場面、塑造人物、摹寫戰爭方面，都取得

鴻門宴圖

了相當高的成就。它的各個表序都能用簡練明快的筆法，把歷史變化大勢清晰地勾勒出來。在寫場面方面，《項羽本紀》中對鴻門宴的描寫，可算作典範，歷來受到人們讚歎。在司馬遷的筆下，劍拔弩張的緊張局面，一波三折的情節變化，呼之欲出的人物動作、神態、語言，歷歷如在目前，造成身臨其境的效果。它寫戰爭非常逼真，能把戰爭的宏大場面、激戰情景、緊張氣氛以及參戰人員的士氣如實地描繪出來。寫人物更是司馬遷的特長。書中所記幾百個歷史人物，個個形象豐滿，栩栩如生。司馬遷還特別善於通過細節揭示人物特點，甚至反映社會風氣。《史記》高度的文學成就，也奠定了它在文學史上的地位。它與《漢書》作

---

21 《史記‧太史公自序》。
22 《漢書‧司馬遷傳》。

為漢代散文的範本，哺育了歷代的文學家與文史愛好者。

三、《史記》的思想價值

司馬遷對歷史現象及其規律作了深入的研究，在《史記》中闡發出許多卓越的思想觀點，這是它具有永久魅力的關鍵所在。對於它的思想價值，我們可以從三個方面來認識。

（一）究天人之際

天人關係在漢代是最重要的理論問題，也是最重要的現實問題，司馬遷對此作出很好的回答。從根本上說，他不可能完全掙脫當時居統治地位的官方天人合一思想體系的藩籬，但他對此作了自己的思考，表述出一些與時人不同的卓越見解。在書中，他著重強調人的作用，對於天道鬼神表現出懷疑的態度，對於求仙方術等低級迷信，則作了辛辣的諷刺與批判。

書中有很多光輝的論點，閃耀著理性的光芒。他力圖把天與人分開來看，對於天，他經常賦予自然的含義，把天道作為應當遵循的自然法則。他同意父親的說法：「夫春生夏長，秋收冬藏，此天道之大經也，弗順則無以為天下綱紀，故曰：『四時之大順，不可失也。』」[23]這是講人的農事等行為要順應自然界的變化，是一種唯物的態度。他有時還把天看作一種「時」或「勢」，即自然形成的事態發展變化傾向。這種變化傾向其實也是受客觀條件支配的，如他在《魏世家》中講「天方令秦平海內」，這個「天」，就是一種客觀趨勢，指的是秦通過累世經營已具備了統一天下的歷史條件。《秦楚之際月表》中言漢高祖稱帝，「豈非天哉，豈非天哉」！也是說漢舉措得當，很好利用了歷史提供的絕好機會。

---

23 《史記‧太史公自序》。

司馬遷非常看重人的作用，在書中多處講人謀問題。《廉頗藺相如列傳》寫藺相如對外大智大勇，面對強秦無所畏懼，捍衛國家利益；對內虛懷若谷，顧全大局，以退讓求得內部團結。對他的智勇雙全由衷地讚歎。《陳丞相世家》寫陳平有智有謀，所以能屢屢化險為夷，得到善終。他常用歷史事實反駁天道決定人事的說法。《史記》詳細記載項羽失敗的歷史過程，指出項羽的失敗是由於自己的失誤，批駁了項羽將失敗歸之於天意的說法：「及羽背關懷楚，放逐義帝而自立，怨王侯叛己，難矣。自矜功伐，奮其私智而不師古，謂霸王之業，欲以力徵經營天下，五年卒亡其國。身死東城，尚不覺寤而不自責，過矣，乃引『天亡我，非用兵之罪也』，豈不謬哉！」[24]

對當時流行的天命決定個人吉凶禍福的看法，他提出疑問。在《伯夷列傳》，他以伯夷叔齊為例，反問：「或曰『天道無親，常與善人。』若伯夷、叔齊，可謂善人者非邪？積仁絜行如此而餓死！⋯⋯天之報施善人，其何如哉？」他進一步指出善惡與禍福關係的顛倒，是古往今來人們習見的普遍現象：「若至近世，操行不軌，專犯忌諱，而終身逸樂，富厚累世不絕。或擇地而蹈之，時然後出言，行不由徑，非公正不發憤，而遇禍災者，不可勝數也。」他繼續追問，既然如此，「余甚惑焉，倘所謂天道，是邪，非邪？」對這個詰難，天命論者是無言以對的。

對於以陰陽五行學說為核心的天人感應理論，他經常進行理論上的批駁。他評論陰陽學說的創始者鄒衍，本來就「其語閎大不經」[25]，其說被方士利用後，更是「怪迂阿諛苟合之徒自此興，不可勝數也」[26]，把五行災異學說的虛妄性質揭露得很透徹。當時許多學者將社會變故與書傳所載災異相比附，他卻明白指出：「其占驗凌雜米鹽。」[27]對於以占星望氣預卜吉凶的學說，他直接予以否定：「星氣之書，多雜禨祥，不經」[28]，不可相信。

---

24 《史記·項羽本紀》。
25 《史記·孟子荀卿列傳》。
26 《史記·封禪書》。
27 《史記·天官書》。
28 《史記·太史公自序》。

在《封禪書》中，他對方士們神仙方術的荒誕無稽和秦始皇、漢武帝執迷於其中的愚蠢，作了辛辣的諷刺與嘲笑。他用很大篇幅寫漢武帝網羅了許多神仙方術之士，指望他們使自己成仙得道，雖然不斷發現方士們的騙局，一次一次地失望，卻執迷不悟，「冀遇其真」，因而訪仙求道、修建神祠的事越來越多。司馬遷用一句話，「然其效可睹矣」，點破了武帝的這種癡心妄想是多麼荒誕可笑。在篇末他點明著此篇的旨趣在於：「於是退而論次自古以來用事於鬼神者，具見其表裡。後有君子，得以覽焉。」說明他洞悉這些活動的真相，而有意給後人提供一分活生生的教材。

（二）通古今之變

漢代人具有雄視八荒的開闊視野和探問宇宙的理論勇氣，古今問題是他們關心的焦點。公孫弘、董仲舒、劉向等人都提出過探究古今之義的理論要求，但在他們眼中，古今雖然是一個歷史過程，在本質上卻是沒有變化的。司馬遷的高明之處在於，不但指出歷史有著生生不已、日新月異的變化，而且還要在古今的變化中總結出「成敗興壞之理」[29]來。

司馬遷用「原始察終」[30]的方法，考察歷史的變化原委。《史記》的十表是最大限度集中表達古今之變的。每個表都能寫出這個歷史時期的特點，寫它在歷史的長河中變了些什麼。把這些表合起來，可以清楚看出從三代、宗周經春秋、戰國到秦漢悠久歷史時期的巨大歷史變化，顯示出他對古今之變的貫通理解。他緊緊把握住這個變化大趨勢，讚揚順應並推進歷史變化的進步舉措。他肯定戰國時期的變法。指出吳起在楚國的變法收到了富國強兵，使「諸侯患楚之強」[31]的效果，商鞅變法「居五年，秦人富強」，「行之十年，秦民大悅，道不拾遺，山無盜賊，家給人足。民勇於公戰，怯於私鬥，鄉邑大治」[32]。在《六國年表序》

---

29 《漢書・司馬遷傳》。
30 《史記・太史公自序》。
31 《史記・孫子吳起列傳》。
32 《史記・商君列傳》。

中，他分析了戰國的形勢之後，指出雖然「秦取天下多暴」，「然世異變，成功大」。表彰了秦統一六國的功勞，認為這是歷史上的創舉。他還批評了當時一些見識短淺的人，說他們「見秦在帝位日淺，不察其終始，因舉而笑之，不敢道，此與耳食無異，悲夫」！

司馬遷對歷史與社會現象有深入的觀察與思考。「見盛觀衰」[33]是他對《史記》提出的歷史認識要求。漢興至於武帝之初，天下出現空前的繁盛景象，司馬遷卻看出：「當此之時，網疏而民富，役財驕溢，或至兼併豪黨之徒，以武斷於鄉曲。宗室有士公卿大夫以下，爭於奢侈，室廬輿服僭於上，無限度。」指出在繁榮的表象下，已潛藏著深刻的危機，提醒人們：「物盛而衰，固其變也。」可惜的是漢武帝沒能採取有力措施，消弭潛在危機，卻利用多年積累起來的財富，大興功業，頻繁擾民。司馬遷在人們盛讚武帝建樹不朽歷史功績之時，一再講述「自是之後，嚴助、朱買臣等招來東甌，事兩越，江淮之間蕭然煩費矣。唐蒙、司馬相如開路西南夷，鑿山通道千餘里，以廣巴蜀，巴蜀之民罷焉。彭吳賈滅朝鮮，置滄海之郡，則燕齊之間靡然發動。及王恢設謀馬邑，匈奴絕和親，侵擾北邊，兵連而不解，天下苦其勞，而干戈日滋。行者齎，居者送，中外騷擾相奉，百姓抏獘以巧法，財賂衰耗而不贍。入物者補官，出貨者除罪，選舉陵遲，廉恥相冒，武力進用，法嚴令具」[34]等歷史事實，說明武帝的文治武功，付出的是險些傾覆政權的沉重代價。

《史記》明言要從歷史記述中，「稽其成敗興壞之理」。司馬遷不把歷史看成一堆雜亂無章的東西，認為其中有成敗興壞的道理，並打算去探求歷史發展的規律。這是相當高的理論要求，是非常難得的。

人心向背是成敗興亡的關鍵，這是書中反覆強調的歷史結論。在對從陳勝舉事到漢高祖稱帝，「八年之間，天下三嬗」[35]，這一大起大落的複雜歷史的記述中，我們看到司馬遷始終把民心放在重要地位：秦因暴政使天下離心；陳勝在驪

---

33 《史記·太史公自序》。
34 《史記·平准書》。
35 《史記·太史公自序》。

興面前忘乎所以，以至於眾叛親離；項羽到處燒殺，令人失望；劉邦處處留意安民，因而天下歸心，取得了最後的勝利。

書中論述的歷史變化規律之一，是上述所言「物盛而衰，固其變也」，說的是事物發展到了極點，常有向相反方向轉化的可能。這個觀點有辯證法因素。「承弊易變，使人不倦」[36]，則表述了順應歷史規律，採取主動行為，便會取得歷史成就的思想。這個思想具有很現實的指導價值。

對於歷史變化趨勢，司馬遷也作了積極的探討。他在《天官書》中說：「夫天運三十歲一小變，百年中變，五百載大變；三大變一紀，三紀而大備：此其大數也。為國者必貴三五。上下各千歲，然後天人之際續備。」此言有神秘主義意味，可試圖把握住歷史階段性特點的努力，還是值得肯定的。書中的另一句話：「夏之政忠，忠之敝，小人以野，故殷人承之以敬。敬之敝，小人以鬼，故周人承之以文。文之敝，小人以僿，故救僿莫若忠。三王之道若循環，終而復始。」總結了三代施政的特點，並提升為普遍規律。這個論點來自董仲舒，是以歷史循環論為特色的，但其中體現的辯證思維卻很有意義。

（三）社會、經濟思想

司馬遷對當時社會的一些弊病，看得很清楚。他指出武帝濫事征伐，造成了嚴重的社會危機。對於興利之臣盤剝百姓，給百姓帶來的深重災難，以及興利措施「醫得眼前瘡，剜卻心頭肉」的小利大弊，作了細緻分析。他對酷吏殘害民眾的罪行痛心疾首，作了真切報導，千載之後讀之仍令人髮指。

在敏銳觀察的基礎上，他對封建社會的某些根本弊端作了深刻揭露。《酷吏列傳》記載酷吏杜周在斷獄時，上下其手以討武帝歡心。有人責備他：「君為天子決平，不循三尺法，專以人主意指為獄。獄者固如是乎？」他恬然回答：「三尺安出哉？前主所是著為律，後主所是疏為令。當時為是，何古之法乎！」這不

---

36 《史記・高祖本紀》。

只是摹寫酷吏的「善候伺」，更重要的是揭露了封建法律以當權者愛憎為尺度的實質。封建道德與法律一樣，有維護地主階級利益的實質內涵，也就有對不同等級使用不同標準的外在表現，書中以犀利的筆調，揭開蒙在道德表面上溫情脈脈的面紗。《游俠列傳》在披陳了種種社會不公平現象之後，論說道：「鄙人有言曰：『何知仁義，已饗其利者為有德。』故伯夷醜周，餓死首陽山，而文武不以其故貶王；蹠、蹻暴戾，其徒誦義無窮。由此觀之，『竊鉤者誅，竊國者侯，侯之門仁義存』，非虛言也。」

司馬遷意識到物質生產對社會生活的重要作用，財富對社會政治關係和社會意識的決定性作用。在《貨殖列傳》，他從四個方面論述經濟的社會作用：第一，人們追求財富的欲望是天然合理，無可非議的。他說：「富者，人之情性，所不學而俱欲者也。」「天下熙熙，皆為利來，天下攘攘，皆為利往。夫千乘之王，萬家之侯，百室之君，尚猶患貧，而況匹夫編戶之民乎！」這對統治者君子不言利的假惺惺說教，是理性的反抗。第二，人們物質生活的需要會推動社會生產的分工和經濟的發展，這不是政治力量所能創造出來的。他說：「故待農而食之，虞而出之，工而成之，商而通之。此寧有政教發徵期會哉？人各任其能，竭其力，以得所欲。故物賤之征貴，貴之徵賤，各勸其業，樂其事，若水之趨下，日夜無休時，不召而自來，不求而民出之。豈非道之所符，而自然之驗邪？」第三，他指出財富占有的情況決定了人們的社會地位，決定了奴役者和被奴役者的區別，而且這是具有普遍性的道理：「千金之家比一都之君，巨萬者乃與王者同樂」。「凡編戶之民，富相什則卑下之，伯則畏憚之，千則役，萬則僕，物之理也」。第四，財富的占有情況也決定了人們的道德觀念，富有者的道德是維持他們的利益的。「『倉廩實而知禮節，衣食足而知榮辱。』禮生於有而廢於無。故君子富，好行其德，小人富，以適其力。淵深而魚生之，山深而獸往之，人富而仁義附焉。」這段話不但指出了經濟與社會意識的關係，而且揭示了封建社會道德的本質。

《史記》闡發的閃耀著真理光芒的卓越見解，為中華古代文明貢獻出一份寶貴財富，對於歷代進步政治家、思想家、史學家，產生了深刻的影響。中國古代司馬遷等人的異端思想不絕如線，構成思想史上一道特殊景觀。

第三節 ·

兩漢之際的史學

　　兩漢之際，史學有所發展。第一，《史記》開創的紀傳體裁被史家認可，確立了它的地位，對它進行補續形成風氣；《史記》的撰述成就對當時學者產生了重大影響，對它的評議促進了史學的發展。第二，成帝、哀帝時由劉向、劉歆父子負責進行國家圖書的整理校訂工作，創立了歷史文獻學的基本規模。這一時期，史學表現出較重的正宗化傾向，統治階級通過各種方式對史學施加了更大的影響。

一、對《史記》的補續與評論

　　司馬遷曾表示他寫的書要「藏之名山，副在京師，俟後世聖人君子」[37]。他去世時，《史記》沒有馬上流傳開來，宣帝時由其外孫楊惲公布於世。問世之初，它的開創性成就即吸引了歷史學家的注意，紛紛對之模仿、學習。從宣帝時到班固《漢書》修成的一百七、八十年間，補續、評論《史記》形成風氣，推動了史學的發展。

---

37 《史記·太史公自序》。

現在所見的《史記》，已非司馬遷初撰時原貌，可能在初傳之時，就有了殘缺，也有人作了改竄。班彪、班固父子在談到《史記》時，都說：「十篇缺焉」[38]，「十篇缺，有錄無書」[39]。他們的說法應該是可信的。三國魏人張晏還列出了所缺十篇的目錄：「遷沒之後，亡景紀、武紀、禮書、樂書、兵書、漢興以來將相年表、日者列傳、三王世家、龜策列傳、傅靳列傳。」張晏之說不完全準確[40]，但提供了亡篇的大致線索。

　　現在所知最早進行補撰《史記》工作的，是漢元帝、成帝之時的褚少孫。張晏稱：「元、成之間褚先生補缺，作《武帝紀》、《三王世家》、《龜策》、《日者傳》，言辭鄙陋，非遷本意也。」[41]四篇之外，《三代世表》、《建元以來侯者年表》、《外戚世家》、《梁孝王世家》、《田叔列傳》、《滑稽列傳》等篇中，也可見到褚少孫補作的痕跡。褚作從語言到思想與司馬遷原作均不可同日而語，張晏之言有一定道理，但其功終不可沒。劉向的弟子馮商可能也對《史記》作了補撰工作。清人沈欽韓在《漢書疏證》卷二十四說：「景武紀、將相名臣表、禮樂律志、韋賢等傳，或是馮商所續也。」

　　唐代劉知幾在《史通·古今正史》中，對兩漢之際《史記》的續作情況作了概括介紹：「《史記》所書，年止漢武太初，已後闕而不錄。其後劉向、向子歆及諸好事者，若馮商、衛衡、揚雄、史岑、梁審、肆仁、晉馮、段肅、金丹、馮衍、韋融、蕭奮、劉恂等，相次撰續，迄於哀、平間，猶名《史記》。」這些續作中，劉向、劉歆父子和揚雄的工作影響較大。劉向可能是最早續作《史記》的人。讀《漢書·趙尹韓張兩王傳贊》，可知劉向曾續撰趙廣漢、尹翁歸、韓延壽三傳。劉歆在王莽當政之時，曾對一些古書作過手腳，有人懷疑《史記》的許多篇章也經過了他的竄改。揚雄所續，包括西漢中晚期宣帝至平帝之間七、八十年的歷史，數量可能很可觀。

---

38 《後漢書·班彪傳》。
39 《漢書·司馬遷傳》。
40 唐代顏師古即指出其中明顯的錯誤：「序目本無兵書，張云亡失，此說非也。」張、顏之說均見《漢書·司馬遷傳》顏師古注。
41 《漢書·司馬遷傳》顏師古注。

續作《史記》成就最大的，是《漢書》作者班固的父親班彪。班彪「才高而好述作，遂專心史籍之間」。他認為當時人對《史記》的續作，「多鄙俗，不足以踵繼其書」，於是「乃繼采前史遺事，傍貫異聞，作後傳數十篇」[42]。班彪的續作有很高成就，為班固《漢書》的寫作奠定了很好的基礎。

這一時期對《史記》的評論，反映了史學的正宗化傾向。當時的史家多推崇司馬遷的史才，稱讚《史記》敘事的成就和體例的完善，對其思想觀點則提出異議。劉向和揚雄「皆稱遷有良史之材，服其善序事理，辨而不華，質而不俚，其文直，其事核，不虛美，不隱惡，故謂之實錄」[43]。可揚雄又譏其「不與聖人同，是非頗謬於經」[44]。東漢明帝也說：「司馬遷著書，成一家言，揚名後世。」但不滿意於《史記》「微文刺譏，貶損當世」，認為司馬遷「非誼士也」[45]。

班彪是當時的大史學家，有很強的封建正宗意識。從根本上說，他對《史記》的看法，未脫時人窠臼。但他在對從古至漢史學系統考察基礎上，「斟酌前史而譏正得失」，對《史記》的議論代表了當時史學評論的最高水準。他說：

……遷之所記，從漢元至武以絕，則其功也。至於采經摭傳，分散百家之事，甚多疏略，不如其本，務欲以多聞廣載為功，論議淺而不篤。其論術學，則崇黃老而薄五經；序貨殖，則輕仁義而羞貧窮；道游俠，則賤守節而貴俗功。此其大敝傷道，所以遇極刑之咎也。然善述序事理，辯而不華，質而不野，文質相稱，蓋良史之才也。誠令遷依五經之法言，同聖人之是非，意亦庶幾矣。夫百家之書，猶可法也。若《左氏》、《國語》、《世本》、《戰國策》、《楚漢春秋》、《太史公書》，今之所以知古，後之所由觀前，聖人之耳目也。司馬遷序帝王則曰本紀，公侯傳國則曰世家，卿士特起則曰列傳。又進項羽、陳涉而黜淮南、衡山，細意委曲，條例不經。若遷之著作，採獲古今，貫穿經傳，至廣博也。一人之精，文重思煩，故其書刊落不盡，尚有盈辭，多不齊一。若序司馬相如，舉郡

42 《後漢書·班彪傳》。
43 《漢書·司馬遷傳》。
44 《漢書·揚雄傳》。
45 《文選》卷四十八引班固《典引序》。

縣，著其字，至蕭、曹、陳平之屬，及董仲舒並時之人，不記其字，或縣而不郡者，蓋不暇也。……傳曰：「殺史見極，平易正直，《春秋》之義也。」[46]

通過對《史記》的評論，他表述出對史學的系統見解。「今之所以知古，後之所由觀前，聖人之耳目也」是他對史學性質、功能的概括，其中既包括對史書作用的表述，也包括對於史書的思想要求。他以《春秋》之義要求史書，明確提出「依五經之法言，同聖人之是非」的史學評價標準。這樣的原則性看法對封建史學產生了深遠的影響。在技術方面，他提出許多具體看法，肯定司馬遷的成就，也談出他認為《史記》存在的不足。這些看法不見得完全正確，但作為對史書的技術要求，具有很強指導作用。

總的看來，對《史記》的補續、評論促進了當時史學的發展，但正宗史家繼承了司馬遷技術方面的成就，拋棄了他思想的精華。這大致決定了後來史學發展的方向。從某種意義上說，《漢書》正是兩漢之際史學的代表與總結。

二、劉向、劉歆父子的史學活動

劉向、劉歆是兩漢之際最負盛名的學者。他們的政治立場不同，在經學上屬於不同派別，思想上卻都是陰陽五行學說的鼓吹者。

劉向、劉歆父子所著《洪範五行傳論》和《三統曆譜》，在班固的《漢書》中得到部分保存。他們以神學為主導的歷史觀，上承董仲舒，下啟《白虎通義》，具有相當大的影響。

劉向父子在歷史上建立的最大功績，是先後主持了中國歷史上第一次規模盛大的圖書整理事業。他們以成功的實踐，樹立了文獻校理的範例，確立了中國古代文獻學的基本規模。

---

46 《後漢書・班彪傳》。

中國古代文獻號稱繁富，但傳世行遠，殊屬不易。秦始皇和項羽燔滅文章、焚毀秦宮的行為，曾給古代典籍造成毀滅性災難。漢朝建立之後，雖然「大收篇籍，廣開獻書之路」，一些古籍得以復出，但到武帝之時，仍有「書缺簡脫，禮壞樂崩」之歎。武帝「建藏書之策，置寫書之官，下及諸子傳說，皆充秘府」[47]，在搜求、整理書籍方面下了很大工夫。此後，經昭、宣、元、成四世，圖書搜集已很有成績。古代書籍因竹簡繁重，絲帛昂貴，故多為零篇單行。加之流傳已久，既有妄人紛然淆亂之失，又難免編殘簡脫、魯魚亥豕之誤。因而堆積如山的書籍，如不加以清理，終為廢品一堆，無法發揮應有的作用。因此，在成帝命謁者陳農大舉訪求天下圖書的基礎上，於河平三年（前 26 年）發起空前的圖籍整理之役。

這次大規模校書行動，起初由劉向總攬全域，並具體負責整理六經、諸子、詩賦三類圖書，步兵校尉任宏、太史令尹咸、侍醫李柱國分別校理兵書、數術、方技三類圖書。同時聘請劉歆、杜參、班斿等學有專長的青年學者協助工作。劉向從河平三年到逝世的二十餘年，主要精力萃聚於此。劉向死後，哀帝命劉歆繼承父業，主持其事，直至全部完成。

劉向父子先後主持的這次校書事業，取得了很大成功。經過他們父子數人幾十年的努力，大批散佚圖書復其舊觀；無數殘篇斷簡，聚成完璧；眾多塵封蟲蠹秘笈，傳世行遠。這在中國文化史上是值得大書特書之事。

他們的校書實踐和理論總結，在歷史文獻學上有篳路藍縷之功。

他們校書的第一步是整理定本。這一工作有較適當的規程，歸納起來，約有數端：

1.廣求異本，擇善而從。古書寫本眾多，差別較大，要想整理出可讀的善本，廣羅異本、積累豐富校勘材料是必要的前提。從現存劉向校書的敘錄中，可知他們參校版本之多。《管子書錄》曰：「臣向言：『所校讎中《管子書》

---

47 以上引文均見《漢書·藝文志》。

三百八十九篇，大中大夫卜圭書二十七篇，臣富參書四十一篇，射聲校尉立書十一篇，太史書九十六篇，凡中外書五百六十四篇以校。』」[48]以公私所藏大量異本進行對勘，使校勘品質得到一定保證。

2.去複補缺，整齊篇目。校書中版本眾多，出入很大，其中各書篇章有很多彼此重複者，也有不少此有彼無者。他們對此進行了整理錯亂，去除重複，互補缺篇的工作。從《晏子敘錄》中，可了解這一工作的梗概：「凡中外書三十篇，為八百三十八章，除重複二十二篇，六百三十八章，定著八篇，二百一十五章。外書無有三十六章，中書無有七十一章，中外皆有，以相定。」[49]古書往往單篇獨立，不相聯繫，有的雖連綴成書，卻無有篇目，或次序雜亂。劉向等人在校定篇章的基礎上，也做了條別篇目，排列目次的工作。對於《晏子》，他們排定《內篇‧諫上》為第一，至《外篇‧不合經術者》為第八。對於《禮記》，定《樂本》為第一，至《實公》為第二十三。現代目錄學家姚名達評述：「此種化零為整，分疆劃域之工作，實使流動不居，增減不常之古書，凝固為一定之形態。」[50]

3.校正文字，補足脫簡。劉向校書技術已很成熟，他自言其方法為：「一人讀書，校其上下，得謬誤為校；一人持本，一人讀書，若怨家相對，故曰讎也。」在校讎中發現誤字則予以改定，發現脫簡則一一補足。

4.命定書名，繕寫定本。當時所藏各書，不但篇簡錯亂，書名也紊雜無緒。對書同名異者，他們於校定篇章文字後，廢棄異號，確定新名。如《戰國策》：「本號或曰《國策》、或曰《國事》、或曰《短長》、或曰《事語》、或曰《長書》、或曰《修書》。臣向以為戰國時遊士輔所用之國之為策謀，宜為《戰國策》。」[51]雖有簡策，而無書名者，劉向則於編輯之後，予以命名。上述工作之後，就是殺青、繕寫了。他們在最後定本時也很慎重，「皆先書竹，改易刊定，可繕寫者，

---

48 嚴可均輯《全漢文》卷三十七。
49 同上。
50 姚名達：《中國目錄學史》，頁39，上海，上海書店，1983。
51 嚴可均輯《全漢文》卷三十七引《戰國策敘錄》。

以上素也」⁵²。在竹本上改正無誤後，才繕寫上帛成為定本。

此外，他們的校理工作，還包括輯佚、辨偽等項內容，對於文獻學的發展也有很大影響。

在校正定本的基礎上，他們為便於管理使用圖書，又進行了「每一書已，向輒條其篇目，撮其指意，錄而奏之」⁵³的撰寫敘錄和分類編排圖書目錄，以辨章學術，考鏡源流的工作，創立了古代目錄學的基本格局。

敘錄就是書目解題，主要是介紹作者，略述全書大旨，起到指導閱讀的作用。對劉向撰寫敘錄的義例，姚名達在《中國目錄學史・溯源篇》作了概要的評述：

（1）著錄書名與篇目：……（2）敘述讎校之原委：將版本之同異，篇數之多少，文字之訛謬，簡策之脫略，書名之異稱，舉凡一切有關讎校之原委，與校書人之姓名及上書之年月，無不備著於錄，使學者得悉一書寫定之經過。（3）介紹著者之生平與思想：……似此綜述著者生平梗概，語簡而意賅，著者精神既能活躍於紙上，學者於其所著之書自有不得不看之勢。……至於不知著者為誰，則又有不知則闕疑之例……（4）說明書名之含義，著書之原委，及書之性質：……似此將一書主旨，扼要表出，使學者一望而知其書之性質，從而判別應讀與否，此項工作效率之偉大，實超過其他各項工作一倍。無其他各項工作，固不能使此事臻於完善；然使徒有其他各項工作，而少此一著，是猶畫龍而不點睛也。（5）辨別書之真偽：古書失傳，往往有偽本冒替；後人著作，有時亦依託古人。向等校書，竟已先見及此。……使學者洞悉各書之真偽，不為偽書所欺。其功大矣。（6）評論思想或史事之是非：向等校書，非特介紹著者之思想與書之內容而已，對於思想之價值或其書所載之史事，輒加以主觀之批判。……（7）敘述學術源流：……蓋欲論一家思想之是非，非推究其思想之淵源，比較其與各家思想之同異不可。……（8）判定書之價值：……其結論雖未必全是，要之，

---

52 《太平御覽》卷六〇六。
53 《漢書・藝文志》。

此種判定一書價值之語，在敘錄中要不可缺。如其或缺，則於學者擇書殊少幫助也。經此八項工作，合其所得為一篇文章，是名《敘錄》，載在本書。書既有錄，學者可一覽而得其指歸，然後因錄以求書，因書而研究學術，無茫然不知所從之苦，無浪費精神之弊。而目錄之學亦已由校讎之學蛻化而形成一部分矣。

各書敘錄既成，再將其彙編成帙就是圖書目錄了。當然圖書目錄並不是敘錄的簡單合併，而是在對各類圖書均有研究的基礎上，按照圖書分類加以編排。劉向校書二十餘年，所校每一部書都撰寫了敘錄，他在世時，把敘錄彙輯成書的工作已有相當規模，《別錄》可能就是稿本。劉向死後，劉歆繼任總纂，在短期內纂成《七略》，必定是在劉向的工作基礎上，有所本而成。因此，《七略》應當看作是他們父子二人的成果。現在《別錄》、《七略》都已亡佚，雖有輯本行世，但都是零篇斷簡。《七略》由班固刪節後，編為《漢書‧藝文志》，可算亡而未亡，是中國學術史上的一大幸事。

圖書分類是一種專門學問，有很高的學術要求。在劉向、劉歆父子以前已有學術分類的觀念，有些大的學術分類也已較明確。《七略》中除《輯略》是將各類圖書的大小序彙輯而成外，所分的六類圖書：六藝、諸子、詩賦、兵書、數術、方技，在劉向接受校書任務時，已經確定。劉向父子的最主要貢獻是在大類（略）之下，分出小類（種）。六藝略分為九種：易、書、詩、禮、樂、春秋、論語、孝經、小學。諸子略分為十種：儒、道、陰陽、法、名、墨、縱橫、雜、農、小說。詩賦略分為五種：屈原賦之屬、陸賈賦之屬、孫卿賦之屬、雜賦、詩歌。兵書略分為四種：兵權謀、兵形勢、兵陰陽、兵技巧。數術略分為六種：天文、曆譜、五行、蓍龜、雜占、形法。方技略分四種：醫經、經方、房中、神仙。通過分類使圖書各有統屬，按部就班，不但給讀者按類求書提供了方便，更為考察學術流別奠定了基礎。這對學術的發展是至關重要的，目錄學安身立命的根本即在於此。劉向父子所分圖書六類三十八種，是對當時學術狀況的準確反映，表現出把握學術的非凡功力。

《七略》作為體例比較完善的目錄學著作，還通過它的大小序，很好發揮了辨章學術、考鏡源流的作用。

它的大序，總述大類學術的特點與得失。現保存在《漢書·藝文志》中的《六藝略》大序，是一篇洗練精闢的經學總論：

　　六藝之文，《樂》以和神，仁之表也；《詩》以正言，義之用也；《禮》以明體，明者著見，故無訓也；《書》以廣聽，知之術也；《春秋》以斷事，信之符也。五者，蓋五常之道，相須而備，而《易》為之原。故曰：「《易》不可見，則乾坤或幾乎息矣」，言與天地為終始也。至於五學，世有變改，猶五行之更用事焉。古之學者耕且養，三年而通一藝，存其大體，玩經文而已，是故用日少而畜德多，三十而五經立也。後世經傳既已乖離，博學者又不思多聞闕疑之義，而務碎義逃難，便辭巧說，破壞形體，說五字之文，至於二三萬言，後進彌以馳逐，故幼童而守一藝，白首而後能言，安其所習，毀所不見，終以自蔽。此學者之大患也。

　　它的小序論述專門學術的源流得失，與大序作綱目配合，更好發揮簡明學術史的作用。《七略》中的小序寫得都很有品質。「道家者流，蓋出於史官，歷記成敗存亡禍福古今之道，然後知秉要執本，清虛以自守，卑弱以自持，此君人南面之術也。合於堯之克攘，《易》之嗛嗛，一謙而四益，此其所長也。及放者為之，則欲絕去禮學，兼棄仁義，曰獨任清虛可以為治。」[54]對於道家的宗旨、特點、得失以至發展源流，這個小序分析得相當準確。

　　大小序可以說是目錄書的靈魂，如無古今學術條貫於胸中，是斷然寫不出來的。清代學者章學誠在《校讎通義敘》中說：「校讎之義，蓋自劉向父子部次條別，將以辨章學術，考鏡源流。非深明於道術精微、群言得失之故者，不足與此。後世部次甲乙，紀錄經史者，代有其人，而求能推闡大義，條別學術異同，使人由委溯源，以想見於墳籍之初者，千百之中，不十一焉。」這是深有體會之言。

　　劉向父子編制的目錄學著作，對各門學術的發展、學術分類觀念的演進，以及目錄學科的成熟，都有相當大的促進。此後相當長的一段時期，目錄書成為中

---

54 《漢書·藝文志》，這個小序可能經過了班固的加工，但基本思想應是劉氏父子的。

國古代學術史的主要表現形式。范文瀾先生把《七略》與《史記》並稱為漢代史學史上的輝煌成就，是很恰當的。

縱觀劉向父子在文獻學上的功績，可以得出如下認識：第一，他們整理了當時的大量圖書，為後人研究、利用提供了很好的讀本。今天我們對古代學術的了解，與他們的工作直接相關。第二，他們創立了校讎學的基本方法，為後人進行古籍校勘整理樹立了良好的範例。第三，發展了學術分類觀念，他們對學術源流及演變的考察與介紹，確立了目錄學的基本構架，使辨章學術、考鏡源流成為目錄學的良好傳統。第四，他們對古代學術的爬梳、清理，為後人認識古代學術提供了有益的幫助。

第四節 ·
《漢書》的成就

一、第一部大一統皇朝的信史

《漢書》作者班固（32-92 年）字孟堅，扶風安陵（今陝西省扶風縣）人。出身於顯赫的豪強世家，曾祖班況的女兒在成帝時被選入宮為婕妤，班婕妤的三個兄弟都官居顯要，班氏一門榮寵已極。時人有言：「建始河平之際，許、班之貴，傾動前朝，熏灼四方。」[55] 這樣的家庭出身，奠定了班固對漢朝的感情基礎。

---

55 《漢書 · 穀永傳》。

《漢書》書影

班固的家庭還具有優良的學術傳統。他的伯祖班伯、班斿,堂伯班嗣都是一時知名的學者。父親班彪在史學上卓有建樹,曾作《史記後傳》數十篇,對班固的史學事業,有直接影響。

《漢書》是中國第一部紀傳體斷代史,所記基本上是從漢高祖初起到王莽敗亡的西漢(包括新朝)二百三十餘年的歷史。全書八十餘萬字,原為百篇,後人析為一百二十卷。由紀、表、志、傳四個有機部分組成。包括本紀十二篇,西漢的執政者,從漢高祖、惠帝、呂後到平帝各占一篇,實際是全書的綱領。表八篇,有《異姓諸侯王表》、《諸侯王表》、《王子侯表》、《高惠高後文功臣表》、《景武昭宣元功臣表》、《外戚恩澤侯表》、《百官公卿表》、《古今人表》,用簡明方式揭示出歷史的變化及內在聯繫。志十篇,有《律曆志》、《禮樂志》、《刑法志》、《食貨志》、《郊祀志》、《天文志》、《五行志》、《地理志》、《溝洫志》、《藝文志》,所記涉及社會政治、經濟、軍事、文化各個領域,是全面反映社會面貌的記述載體。列傳七十篇,記載了從陳勝、項羽到王莽等西漢社會各界的代表人物,也記載民族地區、外國以及其他不便於載入紀、表、志中的史實,是全書的細目。

《漢書》是中國歷史上第一部大一統的皇朝史。為了突出西漢大一統皇朝的歷史成就,如實反映西漢的規模氣象,班固在著述體例上下了很大工夫。他採用司馬遷創造的紀傳史體,而把它改造為斷代體制。他用紀、表反映出西漢一代興亡大勢;用志反映出西漢的一統規模、典章制度,以至社會經濟、文化全貌;用傳反映出西漢豐富的歷史現象和複雜的歷史變化;用《地理志》和少數民族各傳記述了各民族各地區的發展演變情況,以及各族人民在統一多民族國家內聯繫、交往,共同生產勞動的歷史。自覺地用適當的史學形式去反映社會格局的變化,用亙古未有的歷史著作來記述亙古未有的大一統皇朝,這是《漢書》最重要的歷史價值。

《漢書》具有珍貴的史料價值。它的取材範圍相當廣泛，包括《史記》以及諸家補續《史記》之作等其他史著，《春秋繁露》、《洪範五行傳論》、《七略》、《三統曆譜》等其他學術著作，國家檔案、政府公文、皇帝詔令、群臣奏章、百家雜說等文字材料以及民謠、諺語、傳說等口碑史料。利用豐富材料，《漢書》對《史記》所記武帝以前史實作了必要增補，所記內容更加翔實。

　　對於史料的真偽，班固作了大量考訂工作。東方朔因滑稽多智，深受人們喜愛，所以後世往往「取奇言怪語附著之朔」，造成很大混亂。班固經過認真考辨、甄別，在《東方朔傳贊》中詳記了東方朔文章篇目，並特別告訴讀者：「凡劉向所錄朔書俱是矣。世所傳他事皆非也。」對於不能確定的史實，班固一般都直接作出交代，如《張湯傳贊》言：「馮商稱張湯之先與留侯同祖，而司馬遷不言，故闕焉。」這反映出班固忠實於歷史的嚴肅態度。史料搜羅的廣泛和史實考訂的認真，保證了《漢書》歷史記載的翔實可信。長期以來，它一直作為西漢的信史而受到人們鍾愛，直到現在仍然是研究西漢歷史最可靠的第一手材料。

　　班固對《史記》所作的「不虛美，不隱惡，故謂之實錄」[56]的評價，也是他對《漢書》的根本要求。武帝「多殺士眾，竭民財力，奢泰亡度，天下虛耗，百姓流離，物故者半。蝗蟲大起，赤地數千里，或人民相食」[57]的惡政；成帝寵信趙氏姐妹，毒殺親子的罪行；諸侯王的奢淫不法；酷吏的草菅人命……都在《漢書》中得到如實記載。

　　班固對史學的鑒戒作用有明確的認識。他以對歷史的準確記述為基礎，展開了對西漢歷史問題的研究。通過揭示昭宣中興時期以及宣帝統治前後期社會、民情和統治政策的細微變化，《漢書》用生動的事實說明統治政策並無萬應靈方，只有隨著歷史變化採取不同的對策，才能立於不敗之地。這為封建統治者提供了豐富的政治經驗。同時，書中也交代出在變化中有不變的東西存在，抓住治民這一封建政治的關鍵環節是霍光、宣帝和魏相、丙吉的共同成功經驗。這又為統治

56　《漢書・司馬遷傳贊》。
57　《漢書・眭兩夏侯京翼李傳》。

階層指明了治國的根本大計。這樣的記載可以使人們更準確地認識西漢社會，也為人們認識和研究歷史現象提供了有益的啟示，顯示出班固歷史考察的深度，證明了《漢書》珍貴的實錄價值和鑒戒功能。

二、首創紀傳體斷代史

班固首創紀傳體斷代史在歷史編纂學上是一個創舉。此前「史之所載也，《尚書》記周事，終秦穆。《春秋》述魯文，止哀公。《紀年》不逮於魏亡，《史記》唯論於漢始。」沒有任何一部史書完整記載過一個朝代的歷史，這與中國歷史發展的階段性往往與朝代更迭相結合的特點沒有取得一致，是史學落後於社會的表現。自《漢書》「究西都之首末，窮劉氏之廢興，包舉一代，撰成一書」[58]，才改變了這種狀況，揭開了史學發展的新篇章。

斷代史雖然有不易反映歷史發展聯繫的弱點，但它的優點還是主要的。尤其是斷代史與紀傳體相結合，使它們各自的長處得到充分發揮，為記載中國歷史，找到了最好的表現形式，是傳統史學中其他任何史體都無法與之相比的。正因為如此，《漢書》的創建得到歷代史家的尊重和歷史的認可，紀傳體斷代史成為中國史學的主導流派，得到充分發展。現存二十四史中，除《史記》、《南史》、《北史》等書之外，其餘各史都是斷代體制。從晉到隋這一史學繁榮期出現的大量史書，也多是斷代史，自唐以後更形成官設史局為前朝修史的制度，使中國古代歷史記載連續不斷，構成完整系統。這是《漢書》在中國史學史上作出的突出貢獻。

《史記》首創紀傳體是中國歷史學成熟的標誌。《漢書》繼《史記》而起，它對於《史記》體制上的粗疏之處作了技術改進，也出於斷代需要，對《史記》體例作了調整，形成以「體方用智」為特色的紀傳體斷代史新格局，推動了紀傳史體的進一步發展。

---

58 劉知幾：《史通・六家》。

《漢書》對紀、表、志、傳諸部分都作了改造、補充，進一步明確了它們各自的功能，確立起整齊劃一的紀傳體規模，在記述形式與內容的統一方面為後世樹立了榜樣。《史記》的本紀體例繁雜，五帝、夏、商、周、秦、項羽各本紀的寫法都很不同。《漢書》則把本紀統一改為以帝王為中心的編年大事記，確立了一帝一紀的基本模式。《史記》的項羽、高後二本紀，名曰本紀，實則傳體。《漢書》對本紀作出統一要求，如《高後紀》只詳大事，摒棄瑣碎，把一些具體史實歸入相應列傳中，這就使本紀體例更為嚴整，更好地發揮了它的綱領作用。至於志、表，《漢書》除在筆法上更為嚴謹外，主要是新增加了《百官公卿表》、《古今人表》、《刑法志》、《五行志》、《地理志》、《藝文志》等篇目。它們擴大了紀傳體史書的容量，成為後起各正史中的重要組成部分。改造後的《漢書》十志在記述形式和內容上都有很多創新，具有嚴密的組織系統，在歷史撰述的成熟程度上，是其他史著很難企及的。後來書志體逐步發展，並從紀傳體中分離出來，形成史學流派之一的典志體，也與《漢書》十志撰寫成功的影響有一定關係。《漢書》對列傳的改動也很大。它適應歷史的變化，去掉世家，把這部分內容併入列傳，簡化了紀傳史體。《史記》的列傳在體例上很不一致，《漢書》作了整齊劃一的工作。它改變了《史記》傳主年代順序混雜不一的狀況，所記人物大體以年代順序相次，讀者批閱可參照前後，容易獲取對各歷史階段的全面認識。它改變了《史記》列傳編排淩雜參差的作法，基本是專傳合傳在前，類傳統一編排在後，類傳的順序也是先中國後四夷。這就使全書眉朗目清，條理分明，給讀者提供了很大方便。它也改變了《史記》列傳隨意命名的方式，基本上統一以姓名標目。這體現了史、漢的圓方差異，難評高下，但《漢書》篇目整齊，對後世影響要大一些。

在體例上，《史記》的「圓而神」，與《漢書》的「方以智」各具特點，又能各極其致，因而未可軒輊。但是，「遷史不可為定法，固書因遷之體而為一成之義例，遂為後世不祧之宗」[59]，則是我們必須肯定的。

---

59 章學誠：《文史通義‧書教下》。

三、多種專史領域的開拓

《漢書》以十志為主幹展開多種專史的撰述，為古代學術開闢了新領域，也在擴展紀傳史體容量，擴大史書記事範圍方面作出重大突破。在這個突破中，班固既為人們提供了廣泛豐富的知識，顯示出《漢書》的博洽，又對封建社會及歷史問題作了積極探討，闡發出他成熟的歷史見解。

書中各專門史的撰述圍繞著國家職能、社會經濟、民族歷史和學術文化幾個方面展開。

對國家職能的闡述在書中占首要地位，成就也最大。

《禮樂志》對《史記》的《禮書》、《樂書》作了大量改訂增補，是《漢書》闡述國家典章制度的重要篇章。篇中以禮為重點，首先闡述了禮樂的各自功能和它們治國平天下的重要作用，接著敘述了周至東漢初禮樂制度演化情況。本志的主旨是漢代沒有建立起與其統治規模相適應的禮樂制度，這是不能以王道化天下的根本癥結。禮樂是封建政治的核心，後起諸史的書志中一般都有這部分內容，但能寫出《漢書·禮樂志》這樣水準的卻不多。

《刑法志》是《漢書》新創立的篇目，也是書中寫得最好的篇章之一。志中介紹了由古至漢兵刑制度演化梗概，重點敘述的是漢代法制情況。班固在志中探討了刑獄失平之由，結合東漢初期的社會現狀，提出很有價值的使政清刑平的具體建議。體現了他政治主張的切實，也表現出他把歷史引入現實的撰史傾向。可貴的是，班固還把法制與教化結合起來做了綜合考察和研究，指出以教化為本，以刑法為輔才能收到治理國家安定社會的效果。《刑法志》是簡明刑法史，也是封建社會的法制教科書。它開啟了史書和政書中刑法志的撰寫，也是古代刑法專著的濫觴之作，在史學、法學和社會政治、法制建設方面都作出了貢獻。

《地理志》也是班固的一個創建。志中詳述了古今地理沿革、漢代行政區劃、戶籍人數、土俗民風、各地物產等。志中有關國家職能的記述主要表現在兩個方面：一是通過對各郡國的詳細記載，反映西漢的政權結構和大一統規模；二

是通過考察各地風俗，為國家因地制宜地施行統治提供依據。《地理志》的撰寫在史學上具有重大意義，它大大發展了《禹貢》的記述方式，成為後世史書中地理、郡國諸志的典範，也對地志諸作有很大影響。清代以來《地理志》成為歷史地理學者熱門的研究物件，由此推動了西北地理之學的發展。

《百官公卿表》這一體制為《漢書》首創。它用簡明方式記錄了西漢三公九卿的遷免死。它的序長達五千餘字，名曰表序，實為志體。其中除闡述秦漢的官制概貌及沿革，反映中央政權的組織結構情況外，還論述了各職官的基本職能及設置得失。它為封建政權提供了不可缺少的組織章程，且開正史記述職官制度之先河。

《漢書》對社會經濟的記述，主要通過《食貨志》、《貨殖傳》展開。

《食貨志》是書中的優秀篇章，主要記述從古代到王莽時期的經濟情況及歷史演變。它以耕織為中心線索，把食、貨分為上下兩篇，抓住了中國封建社會農業和手工業相結合的特點。《漢書·食貨志》較《史記·平准書》有很大進步：第一，它的敘述分門別類，脈絡清楚，改變了《平准書》農業與工商經濟混雜的撰述方式。第二，它的記述範圍有很大擴展，《平准書》以漢代為限，《食貨志》卻貫通古今。第三，它的材料搜集也更齊全，先進的生產技術，有價值的理論觀點及可取的有關政策，它都詳細作了記載。第四，《平准書》主要是對漢代，特別是武帝時期的經濟政策進行諷刺、批判，沒有提出很多建設性意見。《食貨志》則系統闡述了班固的經濟觀點，《漢書》的富於建設性，可以在《食貨志》中得到較充分證明。

《漢書·貨殖傳》是對經貿活動的總體及個案介紹。它對《史記·貨殖列傳》在史實上沒作太大補充，在思想觀點上則表現出很大差異。司馬遷對富利的認識與理解，較多擺脫了儒家義利觀的束縛，體現出他的異端色彩，具有超前意識。班固對經貿活動的看法則同社會的經濟、禮儀、教化、治安等現實環節聯繫更為緊密，表現出更多的現實性。

《漢書》在民族史的撰述上也有很大進展。它通過《匈奴傳》、《西域傳》、

《西南夷兩粵朝鮮傳》較完整記錄了周邊各少數民族歷史，比《史記》增加了相當多的歷史事實。《漢書》的民族史記述，展現出國內外各族人民生產勞動及民族政權建設和社會發展歷史，也反映了在漢一統政權之下，國內各民族交好、征戰，並逐漸融合的歷史。在對內意義上，它開闊了各族人民的胸襟，在對外意義上，它放開了中國人的眼界，促進了民族思想的發展。在史學上，它對史書中記載這方面內容優良傳統的形成有所推動，後世史學對此踵續不絕，才使這些國家和民族地區的歷史得到較完整記錄，這對世界文明也是一個貢獻。

《漢書》對學術文化史的記述主要集中於《律曆志》、《天文志》、《五行志》、《藝文志》、《儒林傳》及各學者的合傳或專傳中。

《五行志》為班固首創，記載了從古到漢的自然現象及與人事參驗情況，羅列了董仲舒、劉向、劉歆等人的五行災異學說，可說是天人感應學說的教材，因此歷來受人攻擊較多。但我們客觀些分析就會得出如下認識：（1）這種學說在當時客觀存在，而且流行很廣，史家有責任把它記錄下來。（2）在封建迷信外衣下，本志記載了許多自然現象及其變異情況，具有科學史研究價值。（3）志中的災異說在封建社會裡對最高統治者有警戒作用，志中修人事以勝妖孽的觀點有積極意義。

《藝文志》是班固首創的篇章，是中國現存第一部目錄學專著。本志在大小序中詳述古代各家學派的學術特點及其得失，作了辨章學術、考鏡源流工作，可抵一部學術簡史。《藝文志》開創了史志目錄這一目錄學重要流派，推進了古代文獻學的發展。《藝文志》也具有積極的思想價值。在東漢初圖讖盛行之時，它卻不收錄讖緯之書，反映出人文主義傾向。在術數類各小序中，班固還表述了他對陰陽雜占、望星卜著等學說的懷疑及否定態度。

《漢書‧儒林傳》是儒家思想發展變化的專史。它與《藝文志》有機結合，再配以各學者的專傳，較完整地反映出古代特別是西漢的思想學術情況。

《漢書》在學術史的撰述中，對儒家學說的變質作了準確揭露：一是儒家學說漸雜礼祥，逐步偏離孔子「不語怪力亂神」的宗旨，而與宗教神學相結合，成

為天人感應的新學說。二是儒家學說逐步成為經生謀生手段，變為祿利之路。這個揭露有積極的思想意義。

四、史觀中的進步因素

《漢書》中有較濃的封建正宗思想色彩，這反映了時代特點。指出這一點很必要，對此進行適當批評也是正確的，但用超時代的標準去要求班固，過分貶抑《漢書》就不太妥當了。按現在的標準衡量，正宗思想是維護封建統治的工具，當然很不好。但在封建社會的上升時期，正宗思想對於建立正常政治經濟秩序，推動歷史前進所起的積極作用卻是主要的。

對於班固的宣漢，人們進行了較多攻擊，認為這反映了他思想的保守。如果把這一問題放到它所處的歷史環境裡，就會得出公允一些的結論。首先，漢代處於封建社會上升時期，當時需要由封建地主政權領導社會，推動社會的發展。在這樣的歷史情況下，宣揚漢朝的歷史功績，增強社會凝聚力，是應該肯定的。其次，針對當時盛行的復古倒退思潮，宣漢也是社會前進的需要。最後，處在社會蓬勃向上的發展時期，每個對歷史前途充滿信心，具有責任感的思想家、史學家都會熱情謳歌當今的，司馬遷、王充都是如此。對此，我們應作出積極評價。

《漢書》缺乏《史記》那樣耀眼的思想光華，司馬遷敏銳冷峻的歷史眼光也是班固望塵莫及的，但在對封建政治的深刻感受、對社會建設的豐富見解方面，班固卻似乎稍勝一籌。司馬遷在《史記・游俠列傳》中對於游俠的個人節義行為做了熱情讚頌，表達了他反傳統的思想見解，這在封建社會裡是難能可貴的。但是，司馬遷往往在對個人行為的過分關注之中，忽略了對社會的考慮，對於某些游俠的不當行為，他也做了不適當的宣揚。班固從維護封建統治秩序的思想出發，考察了游俠產生及演化的源流，肯定了游俠的一些可取之處，也揭示出他們對社會的危害，呼籲將游俠導入道德軌道，這對社會的安定與發展是有積極作用的。《漢書・游俠傳》修正了《史記・游俠列傳》的一些觀點，思想價值有所降低，但班固立足社會現實，明於國家大體的長處卻是司馬遷所不及的。

《漢書》也闡發了一些進步的歷史思想，具有珍貴的價值。

從班固為《漢書》這部斷代史提出「究其終始強弱之變」[60]，和「列其行事，以傳世變」[61]的任務看，他對歷史變化問題，是有比較明確認識的。據此，他提出順時宜的主張。這一命題有兩個基本內涵。其一是要根據歷史本身的變化來調整政策措施和人們的行為，他引用嚴安的話「周失之弱，秦失之強，不變之患也」[62]，說明不能順時更化的嚴重後果。對於「法難數變」的迂腐之論，他批評是「庸人不達，疑塞治道」[63]。這些都體現了他順時推移的卓越見解。其二是歷史運行既有變化性，又有連續性，因而應根據具體情況，決定對前代遺產的取捨。「漢承秦制」在歷史上有一定必然性，班固看到了秦代在職官等政治制度上變革的正確性，因而充分肯定漢對此「因循而不革」，是「明簡易，隨時宜也」[64]。這種有因有革的觀點體現了班固變化思想的豐富性。《漢書》中順時應變的觀點給古代歷史思想注入了新鮮血液，為後來的思想家、改革家提供了有益的啟示。

對於歷史的發展進步問題，《漢書》中似乎沒有太明白的表述。但說它的基本思想傾向是重今略古的卻沒有什麼問題。班固把文、景時期與周代成、康之時並提，認為宣帝中興可以「侔德殷宗、周宣」[65]，甚至評價漢朝「基隆於羲、農，規廣於黃、唐」[66]，可以說明當今在他心目中的重要地位。

班固還對復古倒退的思想及行為進行了批判，這在《王莽傳》中反映得最為集中。

天人關係討論的實際上是歷史動力問題，這一直是中國思想史上的中心論題。班固對此表現出矛盾的態度。一方面他認為天人之間的感應是存在的。在

---

60 《漢書·諸侯王表序》。
61 《漢書·貨殖傳》。
62 《漢書·嚴朱吾丘主父徐嚴終王賈傳》。
63 《漢書·刑法志》。
64 《漢書·百官公卿表》。
65 《漢書·宣帝紀》。
66 《漢書·敍傳》。

《漢書》中他宣揚了君權神授、譴告說以至五行災異等神學迷信學說。另一方面他又對過分宣揚這些學說表示出保留、懷疑，甚至否定的態度，闡發出一些很有價值的理論觀點。

在天人關係中，班固經常表現出人事重於天道的思想意向。《漢書》中用很多史實論證了修德以勝天道的觀點，這與人定勝天的思想相比雖然有很大距離，但它已把人的主觀能動作用放到了重要地位，在天人感應之說甚囂塵上之時，是很不容易的。《漢書》中有時還把天意與民心看作一個統一體。「天人同心，人心說則天意解矣」[67]，「為政而宜於民者，功成事立，則受天祿而永年命」[68]，都把渺茫難知的天意具體化為民意，天意變成了空殼，民意成為它的具體內涵。這種對天與民的折衷處理，把落腳點放到民心上，體現的仍是重人事思想。

班固所說的天，有時指的是勢或時。對於王莽篡漢他所講的天時，對於劉邦帝業之興他所講的時勢，指的都是客觀歷史條件造成的一種事件發展傾向或趨勢。這其實接觸到歷史發展的客觀必然性問題，具有唯物主義因素。

《漢書》對天人關係的回答中，最有價值的是它對求仙祭祀和讖緯符命的批判。《漢書・郊祀志》繼承《史記・封禪書》的批判精神，對秦始皇、漢武帝所從事宗教迷信活動的愚蠢、可笑作了揭露。在志的最後，班固還引用谷永之言進行總結：「明於天地之性，不可或以神怪，知萬物之情，不可罔以非類。」在迷信思潮烏煙瘴氣之時，這是指點迷津的藥石之言。《漢書》對讖緯符命的批判，具有鮮明的戰鬥性。在東漢初讖緯符命活動搞得沸沸揚揚之時，班固以王莽為靶子，借助歷史武器對它的騙人真相進行揭發批判，起到了警醒人心，教育民眾的作用，成為當時反神學思潮的一部分。

《漢書》中還有很可貴的重民思想。書中把合民心作為歷史活動的目的和評價歷史行為或政策措施的標準。在封建政治中抓住了關鍵環節，顯示了班固歷史見解的深刻。這個觀點與人道主義有些接近，與唯物史觀還有一定差距，但在以

---

67 《漢書・王貢兩龔鮑傳》。
68 《漢書・刑法志》。

神性扼殺人性的封建社會裡，它閃爍著理性的光芒。班固還認為民心關乎國家盛衰，這又把重民看作國家長治久安的根本大計。這是班固通過歷史研究總結出來的帶有規律性的歷史結論，顯示出《漢書》中蘊藏的歷史智慧。

第五節 ·
《東觀漢記》
與《漢紀》

一、漢代的史官與起居注

西漢的史官設置大體與秦相同，禦史官屬中有御史中丞，在殿中蘭臺掌圖籍秘書，可能也兼司記注之職。奉常屬官有太史令丞，司馬談與司馬遷父子就先後任過太史令之職。《漢儀注》乙太史公為官名，以為「太史公武帝置，位在丞相上。天下計書先上太史公，副上丞相，序事如古《春秋》。遷死後，宣帝以其官為令，行太史公文書而已。」[69]前人指出太史公當為太史令之尊稱，且其位不會在丞相之上，很有道理。但太史令掌天下計書，並仿《春秋》之體記事的說法應當是可信的。《漢書·藝文志》言：「太史試學童，能諷字九千字以上，乃得為史。又以六體試之，課最者，以為尚書御史、史書令史。」可見當時的太史令仍兼掌文字。

---

69 《漢書·司馬遷傳》如淳注引。

王莽對復古改制有深厚興趣，於居攝元年「置柱下五史，秩如御史，聽政事，侍旁記疏言行」[70]。顯然這是模仿「動則左史書之，言則右史書之」[71]的古制。至於此制實行情況，則不得而知。

東漢時期，由少府官屬蘭臺令史掌管圖籍秘書，或兼撰史傳。班固曾任蘭臺令史，在任上撰光武帝本紀及平林、新市及光武功臣等列傳、載記二十八篇。楊終任郡小吏，撰《哀牢傳》，得到明帝賞識，徵詣蘭臺，專任史職。章帝以後，圖籍與撰著之所移至東觀。安帝永初四年（110 年）鄧太后曾「詔謁者劉珍及五經博士校訂東觀五經、諸子、傳記、百家藝術，整齊脫誤，是正文字」[72]。此後東漢政府的修史活動多在此進行。

兩漢時代起居注的修撰初具規模。

《漢書·藝文志》著錄有「《漢著記》百九十篇」，顏師古注曰：「若今之起居注。」今人研究認為「著記」或作「著紀」，就是「注記」，體例為兼記天人之事，可以看作是起居注的前身，《漢書》十二本紀多取材於此。[73]《漢書·律曆志》有關於西漢十二帝（包括呂後）、孺子、王莽、更始帝、東漢光武帝《著紀》的記載，可知西漢歷朝直至東漢初都修有《著記》。另外《隋書·經籍志》提到：「漢武帝有《禁中起居注》，後漢明德馬皇后撰《明帝起居注》，然則漢時起居，似在宮中，為女史之職。然皆零落，不可復知。」武帝的《禁中起居注》與上述所言各帝《著記》不知是什麼樣的關係，也不知是何種體制。所謂「然則漢時起居，似在宮中，為女史之職」云云，只是猜測之詞，但西漢從侍立柱下記言記行，到修成較有系統的類似起居注的著作，已有較穩定的工作程序，應該是沒有問題的。《漢書·藝文志》還著錄有「《漢大年紀》五篇」，體例與具體內容已不可考，從名稱上看應當是類似《春秋》的大事編年性質的著作，也許只具事目的編年紀事傳統到西漢仍在繼續。

---

70 《漢書·王莽傳》。
71 《禮記·玉藻》。
72 《後漢書·安帝紀》。
73 參見朱希祖：《漢十二著紀考》，《國學季刊》。

人們普遍認為起居注的正式修撰，始於東漢明德馬皇后所修《明帝起居注》。《後漢書‧皇后紀》中有「（馬皇后）自撰《顯宗起居注》，削去兄防參醫藥事」的記載。馬皇后以皇后身分親撰起居注，與後世史官專掌此職，且帝王不得過問的作法不同。兩漢的著記與起居注，也許採取的都是臨時指派人員進行修撰的辦法。馬皇后到獻帝之間起居注修撰情況無聞。獻帝時，荀悅曾兩次建議備置史官以修史，不僅記政事，而且記內事，以作皇帝起居注。到唐初修《隋書‧經籍志》時，漢代起居注存者只有《漢獻帝起居注》，說明他的建議得到採納，並取得實效。

二、《東觀漢記》的修撰

東漢一代官修史書的最大成績是《東觀漢記》一書的修撰。這是東漢歷朝陸續修撰而成的當代史，是中國第一部官修的紀傳體史書。此書初名《漢記》，後人因其書主要成於皇家藏書之所東觀，故以地名冠之。

明帝時，班固繼父志修撰《漢書》，有人告發他私改國史。明帝見到班固的書稿，明白了他撰史的本意，被他過人的史才打動，任命他為蘭臺令史，讓他與陳宗、尹敏、孟異等人共同寫作《世祖本紀》。此後，他又受命與以上三人，及杜撫、馬嚴、劉復、賈逵等修成新市、平林、公孫述及光武帝的功臣等列傳、載記二十八篇。這是《東觀漢記》修撰的開始。

安帝時修史工作有較大進展。安帝鄧太后自幼通曉經傳，重視文化建設，她曾下詔讓謁者僕射劉珍與五經博士校訂東觀的五經、諸子、傳記等典籍，又命劉珍與劉騊駼撰寫建武以來的名臣傳。據史傳記載，當時參預其事的還有劉毅、李尤、王逸等人。所修除名臣傳外，還有儒林、外戚等傳。此時朝廷已有意於寫出截止於當代的國史，「及夫劉珍等之奉詔著書也，其地已移於東觀，其書有紀，有表，有名臣、節士、儒林、外戚諸傳，至是始具國史之形。蓋鄧太后意嫌班固所作並建武一代事蹟亦未全，其命珍等作《漢紀》，實責以整齊舊聞。故珍等撰

成上進時，自當並固等所作苞入其中，珍等亦必有所刪潤，非直錄之而已。」[74]
上引余嘉錫先生的論斷是可信的。

劉珍、李尤等人去世後，順帝命伏無忌、黃景踵續其事。他們寫出了《諸王》、《王子》、《功臣》、《恩澤侯表》、《南單于》、《西羌傳》、《地理志》等篇章。桓帝時，邊韶、崔寔、朱穆、曹壽、延篤等人受詔修撰桓帝祖、父，順帝皇后，順帝功臣諸傳，又將若干人事蹟補入《儒林傳》、《外戚傳》，並作《百官表》。至此，《東觀漢記》已成百餘篇，有了相當的規模。伏無忌、黃景也參加了桓帝時的修史工作。

靈帝、獻帝時期，對《東觀漢記》做了最後一次續修。參加者主要有馬日磾、蔡邕、楊彪、盧植、韓說、劉洪、張華等人。其中，蔡邕所作工作最多。他撰寫了《律曆》、《禮樂》、《郊祀》、《天文》、《朝會》、《車服》等十志，還修成《靈帝紀》及列傳四十二篇。對《東觀漢記》的補續工作，直到三國時期可能還有人在做，可惜始終沒有修成完璧。

據《隋書·經籍志》著錄，《東觀漢記》有一百四十三卷。由於本身殘缺不全，又成於眾手，水準參差不齊，加上范曄所修《後漢書》等記載後漢歷史的書籍陸續撰成等原因，到隋唐時此書有些篇章即開始缺失，元以後全書亡佚。清代開始有人作此書的輯佚工作，今人吳樹平所輯《東觀漢記校注》，搜羅材料較全，但此書散佚既久，已無法復其舊觀。

這部書在中國史學史上有一定地位。對於它的價值，我們可以從以下幾方面認識：

第一，它是中國第一部官修紀傳體當代史，不但開創了後世官修國史之例，而且為此後歷代官修國史的修撰，提供了有益的經驗教訓。在中國修史制度的發展過程中，它占有不可忽視的特殊地位。

---

74 余嘉錫：《四庫提要辨證》，頁 242，北京，中華書局，1980。

第二，它是以當代人修撰當代史，本來就有取材上的便利，加上政府的大力支持，因而參考了當時能搜集到的大量官私文獻資料，保留了豐富的原始材料，成為東漢歷史材料的寶庫。此後諸家後漢史著作，基本都以它為主要材料來源。

第三，在體例上它有一些創新，表現出自己的特點。如設載記記述割據一方的歷史人物史事，為后妃以外的婦女立傳等，促進了史書體例的豐富。

第四，從三國到晉，此書一直被人看重，與《史記》、《漢書》並稱為「三史」，是當時人們學習歷史知識的主要書籍之一，產生了很大的學術與社會影響。

三、《漢紀》和荀悅的史學思想

《漢紀》是成書於漢代的又一部史學名著。全書三十卷，約十八萬字，主要記載西漢一代政治上的成敗得失。漢獻帝喜歡讀書，很想從前朝歷史中吸取經驗教訓，可感到《漢書》文繁難省，不便閱覽，於是命荀悅用編年體對《漢書》加以改編。荀悅奉命後，用三年時間寫成此書奏上。

荀悅字仲豫，出身於潁川名族，生於漢桓帝建和二年（148 年），卒於漢獻帝建安十四年（209 年）。他博聞多識，長於著述，除《漢紀》外，還著有政論著作《申鑒》五卷。

《漢紀》是一部編年體斷代史，它發展了《春秋》、《左傳》開創的體例，而建立了斷代的規模具備的編年史體。以往《春秋》只記事，基本不記言，只有事目不具詳情。《左傳》克服了這個缺點，但體例龐雜，對於無年月可考或不便分散於年月之下的史事沒能作出適當的安排，因而也限制了自身的表現力。《漢紀》在體例上有很大改進。書中基本按年月編排史事，對於無年月可考或不便分散於年月之下的史事，用連類列舉的方法作出很好的安排。例如張騫通使西域和西域各國不可不記，按時間分散去寫，又會造成史實支離破碎的後果，《漢紀》便在武帝元光六年（前 129 年）「張騫封博望侯」之下，先記張騫的出使，接著記西

域諸國。這一記事方法被稱為「類敘法」，是《漢紀》在體例上的一個很重要創造，對於後來的編年史有相當大的影響。《漢紀》把紀傳體史書在篇末以論贊形式集中進行歷史評論的方法，引入編年史體之中，在每個帝紀之後寫出讚語，發展了《左傳》「君子曰」在文中夾議的方式，提高了編年體史書的理論總結能力，增強了這一史體的歷史教育功能。

編年紀事是中國史學古老的傳統，以《春秋》、《左傳》為代表的編年體史書曾在古代史壇上獨領風騷。但《史記》、《漢書》等規模宏大、囊括力強的紀傳體史書出現後，立即受到人們青睞，編年體卻相形見絀，長期被冷落。《漢紀》撰寫的成功，使人們對這一體裁刮目相看，認識到它的相對優勢。於是編年史體重新崛起，從此，「班荀二體，角力爭先，欲廢其一，固亦難矣」[75]。編年體獲得了與紀傳體並駕齊驅的地位，中國史學邁入進一步發展的坦途。

荀悅處於東漢末衰亂之世，力圖通過修《漢紀》為社會提供有益的鑒戒。他宣稱：

> 凡《漢紀》，有法式焉，有監戒焉；有廢亂焉，有持平焉；有兵略焉，有政化焉；有休祥焉，有災異焉；有華夏之事焉，有四夷之事焉；有常道焉，有權變焉；有策謀焉，有詭說焉；有術藝焉，有文章焉。斯皆明主賢臣命世立業，群後之盛勳，髦俊之遺事。是故質之事實而不誣，通之萬方而不泥。可以興，可以治，可以動，可以靜，可以言，可以行，懲惡而勸善，獎成而懼敗。茲亦有國之常訓，典籍之淵林。[76]

《漢紀》是自覺把寫史與封建政治結合起來的史學作品。書中豐富的內容，大多與治亂安危密切相關，而唐太宗從封建政治角度，對這部書概括出的「極為治之體，盡君臣之義」[77]則是根本性的。

為治之體應包括治國與安民兩大方面。對於國家管理，書中既總結了文帝、

---

75 劉知幾：《史通‧二體》。
76 《漢紀‧序》。
77 《舊唐書‧李大亮傳》。

景帝、霍光等實行的妥善政策措施，也對西漢一代典章制度的得失，作了系統評論。讀之可以給人以較深的歷史教育。荀悅有很突出的重民思想。書中論道：「聖王之有天下，非以自為，所以為民也。」正確的理民指導思想應該是，君主「不得專其權利，與天下同之，唯義而已，無所私焉」[78]。基於這樣的認識，書中比較注意記載西漢一代的經濟發展情況，強調豐衣足食對於社會安定以至道德建設的重要作用。書中還經常以是否利民作為評判是非得失的標準，對君主集權專制的弊端作了一定程度的揭露。

他認為「非天地不生物，非君臣不成治。首之者，天地也；統之者，君臣也。」[79]君臣承擔著統理天下的重任，他們的賢否直接關係天下興亡。君臣之義的最高體現，就是君明臣賢，上下相得，並力為治。這個看法較之於片面強調忠君，要通達得多。書中著力記載西漢一代明主賢臣治國安邦的成功經驗，特別是記錄了大量忠臣直諫的感人事蹟。對於健康地協調君臣關係，很有補益。

荀悅在古代史學理論上有傑出的建樹。他在前人看法的基礎上，對史學提出進一步的系統要求。《漢紀》卷一明確表述：「立典有五志焉：一曰達道義，二曰彰法式，三曰通古今，四曰著功勳，五曰表賢能」。「達道義」指的是在史書中講明事物之理和社會倫理道德原則；「彰法式」是指闡揚維護統治秩序的法制與典則；「通古今」指通曉古今成敗得失的經驗教訓；「著功勳」與「表賢能」是表彰有助於社會建設的行為和有傑出貢獻的人物，這五條原則從不同角度明白道出史學為社會服務的宗旨，尤其是「達道義」和「彰法式」的提出，擴大了對史學功能的認識，豐富了古代史學理論體系。他所謂的道義、法式云云有著鮮明的封建色彩，表明他對封建史學與封建政治的關係，較前人有了更深入的理解。在《申鑒》中，荀悅說得更清楚明白：「君舉必書，臧否成敗無不存焉。下及士庶，等各有異，咸在載籍。或欲顯而不得，或欲隱而名章，得失一朝而榮辱千載。善人勸焉，淫人懼焉，故先王重之，以嗣賞罰，以輔德政。」在對史學懲惡勸善功能的強調上，他似乎沒有新的發明，但「得失一朝而榮辱千載」這句話有

78　《漢紀》卷五。
79　《申鑒·政體》。

著震撼人心的力量，幾乎成為後人立身行事的座右銘。

　　荀悅對史學與封建政治關係的這些論述，進一步明確了史學正宗化的著力點和基本方向，產生了深遠的影響。

第十一章

大氣磅礡的
秦漢文學

在中國文化史上，秦漢文學繼往開來，上接先秦，下啟魏晉，在許多方面都有重大貢獻。這一時期，出現了「文章」和「文學」兩個不同的概念，人們用「文章」指文學，用「文學」指學術。《漢書·藝文志》還將「詩賦略」與「六藝略」、「諸子略」相並列，以示詩賦與學術的區別。這樣，文學就從先秦時文史哲不分的狀態下走出，開始與學術分離並逐步獨立。

這一時期，湧現了大批優秀的辭賦家、散文家、詩人，文學創作成就可觀。漢賦作為一代文學的代表，繁榮昌盛，在創作題材、藝術手法、審美意識諸方面對後世影

響極大。散文創作繼先秦之後又一次出現高潮，論說散文風格多樣，史傳散文雄視百代。漢樂府民歌繼承並發展了《詩經》的寫實傳統，在詩體形式、表現技巧方面又有重大開拓。五言詩也悄然興起，向人們展示了這一時期詩歌創作的新成就。

秦漢是大一統的時代，在這種政治背景下產生的文學，也帶有鮮明的大一統特點。先秦文學中那種地域差異明顯減弱了，秦漢文學在多種風格、多種文化氛圍的交融滋養下發展起來。大一統局面造成了一種恢弘開闊的時代精神，人們積極進取，奮發向上，砥礪名節，普遍帶有一種民族自豪感和歷史責任感，有著豪邁振奮的氣概。文學藝術受此影響，也就表現出渾厚樸拙，奇肆雄健，大氣磅礴，富於激情的審美特徵。

兩漢時期，獨尊儒術，儒家正統文學理論也就占據了兩漢文壇的主要地位，但不囿於儒家文學思想的各種文學見解也有出現，文學批評有所深入，為其後自覺的文學批評的出現奠定了基礎。

專制制度下
的秦代文學

　　秦皇朝在文化上實行嚴酷的高壓政策，焚詩書、坑儒士，一切皆斷於法，人們沒有言論自由，文學活動受到嚴重窒息。再加上秦皇朝歷時短暫，文學本身所具有的抗爭精神還未能展現，便隨著皇朝的滅亡而消失了。呂不韋曾招集門客編撰《呂氏春秋》，在思想上相容各家，在文章風格上兼採戰國以來各家長處，善於設譬取喻，儘管文筆平實，卻也富有形象，精彩之處不絕，在文學史上有一定地位。但它成書於秦滅六國之前，因此仍屬戰國散文的範圍。秦統一後，再也沒有出現過這樣的作品。

　　秦代文學值得注意的有李斯的散文、碑銘文字以及其他一些文告、法律條文、詩歌和賦等。

　　李斯是秦代著名政治家，

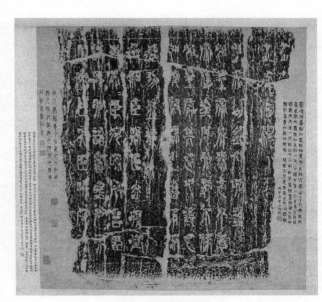

李斯書琅邪臺刻石

又是著名文學家。他在文學上以散文見長。其散文風格上承荀況，嚴於構思，老於謀篇，善於設譬取喻，議論縱橫馳騁，不講空言，饒有文采，為秦代文壇的一朵奇葩。

李斯傳世的散文有四篇：《諫逐客書》、《論督責書》、《言趙高書》和《獄中上書》。其中《諫逐客書》寫得最為精彩，是傳誦千古的名作。此文作於秦王政十年（前237年），正當秦並天下前夕。從時間斷限說，應屬戰國文字，但李斯身跨兩個時代，故而不可不論。

《諫逐客書》是為諫止秦王政所下逐客令而寫的奏疏。當時韓國為阻撓秦國進攻，派水工鄭國入秦修渠，以耗蝕秦國的財力。事情洩露以後，秦王政一怒之下，決定驅逐所有在秦的客卿。李斯以政治家的眼光，感到驅逐客卿於秦極為不利，於是奏上此文，以諫止逐客。全文站在「跨海內，制諸侯」，「成帝業」的戰略高度，緊緊圍繞秦之得失立論，縱橫捭闔，議論風發。文章起首即表明自己的態度：「臣聞吏議逐客，竊以為過矣。」接著列舉繆公、孝公、惠王、昭王重用客卿，使秦國逐漸強大的史實，指出「向使四君卻客而不納，疏士而不用，是使國無富利之實，而秦無強大之名也」。運用歷史知識說明納客與逐客的利弊，極有說服力。緊接著，李斯又以物喻人，指出秦王政所喜好的珍寶、美女、聲樂，絕大多數都不產於秦，但秦王卻不忍放棄，原因就是這些東西能滿足秦王的各種欲望。隨即筆鋒一轉：「今取人則不然，不問可否，不論曲直，非秦者去，為客者逐。然則是所重者在乎色、樂、珠玉，而所輕者在乎人民也。此非所以跨海內、制諸侯之術也。」慷慨激昂，但又是開誠布公地指責秦王逐客之過。最後，李斯又從正面論述了逐客的嚴重後果：「今逐客以資敵國，損民以益仇，內自虛而外樹怨於諸侯；求國無危，不可得也。」

可以看出，《諫逐客書》立意高遠，馳騁議論，思路開闊，注重事實，說理透闢。在修辭上，時而排比，時而對偶，辭采富麗，抑揚鏗鏘。正因如此，奏上以後，打動了剛戾自專的秦始皇，取消了逐客令。這篇文章歷來為世人寶重，劉勰曾評論說：「李斯之止逐客，並煩情入機，動言中務，雖批逆鱗，而功成計

合，此上書之善說也。」[1]

秦統一以後，李斯作為文化專制政策的主要制定者和參與者，文風也一改前期富麗華美而為簡質峭刻。這一時期所作《論督責書》、《言趙高書》，即反映了這一點。尤其是前者，完全是為使自己免禍而極力取悅秦二世，慫恿他實行嚴刑峻法，立意低下，文風峭刻。其最後一篇作品《獄中上書》，是為自己辯誣而作，文章全用反語，發洩自己的滿腹怨憤，寫得相當出色，用語斬截，被稱為「老吏斷獄」之文。

秦始皇喜歡出巡，曾先後五次巡行天下郡縣，每每都有刻石，大多數都為李斯所撰。這些碑銘文字，也反映出秦代文學的一些氣息。這些碑銘刻石，如《鄒嶧山刻石》、《泰山刻石》、《琅邪臺刻石》、《之罘刻石》、《東觀刻石》、《碣石刻石》、《會稽刻石》等，全是歌功頌德之詞。但也言簡意賅，褒揚充分。從寫法上看，刻石文字大體四言一句，三句一韻，如始皇二十九年（前 218 年）的《之罘刻石》：

維二十九年，時在中春，陽和方起。皇帝東遊，巡登之罘，臨照於海。從臣嘉觀，原念休烈，追誦本始。大聖作治，建定法度，顯著綱紀。外教諸侯，光施文惠，明以義理。六國回辟，貪戾無厭，虐殺不已。皇帝哀眾，遂發討師，奮揚武德。義誅信行，威燀旁達，莫不賓服。烹滅強暴，振救黔首，周定四極。普施明法，經緯天下，永為儀則。大矣哉！宇縣之中，承順聖意。群臣誦功，請刻於石，表垂於常式。

很明顯地具有承銜《詩經》中雅、頌體式的特點。刻石在形式上顯得板滯，不夠靈活，但也質樸莊重，氣度雄壯。作為較早的功德碑銘，為後世碑銘文字提供了範式，也受到文論家的好評，如劉勰就說：「秦皇《銘岱》，文自李斯，法家辭氣，體乏弘潤。然疏而能壯，亦彼時之絕采也。」[2]「至於秦皇勒嶽，政暴

1　劉勰：《文心雕龍·論說》。
2　劉勰：《文心雕龍·封禪》。

而文澤，亦有疏通之美焉。」[3]

秦以法治國，頒布了許多文告和法律條文。這些文告與法律條文缺乏文采，但也長於說理，明白易懂，其中有些屬於這類文字中的佼佼者。如雲夢秦簡中的《語書》，是秦王政二十年（前 227 年）南郡郡守騰頒發的一篇文告，文告講述了制定法律的動機，法令制定出來後縣、道令長不予遵守的狀況以及對不遵從法令者的處罰。文告站在國家利益的高度，論說了法律的重要。如：「古者，民各有鄉俗，其所利及好惡不同，或不便於民，害於邦。是以聖王作為法度，以矯端民心，去其邪僻，除其惡俗。」「今法律令已具矣，而吏民莫用，鄉俗淫佚之民不止，是即廢主之明法也，而長邪僻淫佚之民，甚害於邦，不便於民。」[4]文風質直，反映了法家律令條文的簡潔。

歌以詠言，詩以達志，是中國古代文學的傳統，據《漢書·百官公卿表》及杜佑《通典·職官七》，秦時已有樂府的官署建制。在一些出土文物中也反映出秦有樂府。歌樂不分，有樂必有歌，有歌必有詞。史載，始皇三十六年（前 211 年），曾命博士作《仙真人詩》，以待巡行天下時「令樂人歌弦之」[5]。可惜這些樂府詩歌早已失傳，今日已無法窺其面目了。但秦代有極少量的民間歌謠被記載下來，保留至今。清人張澍所輯佚的《三秦記》一書中，有一首始皇作驪山陵，運巨石於渭水北，百姓因不堪勞苦所傳唱的歌謠：

運石甘泉口，渭水不敢流。千人唱，萬人謳，金陵餘石大如堀。

詩為雜言，表達了當時百姓的滿腔悲憤，聲韻和諧，頗具感染力。

清人孫星衍所輯佚的魏晉哲學家楊泉的《物理論》一書中，記載有一首《長城歌》：

生男慎勿舉，生女哺用脯。不見長城下，屍骸相支柱。

3　劉勰：《文心雕龍·銘箴》。
4　《睡虎地秦墓竹簡》，頁 15。
5　《史記·秦始皇本紀》。

此詩以修長城為背景，深刻反映出秦代無休止的徭役給百姓帶來的深重災難。另外，該詩已是規整的五言，這對漢代五言詩的興起是否有啟發作用，已不可知，但它確實是古典詩歌五言作品的開創之作。

另外，從《詩經》來看，秦國也是一個有詩歌傳統的國家，《秦風》粗獷的風格歷來為文論者稱道，但及至秦統一，這種傳統如何轉化，因文獻無徵，已不能論。

秦代還有賦的創作。《漢書‧藝文志》記載「秦時《雜賦》九篇」。可惜早已亡佚，不能窺其一斑了。不過也可說明自先秦到兩漢，賦的創作是連續不斷的。

第二節‧
漢代的辭賦

一、漢代辭賦興盛的原因

辭賦是中國古代獨具一格的文學樣式，它產生於先秦，成熟於兩漢，並在兩漢達到了昌盛的頂點。兩漢文人喜愛賦作，名家輩出，名作眾多，以致人們往往把辭賦看作是兩漢文學的代表。

漢代辭賦來源於《楚辭》。兩漢文人襲用楚辭的體裁和誇飾鋪陳的手法來敘事寫物，仿效荀子以「賦」名篇，將散文與韻文結合起來，形成漢代辭賦。它具

有「鋪采摛文，體物寫志」的特點[6]，它多用問答體式，極力鋪張，盡力誇飾，且好用生僻字句，有很強的形式主義傾向。

這種極力鋪張、語言恣肆汪洋的辭賦文學之所以在兩漢達到興盛的頂點，是有客觀原因的。

其一，統一的帝國，多元文化的交匯，特別是楚文化的北上，是漢代辭賦興盛的前提。漢朝作為中國歷史上第一個鼎盛皇朝，在文化上具有海納百川的氣勢。尤其是在文學藝術領域，楚文化、齊魯文化交融一起，寫出了濃墨重彩的一頁。漢初君臣，以楚人為主幹，這樣就使先秦時期侷限於荊楚之地的具有浪漫主義色彩、具有豐富想像力的楚文化在中原地區廣為流傳。這些，都極大影響了文人們的創作。劉勰在《文心雕龍·詮賦》中清楚地指出了漢代辭賦與楚文化的聯繫：「賦也者，受命於詩人，拓宇於《楚辭》也。」從文體源流上來說，也是「興楚而盛漢」。賈誼《弔屈原賦》，形式上一仿騷體，精神上也是同屈原相通的。及至枚乘《七發》，方完成了散體大賦的體制，與《楚辭》分歧異派而成為一種獨特的文學形式。可以看出，漢代辭賦在內容和形式上和楚文化有著明顯的傳承性和連續性。楚文化所具有的神秘詭譎、綺靡華彩的風韻，投射到賦體文學中，就具有了想像豐富、雄肆恢弘、鋪張揚厲的特點。

其二，強大的國力，進取的精神，為漢代辭賦的繁盛提供了條件。漢自建國之始，就實行休養生息政策，經過七十餘年的發展，到武帝時代，國力達到鼎盛，疆域也大大擴展，漢帝國雄踞東方，如日中天。中華文化，廣泛四布，中外交流日益加強，這種高昂的民族精神與時代氣質，是需要一種文學樣式將其形象地顯現出來的。那種言志抒情的詩歌以及憂思悲慨的騷體，已不能完全滿足時代的需要了，而恢弘恣肆的散體大賦正切合了時代的需要，這也是為什麼散體大賦會在武帝時勃興的主要原因。散體大賦中不少篇章極力鋪陳皇宮的豪華、皇帝的威儀，盡力向人們展現帝國的物產之富、田獵之盛，正反映了上升時期帝國的豪華奢靡。

6　劉勰：《文心雕龍·詮賦》。

其三，統治者的極力提倡，也是漢賦發展的重要原因。漢初的一些王侯貴族都獎勵提倡作賦，招攬四方名士，在其門下寫作，如「吳王濞招致四方遊士（鄒）陽與吳嚴忌、枚乘等俱仕吳」[7]。淮南王劉安也「招致賓客方術之士數千人」[8]。梁孝王劉武則「使諸遊士各為賦：枚乘作《河柳賦》，公孫詭作《鹿賦》，鄒陽作《酒賦》，公孫乘作《月賦》，韓安國作賦不成，鄒陽代作」[9]。漢武帝愛好文學，更加重視文人，身邊聚集大批文人為之歌功頌德。一些辭賦家也因此步入仕途。武帝還經常以獎勵的方式鼓勵人們作賦，相傳枚乘賦《柳》，賜絹五匹；相如賦《長門》，得黃金百斤。上有所好，下必從之，於是群臣鼎沸於下，獻賦、考賦也出現了。至東漢，考賦取士還成為一種制度。統治者的提倡促進了辭賦的興盛，同時也使辭賦成了頌聖的工具，「勸百而諷一」，直接為統治者服務。

其四，文體自身的發展，也是辭賦興盛的原因之一。從文學史的發展規律看，一種文體在某一時期特別發達，其自身的發展規律是起一定作用的，同時也受其他文體的制約。兩漢時期，《詩經》體式的四言詩已經衰落，五、七言詩以及樂府民歌正在民間醞釀，還沒有進入文人的創作領域。論說文和文學已逐漸分家，史傳自司馬遷之後，也向著與文學分家的方向發展，而其他的一些文體更不能充分滿足皇朝統治的需要和作者表達思想感情的需要。在這種情況下，產生於戰國時期而尚沒有得到充分發展的辭賦就自然成了文人注目的焦點。再者，從學術思想的統治看，漢武帝罷黜百家，獨尊儒術，儒家的文學宗旨是宗經明道。漢代辭賦以歌頌為主，間以諷喻，完全符合儒家學術思想的要求，從而在兩漢文壇上占有重要地位。

7　《漢書·鄒陽傳》。
8　《漢書·淮南王安傳》。
9　《西京雜記》卷四。

二、漢代前期的騷體賦

自漢高祖劉邦建漢至武帝初年，約有六、七十年時間，這一時期的辭賦創作，仍繼續著楚辭的餘緒，以騷體賦為主流，並在逐步發展的過程中向散體大賦過渡和分流。

漢初辭賦，據《漢書·藝文志》記載，有陸賈賦三篇、朱建賦二篇、趙幽王劉友賦一篇、賈誼賦七篇、莊忌賦二十四篇、枚乘賦九篇、淮南王劉安賦八十二篇以及淮南王群臣賦四十四篇。其中陸賈、朱建、劉友、劉安之賦已全部亡佚，不能具論。所餘四家，以賈誼和枚乘之賦最為著名。

（一）賈誼

賈誼所作辭賦，完整保存至今的只有四篇，其中最著名的就是《弔屈原賦》和《鵬鳥賦》。

賈誼少年聰慧，十八歲就以能誦詩書、善屬文聞名於郡中。後以廷尉吳公之薦，被召為博士，時間不長，即被超遷為大中大夫。賈誼是一位具有遠見卓識的政治家、思想家，對秦及漢初的政治經濟均有過深入的研究，他從鞏固漢朝的統治出發，提出過諸如削弱諸侯勢力、積貯糧食、抵抗匈奴以及建立封建等級秩序等一系列主張，其中有的為文帝所採用，有的則為後來的武帝所實施，極有功於西漢皇朝。然而，正當他以過人的才學識量深受皇帝器重，功業發展如日中天之時，卻遭到權貴忌害。文帝以賈誼才能過人，準備任以公卿之位，朝中大臣周勃、灌嬰等百般阻攔，間以讒言，於是文帝開始疏遠他，貶為長沙王太傅，後遷梁懷王太傅。文帝十一年（前 169 年），梁懷王墮馬死，賈誼自傷「為傅無狀」，鬱憤而死，年僅三十三歲。

《弔屈原賦》就是他被貶長沙，路經汨羅屈原自沉之所時有感而作。楚國先賢屈原忠耿憂民，無端受佞臣讒忌而不見信於楚王，被流放沅湘，最後自沉汨羅。賈誼漫步江邊，望著嗚咽的江水，深深懷念屈原，感慨自己的身世竟同屈原

如此相似，盡忠而不見信於人主。他臨水憑弔，熱淚滂沱：

> 恭承嘉惠兮，俟罪長沙；側聞屈原兮，自沉汨羅。造託湘流兮，敬弔先生。遭世罔極兮，乃殞厥身。嗚呼哀哉！時逢不祥。鸞鳳伏竄兮，鴟梟翱翔。闒茸尊顯兮，讒諛得志。賢聖逆曳兮，方正倒植。

全賦抒發了自己對屈原身世遭遇的同情和悼惜，同時又以反覆的譬喻寄寓著自己的身世感慨，表示了對這個「方正倒植」的社會的強烈抗議。該賦在句式上與楚辭相同，在手法上運用比興，以鸞鳳比忠貞之士，以鴟梟比奸佞小人，有明顯地模擬楚辭的痕跡。但該賦連用許多鋪排句，又多用反詰句和感歎句，形成一種鋪張揚厲的風格，同《過秦論》相似，具有戰國策士說辭那種雄辯的餘風。

《鵬鳥賦》作於賈誼到達長沙之後。當時有一種名為「鵬」的不祥之鳥飛入其室。賈誼被貶，心情憂鬱，加之江南卑濕，自覺不能長壽，乃為此賦，以表達自己對自然、社會、人生諸問題的看法，排遣憂累。賦一開頭即以問答方式引入，接著運用老莊道家哲學對禍福、生死、名利進行了較為達觀的分析。「禍兮福所依，福兮禍所伏，憂喜聚門，吉凶同域」，蘊含著道家的人生哲理。但是，才高命薄的賈誼胸中不平之氣依然難以抑止，他那懷才不遇的情緒和不願妥協的精神，依然滲透於字裡行間。儘管如此，他仍然無法擺脫厄運的壓制，流露出「其生若浮，其死若休」的消沉避世心理。該賦活脫脫勾畫出兩千多年封建專制社會中無數清白耿介之士遭受厄運，既不平又無法抗爭的苦難的心路歷程。

在藝術風格上，《鵬鳥賦》融合屈原《天問》、荀況之賦以及宋玉《風賦》的一些特點，是一篇比較完整的以四言詩句為主的問答體賦，已有從楚辭中嬗遞出來的痕跡，開始向散體賦發展。

（二）枚乘

賈誼以政治家兼文學家，故所作辭賦主情志而不尚藻飾。其後遊士兼文學家枚乘出現，所作辭賦才充分顯現了極事鋪張、藻飾華麗的散體大賦的特點。

枚乘（前？-前 140 年），字叔，淮陰（今江蘇淮陰）人。曾為吳王劉濞郎中，因上書諫阻吳王謀反，吳王不納，遂去吳至梁，從游於梁孝王劉武。景帝即位，召為弘農都尉，因不樂郡職，稱病而辭，復游梁。武帝時，以安車蒲輪徵召，此時枚乘已老，死於途中。

《漢書·藝文志》著錄枚乘賦九篇，但流傳至今，確信為枚乘所作的辭賦只有《七發》一篇。

《七發》假設楚太子有疾，吳客前去問候，指出其病因在於生活過於安逸，非藥石針灸可治，然後便描寫了音樂、飲食、車馬、遊樂、田獵、觀濤六件事，最後以「要言妙道」啟發太子，使其改變生活方式，故稱為「七發」。其目的是「戒膏粱之子也」[10]，也即諷喻那些諸侯子弟，引導他們擺脫腐化享樂的生活而歸於正道。《七發》篇制弘闊，長達兩千餘言，是漢初騷體賦轉變為散體大賦的重要標誌。

在寫作方法上，《七發》採用主客問答的方式，層層展開，鋪張揚厲，辭采絢麗。極為細緻地描繪了許多貴族生活富麗堂皇的場面和情景，同時又寓明顯的諷喻和勸誡。通篇以散句為主，間有騷句，比喻得當，描摹精彩。其中第七段「觀濤」描寫了廣陵長江大潮的奇觀，歷來被稱為最精彩的一段美文：

疾雷聞百里，江水逆流，海水上潮；山出內雲，日夜不止；衍溢漂疾，波湧而濤起。其始起也，洪淋淋焉，若白鷺之下翔。其少進也，浩浩溰溰，如素車白馬帷蓋之張。其波湧而雲亂，擾擾焉如三軍之騰裝。其旁作而奔起也，飄飄焉如輕車之勒兵。……

這一連串精妙的比喻，從不同角度狀寫了江濤的壯觀景象，令人心蕩神馳。劉勰稱「枚乘摛豔，首制《七發》，腴辭雲構，誇麗風駭」[11]，很準確地概括了它的藝術成就。

---

10 劉勰：《文心雕龍·雜文》。
11 同上。

《七發》的出現，標誌著散體大賦的定型，其主要特徵就是辭藻華美，篇幅宏闊，完全是敘事寫物且離開詩歌而接近散文，並採用反覆的主客問答方式演繹成一段故事。《七發》問世以後，仿作的很多，諸如《七激》、《七興》、《七啟》、《七命》、《七依》等，但在藝術成就上都不如《七發》。

除賈誼、枚乘外，漢初賦壇沿楚辭餘緒創作騷體賦並有作品傳世的，還有莊忌及淮南王劉安諸賓客淮南小山。

莊忌，吳地人，約與枚乘同時，曾先後游於吳王劉濞和梁孝王劉武，世稱莊夫子。《漢書·藝文志》著錄有賦二十四篇，而今只在《楚辭》中收有《哀時命》一篇。

《哀時命》哀傷自己生不逢時，顛沛流離，一直沉於下僚，無由施展才能，白白虛度時光的人生際遇。此賦純為騷體，作者在篇中把自己身處濁世、進退維谷的內心矛盾寫得比較細緻，不失為一篇較好的抒情賦，但在藝術上缺少特色。

淮南小山為淮南王劉安諸賓客的集體筆名。據《漢書·藝文志》載，淮南王諸賓客有賦四十四篇。但今天流傳的只有收在《楚辭》中的《招隱士》一篇了。該賦在藝術上成就較高，尤其是在描寫荒山溪谷的淒涼幽險方面，後世很少有人超過它。該賦亦為騷體。

三、散體大賦的興盛和衰落

自武帝開始，漢代辭賦的創作出現了繁榮局面。尤其是武帝至宣帝九十餘年間，更是漢代辭賦的鼎盛期。這一時期，由於封建國家的實力空前強大，統治者富於進取而又好大喜功，文人的視野和胸襟也得以擴大。這些都為辭賦文學的發展提供了極其豐厚的土壤。加之統治者喜好這種文學形式，不惜安車蒲輪，迎納創作成就卓著者，這些都促使文人們殫思竭慮，馳騁才華，在辭賦創作上一展身手。在這樣的時代背景和文化背景下，以抒發個人政見和感慨身世之憂的騷體賦已不能適應時代的要求，遂逐漸退居支流。而那種洋洋大觀、極盡誇飾，以展示

皇朝富饒繁華、歌頌國家強盛統一的散體大賦一躍而成為漢代賦壇的主流。枚乘的《七發》拉開了散體大賦創作的序幕，之後，辭賦文學才真正開始了極盡誇飾的「鋪采摛文」的時代。

據《漢書》所載，武、宣間辭賦家眾多，賦壇異常活躍。如司馬相如、董仲舒、司馬遷、嚴助、朱買臣、吾丘壽王、主父偃、枚皋、東方朔、劉德、兒寬、劉辟疆、睢弘、張子僑、王褒等，都是當時善於辭賦者，只是他們的作品絕大部分都沒有流傳至今。流傳至今而又頗有影響的只有司馬相如、東方朔、王褒等數人而已。

自宣帝之後直到東漢中葉，散體大賦仍然是辭賦文學的主要樣式，但已明顯地表現出衰落的跡象，在藝術上已無法逾越武、宣間大賦的形式和格調，且模擬之作居多，鮮有獨創者。這也是由這一時期社會狀況所決定的。宣帝之後，國力日頹，政局日益混亂。兩漢交替，雖有光武帝劉秀的中興，但國力始終未能達到漢武帝時的高峰。這樣的形勢深深地影響了文壇。作為漢賦主體的散體大賦，其創作精神主要是「潤色鴻業」，頹廢的國力，暗弱的政府，使得人們既無「鴻業」可供「潤色」，又無「上德」可供「宣揚」，散體大賦的頌聖性失去了依託。再加上本身結構龐大臃腫，極事鋪排的外表掩蓋了主體的情志，因而不可避免地開始走下坡路。當然，百足之蟲，死而不僵，兩漢散體大賦在這一時期較有才華的文人學者的推動下，依然投射出最後的光芒。與此同時，漢初那種以表現憂思悲慨為主的騷體賦，也在自身的變革中呈現繼續發展的態勢，只是影響仍不如散體大賦之大而已。

這一時期的辭賦家，見於記載的有揚雄、劉向、劉歆、班彪、班固、杜篤、傅毅、張衡等。他們的創作風格有所不同，模擬先賢的跡象也較嚴重。但揚雄、班固、張衡三人的辭賦之作仍粲然可觀，且在某些方面頗見創新。

（一）司馬相如

司馬相如（前 179-前 118 年），字長卿，蜀郡成都人。少時喜讀書，有文

才。初名犬子，因追慕戰國時藺相如之為人而更名相如。曾納貲為郎，景帝時任武騎常侍。因景帝不好辭賦，遂稱病去職，客游於梁，作《子虛賦》。梁孝王死後，相如歸家。武帝即位，喜其《子虛賦》之華美，徵召入京。又作《上林賦》以續《子虛賦》，被任命為郎。曾奉使巴蜀，對安定西南有一定貢獻。他曾上書諷諫人主，提出對政事的看法，有一定的政治眼光，但頗不得志，常稱病賦閑，後卒於家。

《漢書・藝文志》著錄司馬相如的賦有二十九篇，但多數今已不存。流傳至今而又最能代表其風格的有《子虛賦》、《上林賦》、《大人賦》、《長門賦》、《美人賦》、《哀二世賦》等。這其中又尤以《子虛》、《上林》二賦最能代表漢代散體大賦的特點。

《子虛》、《上林》兩篇作品前後銜接，被人們視為一篇。賦中假設了「子虛」和「烏有」兩位先生，他們互相誇耀，借此分別描繪了齊、楚兩國的物產之富、田獵之盛；然後由「亡是公」出來述說天子宮苑的壯觀和遊獵的盛況，以壓倒齊、楚，說明諸侯之事不足道，極力歌頌了朝廷的強盛和天子的尊嚴，宣揚了大一統中央皇朝的無可比擬的氣魄和聲威。同時也對諸侯、天子侈靡享樂、耽於遊獵提出了規勸諷喻，是標準的「勸百諷一」之作。

從藝術特點上看，司馬相如的辭賦之作具有：其一，對稱整齊、堆砌繁富。如《子虛賦》中寫雲夢澤，分別取東、西、南、北、中為視點，以山、蕙圃、平原廣澤、湧泉清池、陰林為描寫中心。句式整齊，辭采華麗。將雲夢的山川河湖、樹木森林、奇異物產渲染得淋漓盡致。其二，重鋪排，重誇飾，追求聲音美和字形的排列美，韻散相間，極為和諧。在進行窮形盡相的鋪陳描寫時，又能通過誇張、排比、渲染等手法，造成波瀾壯闊的氣勢。如《上林賦》中關於歌舞的一段描寫：

於是乎遊戲懈怠，置酒乎顥天之臺，張樂乎膠葛之宇；撞千石之鐘，立萬石之虡，建翠華之旗，樹靈鼉之鼓；奏陶唐氏之舞，聽葛天氏之歌；千人倡，萬人和；山陵為之震動，川谷為之蕩波；巴、俞、宋、蔡，淮南干遮，文成顛歌。族居遞奏，金鼓迭起，鏗鎗鏜鼛，洞心駭耳。

真可謂氣勢宏闊，雄偉壯觀，撼人心弦！後來賦家雖極力模仿這種鋪張揚厲的寫法，但在氣勢上卻略遜一籌。

司馬相如的辭賦之作，一般篇幅較長，散文的意味濃厚，極有文采且富有想像力，語彙豐富，用字新奇，是標準的漢代散體大賦的形制。但由於他過分講究鋪張揚厲，在寫景狀物時無論什麼珍禽異獸、奇花異草，只要腦子裡所想到的，全部排列出來，專事誇張而缺乏真實性，外表華豔奪目、富麗堂皇，而思想內容卻比較貧乏。加之他喜用奇文僻字，令人難讀，也削弱了感人的藝術力量。

（二）東方朔

東方朔（前 154-前 93 年），字曼倩，平原厭次（今山東惠民）人。他為人詼諧，善諷刺，放言不羈。因滑稽笑謔，受武帝愛幸。他關心政事，熱衷仕進，常直言切諫，但武帝只將他當作俳優之類來對待，不予重用，使他越發玩世不恭，嬉笑怒罵，被稱為「狂人」。

《漢書·東方朔傳》記載他有《答客難》、《非有先生論》、《皇太子生賦》等辭賦作品約六、七篇。保存下來的只有《答客難》和《非有先生論》。

《答客難》是東方朔自抒其牢落之辭，賦中揭露了封建專制制度下文士被皇帝任意擺佈的悲哀命運，「尊之則為將，卑之則為虜，抗之則在青雲之上，抑之則在深泉之下。用之則為虎，不用則為鼠」[12]。針砭深刻，給人留下極深的印象。

《答客難》，既不同於司馬相如《子虛賦》為代表的「勸百諷一」的散體賦，也不同於正面抒發遭世不遇的騷體賦，而是用散文筆法表示了自己的尖銳嘲諷，名為難己，實為難皇帝。豐富了漢賦的藝術表現力，對後世產生了很大影響，以至於揚雄、班固、張衡、蔡邕等人群相仿效，寫出了諸如《解嘲》、《答賓戲》、《應間》、《釋誨》等作品。

---

12 《漢書·東方朔傳》。

（三）王褒

王褒，生卒年不詳，字子淵，蜀資中（今四川資陽）人。宣帝時為諫大夫。

王褒是漢代最具有文學情趣的辭賦家，他的辭賦往往不再追求政治上的諷喻規諫，而是顯現出唯美的純文學屬性，《洞簫賦》是王褒的代表作，此賦雖然在藝術形式上採用騷體，但已不是以抒發政見與感慨身世為主，而是細緻狀物寫景，完全是大賦的格局。如寫簫聲之動人：「聽其巨音，則周流氾濫，並包吐含，若慈父之畜子也。其妙聲，則清靜厭癒，順敘卑達，若孝子之事父也。科條譬類，誠應義理，澎嶿慷慨，一何壯士。優柔溫潤，又似君子。故其武聲，則若雷霆輘輷，佚豫以沸㥜。其仁聲，則若颺風紛披，容與而施惠。或雜遝以聚斂兮，或拔搬以奮棄。悲愴恍以惻悽兮，時恬淡以綏肆。被淋灑其靡靡兮，時橫潰以陽遂。哀悁悁之可懷兮，良醰醰而有味。」在盡力鋪排之中，多用精巧駢偶，音調和美。《洞簫賦》是王褒繼荀卿詠物賦之後的又一佳作，不僅豐富了當時已顯式微的大賦，而且對後世詠物文體也有深遠影響。

（四）揚雄

揚雄是西漢末年的著名思想家，他學識淵博，在經學、小學、辭章方面均有精深的造詣。就辭賦來講，他是繼司馬相如之後又一位漢賦大家，在文學史上並稱「馬、揚」。如果說司馬相如的成就主要在於通過創作，使漢代散體大賦從體式結構、描寫手段到語言表現等方面都完成了定型法式，而將其推上顯赫的頂峰，那麼揚雄的成就則在於一方面紹續司馬相如的寫作方法，繼續在辭賦創作中屢創佳績，另一方面就是從理論上對散體大賦進行了總結，指出這種辭賦文學的特點及缺陷。由於揚雄生活在西漢末年皇朝衰弊的時代，經濟凋弊、生民饑饉，使朝野正直之士開始反思自武帝以來的種種舉措，並出現了緬懷文、景之治的思潮。在這種思想浸潤下，揚雄的辭賦創作帶有極大的模擬痕跡。他推崇司馬相如，史載「蜀有司馬相如作賦甚弘麗溫雅。（揚）雄心壯之，每作賦，常擬之以

為式。」¹³這也恰好反映了散體大賦發展至此，已處於停滯狀態，衰落勢所難免。

但是，也應看到，揚雄所處的時代畢竟與司馬相如不同，辭賦創作中所表達的情志也有不同，再加上揚雄又是才氣橫溢的大手筆，因此他的大賦之作於模擬之中仍能表現出屬於自己的個性和特色。

在至今所存揚雄的十一篇賦作中，《甘泉》、《河東》、《羽獵》、《長楊》四賦是公認的揚雄大賦的代表作。這四篇賦都是對皇帝的奢侈腐化生活進行諷喻的，且都有模擬司馬相如《子虛》、《上林》二賦之處。但如仔細對照，就會發現揚雄與司馬相如的不同之處。相如之賦，尚有戰國縱橫家風格，意氣風發，詞多雄肆。揚雄之賦則用意婉曲，詞多蘊藉。《甘泉賦》尤為突出，作者極力把甘泉宮寫成仙境一般，「登椽欒而狂天門兮，馳閶闔而入凌競」，「列宿乃施於上榮兮，日月才經於柍桭」，連仙人至此，也「彷彿其若夢」。將甘泉宮誇飾到如此地步，實際上是暗喻其過分奢侈，但如不細繹，則很難窺測此意。《羽獵》、《長楊》諷喻之意稍明顯，然借古立言，文辭亦極婉曲，不如《子虛》、《上林》二賦明朗。這大概也是體現了他「詩人之賦麗以則」的美學觀點。

除以上四賦外，揚雄賦作值得注意的還有《解嘲》、《解難》、《逐貧賦》、《酒賦》等。這幾篇賦是作者內心世界及人生觀的直接表露，而側重點有所不同。《解嘲》模仿東方朔的《答客難》，也從遭時不遭時著眼，對比古今之士的不同遭遇，重在揭露當時上層統治者的腐朽及內部鬥爭的劇烈，並悄然表達了自己能保身全生的欣慰之情。《逐貧賦》則將「貧」擬人化，由作者「揚子」「呼貧與語」，表現了生活貧困的窘境以及極想擺脫而又擺脫不掉的無奈心態，於諧謔中寓悲憤辛酸，最後以「貧」作答，讚頌清儉治世，譴責奢富亂政，抨擊了皇朝末世的墮落與黑暗。所謂「昔我乃祖，宣其明德。克佐帝堯，誓為典則。土階茅茨，匪雕匪飾。爰及季世，縱其昏惑。饕餮之群，貪富苟得」。這種立意不俗，寓莊於諧，揭露深刻的作品，不能不說是賦體的一種創新。《解難》則表達了作者對自著《太玄經》的自負，認為「聲之眇者，不可同於眾人之耳；形之美者，

13 《漢書·揚雄傳》。

不可混於世俗之目」，以與世俗見解相對抗。《酒賦》採用借物喻人的手法，以汲水之器比喻高潔之士，以盛酒的皮囊比喻得勢小人，表達了自己的憤世嫉俗之思。

在寫作手法上，揚雄的不少大賦都打破了他以前大賦創作的客主問答的體式，如《甘泉》、《河東》二賦皆以簡潔敘述開頭，不設客主問答，顯得別致而不落俗套。再者，揚雄的一些賦雖有艱深之弊，但絕大多數很少用僻詞奇字，且善於運用長句，使氣勢遒勁。又善於煉字，極盡刻畫形容之致，這些，較之司馬相如的賦在藝術上都是一種進步。

揚雄對賦體文學的另一個貢獻就是對風靡一時的散體大賦進行理論上的批判總結，概括了大賦的特點及缺陷。這個問題我們將在本章第五節討論，此不贅述。

（五）班固和張衡

作為生活在東漢經濟最繁榮的明帝、章帝時期著名的歷史學家和文學家，班固對「潤色鴻業」的散體大賦是極力提倡的。他還身體力行地創作了著名的《兩都賦》。

《兩都賦》在結構與手法上完全仿效司馬相如的《子虛賦》。極盡鋪排地描寫了西京長安和東京洛陽的繁盛景象，雖不時流露出委婉的諷刺，但以替朝廷說教的成分為多。和司馬相如的《子虛賦》相比，班固《兩都賦》自有特點。其一，他所描寫的內容，已不再像司馬相如那樣重在選擇宮苑、遊獵進行描寫，而是以東、西都的山河形勢、制度文物為中心，著力渲染，所包括的內容要廣闊得多。其二，真實的成分增多，虛誇的成分減少，誇大渲染之中不失真實，保存了許多較有價值的史實資料和現實內容。其三，對偶句增加，散文句減少，形成了一種典雅和麗的風格，且於典雅中又不失剛勁之氣。大約正是如此，班固被人們與司馬相如、揚雄、張衡並稱為漢代四大賦家。

《兩都賦》所開創的京都大賦體制，直接影響了後來張衡《二京賦》及西晉

左思《三都賦》的創作。

張衡（78-139 年），字平子，南陽西鄂（今河南南陽）人，是東漢著名的自然科學家和文學家。他生活在政治腐敗的東漢中葉，創作過很多賦體作品，有類比前人者，有及時創新者，而《二京賦》則代表了他大賦創作的思想傾向和水準。面對統治者驕奢淫逸的腐朽生活，秉性正直、不逐名利的張衡內心充滿了激憤，於是作《二京賦》進行抨諫。「時天下承平日久，自王侯以下莫不逾侈，衡乃擬班固《兩都》，作《二京賦》，因以諷諫。精思傅會，十年乃成。」[14]

《二京賦》結構宏大，長達七千六百多字，為漢代賦作所僅見。在形式上，仍沒有突破散體大賦的程序。值得人們寶重的，一是對統治者腐朽生活的揭露更為具體、激切，警告統治者不要「剿民以媮樂，忘民怨之為仇」，表現了進步的思想觀點。二是更為廣泛地描寫了漢代的城市生活、風俗民情，尤其比較詳盡地描寫了東、西京的文物制度，如西京的「百戲」，東京的「大儺」，給後人研究漢代文化史留下了寶貴資料。

通過以上考察可知，自揚雄以後，散體大賦的創作一直處在類比狀態，儘管人們也取得了這樣那樣的成就，但大賦呆板滯澀的形式主義傾向始終沒有得到克服，相反卻越來越嚴重，從而日益削減了它的活力和藝術感染力，從而慢慢衰落下去。到東漢中後期，一種短小靈活的抒情小賦在賦作的變革中興起，散體大賦也就隨著時代的推移退出了文壇。

就在散體大賦處於發展的停滯狀態時，漢初的騷體賦經過文人的改造，已開始向緣情轉化。劉向、劉歆父子在這方面有不小貢獻，如劉歆的《遂初賦》，就開啟了後世述行賦的先河，儘管這種變革了的騷體賦在當時尚不能完全與散體大賦抗衡，影響也不大，但對魏晉以後賦的創作，意義深遠。

儘管散體大賦因有各種各樣的缺點——諸如過分講究形式影響了內容的表達；鋪張過分，誇張失實；層層排比，呆板少變；喜用奇字僻句，難讀費解

14　《後漢書·張衡傳》。

等——而不能發展下去，最終被其他賦體所取代，但它在文學史上仍占有重要地位。作為兩漢文學的代表，它們描寫了中華民族大發展時期的社會生活，歌頌了帝國的強盛和統一，反映了富有進取精神的中華民族勇於開拓和進取的業績，這是具有積極意義的。它具有諷諫意味，儘管這很微弱，但仍然反映出作者的進步傾向。散體大賦描寫了遼闊的疆域、富饒的山川、繁華的都市、巍峨的宮殿，以及田獵、歌舞、音樂、雜技、車馬、服飾等豐富多彩的內容，擴大了文學的題材。在藝術技巧方面，大賦講究形式美，對於古代文學觀念的形成，及文學脫離學術走向獨立，具有不可低估的作用。

四、抒情小賦的興起

東漢中後期以後，宦官、外戚交替專權，政治極其黑暗腐敗，豪強勢力惡性膨脹，百姓生活在水深火熱之中。昔日皇朝的輝煌如今黯然失色。政治上的傾軋和黑暗使得以「潤色鴻業」為主旨的散體大賦失去了存在的條件。文人們已無心再去頌聖了，他們經常陷於憂思感慨之中，而力圖在作品中注入自己的情緒、思索。體制呆板的散體大賦開始被人們冷落，賦的創作從內容到形式都發生了變革。抒情小賦開始成為創作的主流。這種賦樣式短小靈活，不再採用主客問答的形式，而是開門見山，直抒胸臆，風格明快，情感真摯，並有較多的批判現實的內容。迎合這種轉變機運而在創作上卓有成效的作家有張衡、趙壹、蔡邕等。

前面已經講過，在大賦的創作上，《二京賦》是張衡的代表作。除此之外，張衡還創作了不少篇幅短小的抒情小賦，如《思玄賦》、《歸田賦》等，成為抒情小賦創作中較早的作品。這些賦作篇幅不大，字句平淺，內容上描寫自己的胸懷、田園的情趣、人生的理想、道家的哲理等等。一掃漢代大賦的形式主義的積習，脫離了鋪陳繁重的陳規舊矩，也反映了政治混亂的背景下知識分子無力回天、看破紅塵的內心款曲。

《歸田賦》是張衡抒情小賦的代表作。該賦作於張衡任河間相時。當時順帝幼弱無能，朝政腐敗。張衡因多次上書，指斥宦官，預感到自己處境危險，於是

奏請罷職還鄉。同時寫下該賦以抒歸田之志，表示對現實的不滿。賦中先講述自己與世不合，願意離開都邑以歸隱田園。接著以清新明麗的筆墨描述了仲春時節鄉間野外風物的優美和田居吟嘯之樂：

於時仲春令月，時和氣清，原隰鬱茂，百草滋榮。王雎鼓翼，鶬鶊哀鳴，交頸頡頏，關關嚶嚶。於焉逍遙，聊以娛情。

爾乃龍吟方澤，虎嘯山丘。仰飛纖繳，俯釣長流，觸矢而斃，貪餌吞鉤，落雲間之逸禽，懸淵沉之鯊鰡。

寥寥數筆，即勾勒出春光明媚、鳥語花香、一派欣欣向榮的自然景象以及吟嘯弋釣之樂趣。既表達了對歸田生活的嚮往，同時也暗寓對官場齷齪的厭惡。寄情於景，清麗質樸，語言曉暢，歷來深受人們愛賞。

《歸田賦》的出現基本上結束了以大賦為主流的創作時代，開始了靈巧自如的小賦的新時期，在賦體文學史上占有重要地位。

張衡之後，趙壹的《刺世疾邪賦》、蔡邕的《述行賦》等，都是具有積極思想意義的抒情小賦。

趙壹，生卒年不詳，字元叔，漢陽西縣（今甘肅天水西南）人。他生活在順、桓、靈帝年間。趙壹恃才傲物，秉性耿直，為世俗所不容。他善賦，以《刺世疾邪賦》最為有名。在這篇賦中，作者暴露了當時政治的黑暗混亂、官吏的腐敗無恥、人情風俗的勢利與敗壞，描寫了人民生計的貧困和自己的憤恨心情：

原斯瘼之所興，實執政之匪賢。女謁掩其視聽兮，近習秉其威權。所好則鑽皮出其毛羽，所惡則洗垢求其瘢痕。雖欲竭誠而盡忠，路絕險而靡緣。九重既不可啟，又群吠之猖狂。安危亡於旦夕，肆嗜欲於目前。奚異涉海之失柂，坐積薪而待燃？榮納由於閃榆，孰知辨其蚩妍？故法禁屈橈於勢族，恩澤不逮於單門。寧饑寒於堯、舜之荒歲兮，不飽暖於當今之豐年。乘理雖死而非亡，違義雖生而匪存。

極其憤激而又深刻地揭露了當時朝政之腐敗、社會風氣之惡劣。對朝中狐假

虎威、排斥異己、粉飾太平、貪贓枉法的諸佞小人表示了極端的鄙視和痛恨。同時一針見血地指出這些社會弊端的根源在於「執政之匪賢」，矛頭直指包括皇帝在內的封建統治者，表現出作者強烈的愛憎和批判精神。該賦很像一篇精練的政論，文字剛勁質樸，說理尖銳透闢，但作者又寓議論於抒情，並穿插了諸如「鑽皮出其毛羽」、「洗垢求其瘢痕」、「涉海之失柂、積薪而待燃」等新鮮淺近的比喻，因而仍有詩的情韻。因此，無論從什麼方面講，此賦都是一篇優秀的作品。

蔡邕（132-192 年），字伯喈，陳留圉（今河南杞縣南）人。少博學，通經史、數術、天文，精辭章、音律、書畫，是著名學者、文學家。蔡邕一生所作詩賦文很多，然多散佚，完整流傳至今的賦作只有《述行賦》、《青衣賦》、《短人賦》、《釋海》四篇而已。

蔡邕的賦作絕大多數為小賦，《述行賦》是其中的代表作。該賦作於桓帝延熹二年（159 年）他被遣往京師途中。沿途觀感觸發了他，遂有是作：

皇家赫而天居兮，萬方徂而星集。貴寵扇以彌熾兮，僉守利而不戢。前車覆而未遠兮，後乘驅而競及。窮變巧於臺榭兮，民露處而寢濕。消嘉谷於禽獸兮，下糠粃而無粒。弘寬裕於便辟兮，糾忠諫其駿急。

將統治者的窮奢極侈與人民的極端貧苦，奸佞之徒受到縱容與忠貞志士的橫遭迫害進行對照，強烈抨擊了腐敗政治，抒發了皇朝面臨末日的悲慨。揭露雖不及趙壹，但精神是一致的。

另外，蔡邕還寫過表現男女情愛的小賦，《青衣賦》便是其一。賦中大膽表達了對一位出身微賤的美女的愛情，極盡描述，感情真摯，這在封建禮法甚是嚴格的漢代，可謂驚世駭俗。

總之，抒情小賦這種新的辭賦體裁的出現，使辭賦文學得以繼續活躍發展。從此以後，特別是經魏晉到唐宋，雖幾經演化，但無論是散韻、騷韻、俳體、文體，有成就的作家大多循此路徑抒情述志、詠物敘事，豐富了文苑。

第三節 ·

漢代的散文

　　漢代散文由先秦散文發展而來，是漢代文壇上除辭賦、詩歌之外的又一朵奇葩，在中國古典文學史上占有重要地位。如果將漢代散文略事劃分，可分為包括奏議、政論、書信、雜記以及專著等在內的論說散文和以歷史著作為主的史傳散文兩大類。由於文學總是受當時的政治狀況、文化潮流的影響，故而在兩漢的不同時期，這些散文又表現出不同的特點。

一、異彩紛呈的論說散文

　　兩漢論說散文體裁眾多，如上所述，表章疏奏、政論雜文、碑傳銘刻，都屬這一類。它們或論政治、或談學術、或批判社會風氣、或抒發人生感觸，各有突出成就。由於內容眾多，且又多與社會現實相聯繫，為敘述方便，我們依其特點分西漢前期、西漢中期、西漢後期和東漢前期、東漢後期五個階段論列。

（一）西漢前期的論說散文

　　從西漢建國到武帝繼位的六、七十年間，漢皇朝為穩定社會秩序，恢復和發展生產，實行了休養生息政策。黃老無為學說占據了思想領域的主導地位，各家

思想尚未禁錮，學術較為自由。受秦朝專制淫威嚴重束縛的論說散文，此時又煥發生機，蓬勃發展起來。這一時期的論說散文主要以總結秦亡的歷史教訓、匡時救弊為中心內容，在風格上則為戰國之餘響、大漢之新聲。這些文章大多思想活躍、議論縱橫，針砭社會問題疏直激切、言而無忌，重感情，重氣勢，帶有戰國散文的流風餘韻。在思想上則大膽解放，一改戰國時各家相互拒斥的狀況，兼收並蓄、熔百家於一爐，反映了作者對統一的封建皇朝的擁護及匡時救弊的社會責任感，氣勢磅礴，雄奇有力，體現了新興的大漢皇朝的勃勃生氣。

這一時期的散文作家，在朝廷則有陸賈、賈山、賈誼、晁錯等，在藩國則有鄒陽、枚乘等。

陸賈是漢初的著名政治家和思想家。劉邦建漢以後，陸賈就提出總結歷史經驗以使新皇朝長治久安。劉邦對此極為欣賞，讓其論說「秦所以失天下，吾所以得之者，及古成敗之國」，於是陸賈「乃粗述存亡之徵，凡十二篇。每奏一篇，高帝未嘗不稱善，左右呼萬歲。號其書曰《新語》。」[15]《新語》是西漢最早出現的政論散文，今之所見雖為散佚，仍能從中窺見陸賈的思想。在對秦亡的認識上，陸賈認為秦之所以亡，是由於廢棄了仁義，片面崇法。所謂「事逾煩，天下逾亂。法逾滋，而奸逾熾。兵馬益設而亂人逾多。秦非不欲為治，然失之者乃舉措暴眾而用刑太極故也。」[16] 侃侃而論，擊中要害，寥寥數語就點出了秦雖然也想長期統治下去，但終因措施不得力，「用刑太極」而導致亡國，警醒現世統治者避刑罰而行仁政。

繼陸賈之後總結歷史經驗較著名者還有賈山。賈山，生卒年不詳，主要活動在文帝時期。《至言》是其政論散文的代表作。文章借秦為喻，認為嚴刑苛政、侈靡無度是秦皇朝滅亡的主要原因，其主旨與《新語》大致相同。文中大量使用排比、對偶句式，感情充沛，雄肆磅礴，既保留有戰國諸子餘風，又有儒家思想傾向。

---

15 《史記‧酈生陸賈列傳》。
16 陸賈：《新語‧無為》。

賈誼是這一時期成就最高的作家。他在辭賦和論說散文兩大方面都達到了極高的程度。他的論說散文感情強烈、鋒芒銳利，表現出高昂的政治熱情和深廣的憂患意識。《過秦論》、《陳政事疏》（又名《治安策》）、《論積貯疏》、《諫立淮南諸子疏》、《諫鑄錢疏》等是其中的佼佼者。

　　《過秦論》是賈誼總結秦亡教訓的一篇政論文章，是傳誦千古的鴻文巨制。文章沒有採用邏輯推理的方式，而是通過對歷史事實的鋪敘，向人們展示了一幅幅波瀾壯闊的歷史畫卷。作品從秦孝公時寫起，極力渲染秦國一代比一代強盛的過程，一直寫到秦始皇時達到了強盛的頂點。接著敘述了秦勝利後所實行的種種錯誤政策，並特別突出了焚書坑儒、鉗制人民思想和嚴刑峻法、實行高壓政策兩個方面，為後面的議論做了準備。為了增強文章的氣勢，作者運用了大量的排比對偶、誇張渲染，如「席捲天下」、「包舉宇內」、「囊括四海」、「併吞八荒」等，極具感染力。文章還渲染了六國的強盛，但強盛的六國卻不堪秦國一擊：「秦有餘力而制其弊，追亡逐北，伏屍百萬，流血漂櫓。因利乘便，宰割天下，分裂河山。強國請服，弱國入朝。」如同驚濤飛瀑，一傾而下，勢不可擋。接著，筆鋒急轉，鋪敘偌大一個秦皇朝，竟被一個「甕牖繩樞之子」陳涉一呼而推翻了，這怎能不引起人們的思索？於是層層設問、對比，得出秦亡的原因：「仁義不施，而攻守之勢異也。」文章鋪張揚厲，氣勢非凡，尤其經過層層鋪墊和對比，最後的結論才特別警悚出奇，印象深刻。這樣的文風帶有戰國縱橫家的特點，而思想又是西漢前期所獨有的。其文學成就當在陸賈、賈山之上。

　　《陳政事疏》是賈誼政論散文的又一傑作。文帝時，「匈奴強，侵邊。天下初定，制度疏闊。諸侯王僭擬，地過古制，淮南、濟北王皆為逆誅。（賈）誼數上疏陳政事，多所欲匡建」[17]，遂有此作。在這篇文章中，賈誼集中表達了自己的政治思想，開首便以激切的語言寫道：「臣竊惟事勢，可為痛哭者一，可為流涕者二，可為長太息者六，若其他背理而傷道者，難遍以疏舉。進言者皆曰天下已安已治矣，臣獨以為未也。」憂國憂民竟至痛哭流涕，反映了賈誼對國事的極

---

17 《漢書・賈誼傳》。

度關心。文章接著鋪敘了諸侯勢力的強大、匈奴侵邊的危害、富商大賈的奢侈僭越、平民百姓的生計艱難、各級官吏的荒唐塞責等社會弊端，提出了削諸侯、強國威，抗匈奴、安邊境，重農耕、抑末業，移風易俗、健全禮制，提倡道德，推行文教等主張。文章內容精深，思想性極強，又具有很強的藝術感染力。文章除保持《過秦論》酣暢淋漓、氣勢雄健的風格外，更長於議論說理。文中縱論古今，疏直激切，危語逼人，反覆剖析利害，鞭辟入裡，了無顧忌。這種風格在《論積貯疏》中也有體現。總之，如此悲憂慷慨地表達政見，真是前所未有，後世不及。

由於賈誼的思想兼受儒、法、道等的影響，故而他的散文有時會體現出法家峭刻質實的文風，有時又帶有溫厚平易的儒者之文的特點，有時又是諸家相容，富有變化，極具奇氣。

賈誼的文章歷來被視為千古絕唱。劉向認為：「賈誼言三代與秦治亂之意，其論甚美，通達國體，雖古之伊、管未能過也。」[18]劉熙載則稱讚：「賈生謀慮之文，非策士所能道；經制之文，非經生所能道。漢臣後起者，得其一支一節，皆足以建議朝廷，擅名當時。然孰若其籠罩群有而精之哉！」[19]如此推崇，實不過分。

這一時期與賈誼並稱的另一位朝廷作家是著名政治家、思想家晁錯。晁錯（約前200-前154年），潁川（今河南禹州）人，生活於文景之際。少學申商刑名之學，受法家思想影響較深。供職朝廷時，曾多次上言，內容涉及守邊備塞、勸農力本、削弱諸侯、更定法令等，目的都是為了鞏固新興的封建大帝國的統一，和賈誼的主張有明顯相通之處。吳楚七國之亂時，晁錯作為政治犧牲品被殺。

晁錯的政論散文主要有《守邊勸農疏》、《論貴粟疏》、《賢良文學對策》、《言兵事疏》、《論削藩疏》等篇。其文章內容不僅適應時代的需要，積極總結古代

---

18 《漢書・賈誼傳》引劉向語。
19 《藝概・文概》。

聖王的統治經驗和秦亡的歷史教訓，而且也和賈誼一樣，敏銳地投向事關國計民生、政權安危的一系列重大社會問題。其文風不僅疏直激切，而且思想深刻，說理透闢，邏輯嚴密，妥帖平實。他在《論貴粟疏》中，一開始便指出了漢初在農業生產方面存在的問題，說明了農業生產的重要，然後又列舉事實，分析當時商人兼併農民而引起農民破產流亡的現狀及其危害，接著又提出了具體建議。文章毫無聳人聽聞之處，但邏輯嚴密，注重徵實。如運用邏輯推理的方法論述「民貧」的後果及「貴粟」的方法：「民貧，則奸邪生。貧生於不足，不足生於不農，不農則不地著，不地著則離鄉輕家，民如鳥獸，雖有高城深池，嚴法重刑，猶不能禁也」，「方今之務，莫若使民務農而已矣。欲民務農，在於貴粟；貴粟之道，在於使民以粟為賞罰」。一環扣一環，這樣嚴密的推理，在一般散文中是罕見的。再如分析農業生產的重要：「夫寒之於衣，不待輕暖；饑之於食，不待甘旨；饑寒至身，不顧廉恥。人情一日不再食則饑，終歲不製衣則寒。夫腹饑不得食，膚寒不得衣，雖慈母不能保其子，君安能以有其民哉！明主知其然也，故務民於農桑。」言語相當平實，卻也相當有說服力。

如果將賈誼、晁錯兩人的散文比較一下的話，可以看到，二人在疏直激切上有共同之處，但賈誼更有文采，為文恣肆汪洋，而晁錯則質樸平實，說理更為透闢。因此，魯迅先生在《漢文學史綱要》中曾說，賈誼、晁錯「為文皆疏直激切，盡所欲言。惟誼尤有文采，而沉實則少遜」，並稱二人之文「皆為西漢鴻文，沾溉後人，其澤甚遠」。可謂極其貼切地指出了二人的同異。

枚乘和鄒陽是這一時期的藩國作家。枚乘的生平，在本章第二節中已有介紹。鄒陽，生卒年不詳，齊國人。他們二人早年都曾在吳王劉濞門下做文學侍從。後又一起離吳去梁，做了梁孝王的門客。吳王劉濞謀反，枚乘上《諫吳王書》，鄒陽作《上吳王書》，分別諫阻吳王勿反。鄒陽因為人耿直，事梁孝王時受人讒害而下獄，為了洗冤，於獄中又寫了《獄中上梁王書》。這些上書，就成了他們散文創作的代表。

枚乘善賦，散文也寫得很好。《諫吳王書》以規勸吳王及早改變謀反之心、歸邪於正為主旨，含蓄委婉而又辭意懇切。文中運用了大量的比喻，形象生動而

又恰如其分。如講到吳王謀反的危險性時，連續使用了「一縷之任系千鈞之重，上懸無極之高，下垂不測之淵」，「馬方駭，鼓而驚之」，「危於累卵，難於上天」等比喻，以示謀反之危險。文章還善用對偶句，駢散結合，句法變化多端，錯落有致。讀起來朗朗上口，顯示出作者極高的駕馭語言的能力。

《獄中上梁王書》則代表了鄒陽的風格。鄒陽無故被讒害下獄，遂作此文，向梁王訴說自己忠而受讒、賢而遇毀的激憤心情，中心意思是勸人主要明於知人，虛心待士，不要偏聽偏信，只有這樣，才能得到士人效忠。文章博引史實，反覆辯白，廣比長喻，激奮難抑。雖大量引用古代君臣際遇的生動事例，卻無重複澀滯之感，具有戰國縱橫家之風。文中還運用大量排比、對偶句式，構成了一種滔滔滾滾的氣勢，充分表述了他的無限委屈與憤慨，極為感人。

淮南王劉安及其門客所作的《淮南子》，也是這一時期頗具特點的論說散文。該書雖然約成於武帝即位之後，但所代表的仍是漢初的文風。由於《淮南子》的思想傾向以道家為主，且又相容百家，故而其文想像豐富，描寫生動；辭采富麗，奇偉多姿。文中大量運用較為整齊的排比、對偶句式，間以韻語，造成一種滾滾而來的氣勢，且又具有鏗鏘悅耳的音樂美。書中又有不少神話傳說和寓言故事，富於浪漫色彩。

（二）西漢中期的論說散文

自武帝即位以後，西漢進入最鼎盛時期。這一時期，思想文化領域內專制制度加強，儒家思想由最初的緩慢發展，至此已確立了獨尊的地位，儒家經學成為顯學。這種狀況反映在散文創作上，就使得這一時期的散文文風除繼續保持漢初那種富於文采、大氣磅礴的氣勢外，開始出現典雅厚重、淳樸質實的儒家風範。這一時期散文創作較有成就的是董仲舒、司馬談、司馬相如、東方朔、桓寬等。

董仲舒的著作，流傳至今的有《春秋繁露》、《舉賢良對策》等。《舉賢良對策》三篇是應武帝策問而作，比較集中地表達了董仲舒的哲學思想和政治主張。文章講天人感應、陰陽災變，極力主張加強漢皇朝的集權統治，並建議「罷黜百

家，獨尊儒術」，為武帝所採納。從文章風格看，董仲舒一改漢初賈誼等人豪邁雄健、恣肆汪洋的文風，轉為一種淳樸質實的侃侃而論。他廣引經典、深奧宏博、有條不紊、從容述說，給人以淳厚典雅之感。他的這種文風是和他所宣傳的儒家思想相一致的。這在漢代是一種新的文風，而且，隨著儒家經學對漢代社會統治的日益加強，這種典雅厚重的文風也就彌漫開來。

董仲舒之外，著文以闡發自己政治思想和學術見解的還有司馬談。他是司馬遷的父親，武帝時曾任太史令，為司馬遷作《史記》做了許多準備工作。他的論說散文，只有《論六家要指》流傳至今。文章對陰陽、儒、墨、名、法、道六家學術的優缺點進行了剖析，指出儘管它們的出發點各不相同，但都是為了治世。在六家之中，司馬談傾向於道家，說明他受自漢初以來推行尊奉的黃老思想影響較深。這段文章雖然不長，但對各家各派的評論，準確恰當，要言不繁。思想上有偏重而無偏廢，論述當在荀子《非十二子》和莊子《天下篇》之上。在文風上，司馬談與董仲舒有相似之處，典雅莊重，不大肆鋪排，以明事曉理為宗。但他又少了董仲舒的迂腐離奇，而是從容陳說，文字貫穿力極強，讀後印象極為深刻。

司馬相如是以辭賦著稱的，但他的論說散文也很受人推崇。他的散文有《諭巴蜀檄》、《難蜀父老》、《諫獵書》、《封禪文》等。其中《諭巴蜀檄》、《難蜀父老》代表了他的風格。《諭巴蜀檄》實際上是一篇文告。武帝時唐蒙徵發巴蜀吏民以通夜郎、僰中，又徵發萬餘人轉運糧草，引起巴蜀百姓騷亂。武帝乃派相如赴蜀責備唐蒙。相如遂作此文以宣聖諭。文章輕描淡寫地責備了唐蒙及巴蜀太守，然後便大肆宣揚大漢的聲威，替天子文過飾非，思想性較差。《難蜀父老》是為駁斥蜀中父老對打通西南夷所發出的怨言而作，是一篇替朝廷辯護的文章。該文同《諭巴蜀檄》一樣，擺出一副居高臨下的架子教訓人，對漢朝天子極盡歌功頌德之能事，思想上也沒有多少可取之處。但是，從藝術角度審視，這兩篇文章都寫得辭藻豔麗，氣勢不凡，明顯地帶有大賦的特點。對漢家皇朝極盡謳歌之能事，甚至引用《詩·小雅·北山》中的話狀寫漢朝的廣大：「普天之下，莫非王土；率土之濱，莫非王臣。」漢家力量是何等強大！這些都不同於漢初那種充滿政治熱情、為朝廷獻計獻策的文章，雖不免有阿諛之嫌，但也客觀上反映了這

一時期西漢皇朝空前強盛的現實。

與司馬相如不同，東方朔的散文直斥統治者的腐朽生活，以犀利之筆直陳時弊，痛快淋漓，氣勢高昂。如《諫起上林苑疏》，就針對漢武帝準備表南山以為界、擴大上林苑獵場的作法提出指責，指出起上林苑有「三不可」，其中一不可就是「絕陂池水澤之利，而取民膏腴之地，上乏國家之用，下奪農桑之業，棄成功，就敗事，損耗五穀，是其不可一也」。最後以「殷作九市之宮而諸侯畔，靈王起章華之臺而楚民散，秦興阿房之殿而天下亂」來警告漢武帝。文章辭旨懇切，用語激烈，其思想風格極像賈誼、晁錯。雖然這樣的文章不合武帝時好，但能於盛見衰，在文化史上是有地位的。

桓寬的《鹽鐵論》是宣帝時的一部重要作品。桓寬，字次公，生卒年不詳，汝南（今河南上蔡）人，治《公羊春秋》，宣帝時舉為郎，是一位博學善屬文的學者。《鹽鐵論》是他根據昭帝時鹽鐵會議的討論情況加工整理而成的。不僅是研究漢代經濟思想史的重要資料，而且是一部別具一格的論說散文。書中採用「二論相訂，是非乃見」的方法[20]，比較客觀地記載了論辯雙方的主要論點和依據，展示了不同人物的風采和當時激烈的辯論情景，博引史實，連類譬喻，盡力鋪陳渲染，刻畫人物性格，表達自己的愛憎，形象鮮明，氣勢充沛，具有辭賦化的傾向。到西漢後期，這種縱橫議論，氣勢激昂的文章就不多見了。

（三）西漢後期的論說散文

西漢後期，政治黑暗腐敗，盛極一時的西漢皇朝迅速走下坡路。但這時思想領域中的儒學統治卻逐漸加強，今文經學氾濫，嚴重束縛了作家的精神。這一時期，經學教條和神學迷信的內容充斥散文，文章喜引經據典，一派學究氣。作家總是在神怪迷信的掩蓋下表達見解，匡時救弊。因襲模擬、刻意求深的風氣也很盛行。這一時期的散文內容多為闡發經義、宣揚王道、講論災變、解說天意，其

---

20 王充：《論衡·案書》。

中雖不乏諷喻諍諫，但多不能擊中要害，而且缺乏激情和氣勢，養成了一種自董仲舒開創以來的溫柔敦厚的典重文風。這一時期的主要散文作家有劉向、揚雄、褚少孫、貢禹、鮑宣、劉歆等人，尤以劉向、揚雄、劉歆最具代表性。

劉向是西漢著名學者，目錄學家和文學家，他和其子劉歆共同完成的《七略》，是中國第一部目錄學著作。他還作有辭賦三十三篇，但絕大多數均已亡佚。他的散文包括奏議、敘錄、雜著三大類，這些散文以宣揚封建倫理道德為主，也暴露出當時的許多社會問題。

奏議是劉向論說散文中成就最高的，他的《諫營延陵過侈疏》針對漢成帝不顧百姓疲弊，大規模修建陵墓進行規諫，文章反覆徵引史實，深入分析利弊得失，以堯、舜、周公、孔子等聖君明臣主張薄葬和吳王闔閭、秦始皇等昏君厚葬而被掘的事例進行對比，說明有德者可以長久，無德者必定速亡的道理，極有說服力。接著又從正面敘述了營建陵墓給老百姓帶來的巨大災難和痛苦，勸成帝改變計畫。文章用意深切，辭淺理暢，在從容舒緩的敘述中流露出作者匡救時弊的熱忱。劉向的其他奏疏，如《使外親上變事》、《條災異封事》、《極諫用外戚封事》等，也都深沉淳厚，「言多痛切，發於至誠」[21]。但文中多講陰陽災變，有著濃重的神學意味，這是劉向的侷限，同時也說明經學迷信在文化領域滲透之深。總之，劉向的奏議往往比較深刻具體地反映出一些當時社會政治的黑暗、統治階級的窮奢極欲、統治集團內部的重重矛盾以及廣大勞動人民的困苦生活，在思想上也是有成就的。

繼劉向之後的另一位散文作家是揚雄。揚雄以辭賦著名，其散文成就不如辭賦，但也有粲然可觀者。其所著《法言》是一部尊儒學、崇孔子的著作。文中有不少先進的思想，如肯定變革的重要，認為對先王之道，應該「可則因，否則革」，具有辯證法思想的因素。對盛行當時的讖緯迷信和神仙方術提出懷疑，並有所批判。該書寫得古奧典雅，引經據典，使人讀後有雍容大度之感。揚雄在《法言》中還提出了不少文學見解，可取之處甚多，但其主張文字的艱深，受到

---

21 《漢書·楚元王傳》。

後人訾議。

劉歆是劉向之子，生活於漢末王莽時期。當時，今文經學極盛，學者們拘於章句，繁瑣解經，弊端叢生。劉歆對此極為不滿，主張將古文經學立於學官，於是寫了著名的《移太常博士書》，斥責今文學者，闡述自己的主張。文章首先簡要敘述了先秦和西漢初期經學發展的概況，言簡意賅，言少事詳，文字典實峻潔。接著指出古文《尚書》等三部典籍的重要價值和今文學派學風上的弊端，言之鑿鑿，無一浮語。最後義正詞嚴地指出今文學者的狹隘自私。文章在批評今文經學的弊端時，用了「因陋就寡」、「分文析字」、「煩言碎辭」、「保殘守缺」、「雷同相從」、「隨聲是非」等詞語，攻勢凌厲，義辯辭剛，與那種溫柔敦厚、滲透了經學氣的文風迥然不同。當然，像這種風格的文章在當時畢竟不多見，比較常見的是那些講天命符瑞的文章。

（四）東漢前期的論說散文

從東漢建立到章帝時期，是東漢國力最強盛的階段。這一時期，統治者大力提倡儒學和讖緯迷信，使得自西漢後期就已氾濫起來的充斥思想界的神學迷信在此時更加盛行。這種思潮滲透到政治領域，也滲透到散文領域，敗壞了文章的思想性和藝術性。同時，也有見識高明的思想家和作家站出來批駁這一現象，為散文創作注入了活力。這一時期在論說散文方面取得較高成就的是王充和桓譚。

王充是東漢著名思想家，他的名作《論衡》是一部對古往今來一切學說、思潮加以衡量，評論是非，銓定輕重，批判虛妄之說的著作。書中嚴厲批判了天人感應的神學目的論和讖緯之學，建立了樸素唯物主義哲學體系，在中國文化史上占有極其重要的地位。王充的文風和他的思想一樣，也是很有特點的。首先，王充的文章邏輯周嚴，能抓住論敵的矛盾謬誤狠狠批駁，頗具內在力量，顯示出作者思力的超絕和言論的大膽。如《問孔篇》非難孔子，並進而批判東漢的讖緯迷信，從根本上去動搖神學迷信的理論基礎，使論敵無法招架。這個特點在《自然》、《論死》等篇中也可看到。在邏輯周嚴方面，王充超過同時代的許多人。其次，《論衡》一書，語言通暢明白，自然流利，有時還形象生動，妙趣橫生。

如《論死》駁斥人死後能變為鬼的謬論：「天地開闢，人皇以來，隨壽而死，若中年夭亡，以億萬數，計今人之數不若死者多，如人死輒為鬼，則道路之上一步一鬼也。人且死見鬼，宜見數百千萬，滿堂盈廷，填塞巷路，不宜徒見一兩人也。」真是讓人嘆服！所以有的學者歸納說：「這種語言和西漢前期那種宏偉壯觀的風格是不同的，更和西漢後期以來普遍流行的那種儒雅繁縟，且又好用偶儷的習氣截然對立。正是由這種淺近如話、生動活潑的語言，使《論衡》在漢代散文史上獨樹一幟。」[22]誠哉斯言！當然，《論衡》有時舉例過於繁複，影響了文字的精練，此為白璧微瑕。

桓譚（約前 38-約 32 年），字君山，沛國相（今安徽濉溪縣西北）人。東漢初年著名思想家、文學家，是讖緯迷信的反對者。他的《新論》一書和《陳政事疏》、《抑讖重賞疏》等奏疏敢於暴露社會現實，大膽批評讖緯迷信和災異之說，在思想上與王充相通。其文風淺近，不專意雕飾，但剖判問題又深刻銳利，反映出作為一個思想家的思辨才能。

（五）東漢後期的論說散文

東漢自和帝即位以後，便開始進入一個動盪不安的時期，一直到皇朝滅亡。這一時期，外戚、宦官輪番專權，政治極其黑暗。統治者生活極端糜爛，老百姓則極端困苦，怨聲載道。在文化領域，經學漸趨衰落，今古文經學出現融合趨勢，老莊學說與佛教逐漸受到人們注意。這些反映在散文創作上，挽救時弊的內容增多，文章已很少有令人窒息的神學氣息，也不再是從容不迫的侃侃而談，而是表現出駿發激切的特點。王符的《潛夫論》、仲長統的《昌言》、崔寔的《政論》、荀悅的《申鑒》以及一些單篇文章，代表了這一時期的風格。

這些政論文有一個共同特點，就是都敢於觸及現實矛盾，大膽表現作者的憂憤，並提出一些匡時救弊的設想。而在文風上，卻又有一些差別。《潛夫論》各

---

22 韓兆琦、呂伯濤：《漢代散文史稿》，頁 246，太原，山西人民出版社，1986。

篇毫無保留地揭露了東漢後期的種種黑暗現實，具有很強的戰鬥性，語言剛健有力。《昌言》在批判現實方面不亞於《潛夫論》，文章議論深刻，說理透闢，且駢散相間，揮斥自如，比《潛夫論》更具有文學氣息。《政論》同樣揭露了一些社會的黑暗，對於時弊的憤慨，和仲長統有些相似。文中有一股鬱鬱不平之氣。《申鑒》對於豪族兼併的現實極為不滿，對神學迷信持反對態度。文風有時近於名法，有峭刻質直的印痕。

最後需要指出的是，漢代散文中的駢儷現象早就存在，並隨著辭賦的發展而發展。從董仲舒的《賢良對策》到劉歆的《移太常博士書》，駢偶句式不斷增加。到東漢前期，論說散文中的駢儷現象就更普遍了。及至東漢後期，如王符、仲長統等，其散文作品幾乎成了有規則的駢體文了。這些，都已非常接近魏晉散文。

總之，東漢後期的論說散文已突破了那種經學氣十足的儒者之文的侷限，形成了自己的特點，開了魏晉散文的先聲。

二、成就卓著的歷史散文

兩漢四百餘年，論說散文風格各異，多姿多彩，成就斐然。與論說散文相比，兩漢歷史散文更加引人注目。《史記》和《漢書》是這一時期歷史散文的代表作，也是中國古代散文史上的兩座巍巍高峰，令人有難以企及之感。

（一）《史記》的文學成就

被魯迅先生稱譽為「史家之絕唱，無韻之離騷」的《史記》，既是卓絕千古的史學名著，又是雄視百代的歷史散文。它在史學上所取得的非凡成就，本卷第十章已有全面論述。這裡就其文學成就進行分析，以展現《史記》在傳記文學上的崇高地位。

《史記》在文學描寫上最引人矚目的成就主要體現在狀寫人物、鋪敘場面、寓論於史以及高超的語言技巧幾個方面。

　　《史記》是一部紀傳體史書，人物是其著作的中心，因而其在描寫人物方面的成就也最突出。《史記》之前，《左傳》、《戰國策》等史書都在人物描寫方面取得了成就，但由於受著作體裁及作者識力的限制，都沒有達到崇高的地位。唯有《史記》，以如椽巨筆向我們展示了上自黃帝、下迄武帝時期三千餘年間各階層、各類型眾多人物的活動場景，並通過這些人物的活動，向我們描繪了一幅幅波瀾壯闊的歷史畫卷。筆力雄健，奇氣迭出，令人目不暇接。

　　《史記》在描繪人物時有很多可貴的技巧，首先，司馬遷善於選擇提煉那些最能表現人物思想性格的材料，寫到傳記中去，而不是平鋪直敘、鉅細無遺地寫其一生。如在《廉頗藺相如列傳》中，有關藺相如的事蹟，司馬遷重點描寫了完璧歸趙、澠池之會和廉藺交歡三件事。表現出藺相如為維護國家利益不顧個人安危和先國家之急而後私怨的崇高品質，其他則略去不寫。寫商鞅，也主要寫他的變法主張和活動，並以此反映秦國變法活動中的曲折和新舊勢力矛盾的複雜。以活生生的人物帶動活潑潑的事件，從而體現了人在歷史發展中所起的重要作用。其次，司馬遷善於在矛盾衝突激烈、場面緊張的情景中塑造人物性格。如《刺客列傳》，寫荊軻向秦王獻地圖並伺機刺殺秦王的情形，在高度緊張的秦王殿上，與荊軻同行的秦舞陽「色變振恐」。而荊軻卻異常鎮定，「荊軻顧笑舞陽，前謝曰：『北蕃蠻夷之鄙人，未嘗見天子，故振慴。願大王少假借之，使得畢使於前』」。這正與前面荊軻於易水邊上發出「英雄一去不復返」的凜然正氣相呼應，寫出了荊軻義無反顧、大義凜然的個性特徵。再如《項羽本紀》寫巨鹿之戰，通過破釜沉舟，「諸將皆從壁上觀」、「楚戰士無不一以當十，楚兵呼聲動天」、「諸侯軍無不人人惴恐」等烘託出項羽的英雄膽略。《史記》中這樣的描寫相當多。最後，司馬遷善於從一些細節出發來刻畫人物的內心世界，表現人物的精神面貌。如《項羽本紀》開頭寫項羽少時學書、學劍、學兵法和看到秦始皇出巡說：「彼可取而代也！」這麼幾個細節，將項羽這位豪放不羈、才力過人、胸懷大志的貴族後裔的形象清晰地展現在人們面前。又如《李斯列傳》開頭寫李斯年輕時做郡小吏，見到廁中鼠食不潔之物，又受人犬驚嚇，而倉中鼠食積粟，居大廡之

下，不受驚恐，因以歎曰：「人之賢不肖譬如鼠矣，在所自處耳。」通過這麼一個小小的細節描寫，就將李斯對權勢地位的豔羨揭露無遺，暴露出其靈魂的卑污。在《史記》中，這類細節和趣聞俯拾即是，對表現人物性格，增強作品的文學色彩起了不可忽視的作用。同時，司馬遷描寫人物細節，並不僅僅是為了刻畫各種栩栩如生的人物，而是要通過人物細節的描寫，去反映一定時期的政治風氣、政治問題。如《萬石張叔列傳》幾次寫到石建、石慶的恭謹的細節，其實並不只是在寫他們兩個人，而是要通過這些去揭露當時官場中一種恭謹自保、講究做官的政治風氣。如此小心謹慎，從不敢在朝廷上提出自己的見解，又不關心國計民生的人物，卻受到皇帝的禮遇，長期位居高官。可見，文章寫這些恭謹的細節，實際上是寫當時官場的陳腐風氣。

除刻畫歷史人物取得極高成就外，司馬遷還善於鋪陳歷史場面，往往用濃筆重彩進行描繪，氣氛熱烈充實。如《項羽本紀》中寫鴻門宴這個場面，於井然有序中寫出氣氛的緊張，寫出了眾人不同的態度、舉止和心理活動，使讀者有身臨其境的感覺。再如《項羽本紀》中寫項羽垓下被圍的情景：

項王軍垓下，兵少食盡，漢軍及諸侯兵圍之數重。夜聞漢軍四面皆楚歌，項王乃大驚曰：「漢皆已得楚乎？是何楚人之多也！」項王則夜起，飲帳中。有美人名虞，常幸從；駿馬名騅，常騎之。於是項王乃悲歌慷慨，自為詩曰：「力拔山兮氣蓋世，時不利兮騅不逝。騅不逝兮可奈何，虞兮虞兮奈若何！」歌數闋，美人和之。項王泣數行下，左右皆泣，莫能仰視。

這是一個多麼悲涼的場面！豪氣蓋世的項羽落到這步田地：大軍被圍，四面楚歌，英雄無奈，仰天長歎。讀書至此，莫不讓人感慨歔欷！類似於這樣的場面描寫，在《史記》中屢見不鮮，如《廉頗藺相如列傳》寫藺相如在章華臺上持璧睨柱，呵叱秦王；《李將軍列傳》寫李廣被圍；《魏其武安侯列傳》寫灌夫罵座和東朝廷辯等等，寫得或驚險、或悲壯、或頭緒紛繁、或波瀾壯闊，氣氛熱烈、緊張。可以說，這些場面描寫比先秦散文有了長足進步。

《史記》在敘事議論方面也有很高的成就。《史記》是一部體大思精的著作，書中多有深邃的哲理和精彩的議論。這些議論和整部著作的記述融為一體，寓論

於史，起到了畫龍點睛的作用。在議論中，司馬遷從來不做喋喋不休的說教，而是兼收先秦諸子散文的優長，其發論方式不一而足：有的是在篇前的序中或在篇末的論中，寥寥數語，開人思路，畫龍點睛；有的夾敘夾議，融為一體，一氣呵成，論據並茂，令人信服；更多的則是寓論於史，讓讀者自己去思考和判斷，方法巧妙，言簡意深。有的學者說《史記》重人物描寫輕議論說理，是不夠全面的。

《史記》有表，表前的序，提綱挈領論述史事，要言不繁而又切中要害。如《秦楚之際月表序》，用簡潔的文字概括了兩千多年的歷史發展趨勢，言簡意賅，耐人深思。寫在各篇後的論贊，更體現出司馬遷的個性。如《李將軍列傳》後面的論：「余睹李將軍，悛悛如鄙人，口不能道辭，及死之日，天下知與不知，皆為盡哀，彼其忠實心誠信於士大夫也。」繪出李廣的樸實形象，並給予了令人親切而又很高的評價。至於夾敘夾議和寓論於史，《史記》中就更多了。前者可以《貨殖列傳》為典型，融史實和議論為一體，讀之娓娓不倦。後者如《劉敬叔孫通列傳》中寫叔孫通，通篇無一語呵貶，而是借當時人物語言來刻畫叔孫通的嘴臉。通過四次論斷，使人認識到叔孫通是一個不講是非曲直而與時進退、以面諛得勢的人。對於司馬遷寓論於史的寫作手法，白壽彝先生的評價是極為精當的：「司馬遷寓論斷於序事的本事是很高明的。他結合具體史事，吸收當時人的評論或反映，不用作者出頭露面就給歷史人物作了論斷。更妙的是，在他吸收的這些評論或反映又是記述歷史事實發展過程中不可分割的部分。這樣寫，落墨不多，生動深刻，給人以強烈的感染，並有餘味。」[23]

司馬遷具有極強的駕馭語言的能力，《史記》在語言上的成就歷來被人推崇。從總體上看，《史記》的語言樸拙渾厚、疏宕簡潔、瀟灑自如，不著意雕飾。但同時又表現出風格多樣的一面。它往往會隨著各篇內容的不同而表現出不同的風格特點，使語言與表達的內容達到高度的和諧一致。如記戰爭、繪英雄的篇章，語言也雄武激越，《項羽本紀》、《衛將軍驃騎列傳》皆是。記法家人物、

---

23 白壽彝：《史記新論》，頁 73，北京，求實出版社，1981。

酷吏的篇章，語言冷峻峭刻，《秦始皇本紀》、《李斯列傳》、《商君列傳》、《酷吏列傳》皆是。歌頌作者景仰愛戴的人物的篇章，語言充滿激情，感慨萬端，如《屈原賈生列傳》、《魯仲連列傳》。狀寫善於用兵的名將，語言輕捷靈動，能放能收，如《淮陰侯列傳》、《李將軍列傳》。寫以謀略見長的人物，語言詭譎綺麗，變化莫測，如《高祖本紀》、《留侯世家》。寫無恥儒生，語言極盡嘲諷，如《叔孫通列傳》。寫《滑稽列傳》，語言則充滿幽默詼諧。如此多樣的風格匯於一書之中，又能融洽一起，把各種類型的事件、人物都描繪得惟妙惟肖，非有高超識力者不能為之。

《史記》的語言儘管變化多端，但它基本上又是在當時口語的基礎上創造而成的，故而司馬遷很善於運用口語和個性化語言賦予歷史人物以特點。如《陳涉世家》寫陳涉舊友進入陳涉宮殿時驚呼：「夥頤！涉之為王沈沈者！」描繪一般貧民少見多怪的情形。又如《張丞相列傳》寫劉邦向周昌徵詢廢太子立趙王之事，周昌盛怒，說：「臣口不能言，然臣期期知其不可。陛下雖欲廢太子，臣期期不奉詔。」將周昌因盛怒而導致「期期」的口吃之聲極傳神地寫了出來，人們幾乎都可以想像出周昌紅頭漲臉的模樣。凡此種種，不勝枚舉。可以說，《史記》以逼真的口語表現人物的個性和典型性，收到了很好的藝術效果。

另外，《史記》還大量地吸收了民間的歌謠、諺語、俗語來敘事或評論，豐富了自身的語言表現。如《淮南衡山列傳》中的「一尺布，尚可縫；一斗粟，尚可舂，兄弟二人，不能相容」；《魏其武安侯列傳》中的「潁水清，灌氏寧；潁水濁，灌氏族」；《李將軍列傳》中的「桃李不言，下自成蹊」；《貨殖列傳》中的「天下熙熙，皆為利來，天下攘攘，皆為利往」，「百里不販樵，千里不販糶」；《白起王翦列傳》中的「尺有所短，寸有所長」；《佞幸列傳》中的「力田不如逢年，善仕不如遇合」等等，都用得恰到好處，生動活潑，極有感染力和說服力。《史記》中的語言後來有許多成了成語，如指鹿為馬、毛遂自薦、完璧歸趙、後來居上、負荊請罪、背水一戰、兔死狗烹等，為豐富漢語語彙作出了貢獻。

總之，《史記》是司馬遷一生心血的結晶，也是中國史學自先秦發展到西漢，與這個強大皇朝風雲際會的結果，它體現出這個強大皇朝積蘊甚深的文化和

力量。從文學成就看，《史記》帶有武帝時期散文的基本特徵。司馬遷抱著高度的歷史責任感和建功立業的人生理想，在飽受「宮刑」屈辱的情況下創作《史記》，更使他認識到封建專制的殘酷。他在書中刻畫了一大批品行卓異、具有英雄性格的人，對他們的人格給予了很高的評價，對他們的不幸遭遇給予了極大的同情，筆端常帶感情。《史記》氣勢雄渾，如江河東流，滾滾滔滔，奇氣迭出，與那種溫柔敦厚的儒者之文迥然不同。他在嚴格忠實歷史事實的基礎上，採用一些藝術加工的方法，發展先秦史傳文學與諸子散文的優長部分，文直事核地將幾千年歷史生動地再現到人們面前，雄視百代，卓絕千古，永遠值得人們學習。

《史記》在中國文學史上具有崇高的地位，對後世影響很大。由於《史記》人物傳記故事情節生動、曲折，人物形象鮮明，後世的《東周列國志》、《西漢通俗演義》等小說和《鴻門宴》等戲曲，都取材於它。後世的一些傳奇小說和志怪小說的寫作，從唐傳奇到清代的《聊齋志異》，也都曾從《史記》的人物傳記中吸取了豐富的營養。《史記》在語言上務求平易簡潔，不求艱深，因之唐宋以來的古文家和散文家，在反對形式主義的繁縟和艱澀古奧的文風時，往往標舉《史記》。

（二）典雅優美的《漢書》

《漢書》是繼《史記》而起的又一部優秀紀傳體史書，在歷史文學上也取得了很大成就。其語言藝術與《史記》各有千秋。總的來說，《史記》文筆富於變化，簡潔明朗，風格瀟灑奇譎，筆鋒犀利，頗有奇氣。《漢書》文筆嚴密整飭，典雅富麗，宏博詳贍，也自有其優長之處。茅坤曾對此作過形象說明：「太史公與班掾之材，固各天授。然《史記》以風神勝，而《漢書》以矩矱勝。唯其以風神勝，故其遒逸疏宕如餐霞、如齧雪，往往自眉睫之所及，而指次心思之所不及，令人讀之，解頤不已。唯其以矩矱勝，故其規劃布置，如繩引、如斧剸，亦往往於其複亂龐雜之間，而有以極其首尾節奏之密，令人讀之，鮮不濯筋而洞髓者。予嘗譬之治兵者，太史公則韓、白之兵也，批亢擣虛，無留行，無列壘，鼓鉦所響，川沸谷平；乃若班掾則趙充國之困先零、諸葛武侯之出祁山也，嚴什

伍，飽餱糧，謹間諜，審嚮導，先為不可勝以待敵之可勝，故其動如山，其靜如陰，攻圍擊刺百不失一。兩家之文，並千古絕調也。」[24]信哉斯言！

《漢書》長於敘事，尤其講究錘字煉句，表述事物準確凝煉。如敘述王莽擅改幣制的後果，寥寥數語，清楚明瞭：「於是農商失業，食貨俱廢，民涕泣於市道，坐賣買田宅奴婢鑄錢抵罪者，自公卿大夫至庶人，不可稱數。」[25]再如《王貢兩龔鮑傳》說貢禹為河南令時，「以職事為府官所責，因免冠謝。禹曰：『冠壹免，安可復冠也！』遂去官」。一件小事，貢禹的鮮明個性便躍然紙上。在對歷史狀態、歷史趨勢及政治變故的描述上，班固也有極強的駕馭文字的能力。《西域傳》對西域諸國的地理方位、山川溪谷、道路遠近的描述，明晰如在眼前。《食貨志》對從古至新莽的經濟狀況、經濟政策及發展演變，敘述得有條不紊，詳略得當，嚴整有度。《霍光傳》更是班固寫政治變故的得意之作，該傳於紛繁雜亂的眾多頭緒中剪裁有度，將武帝託孤、燕王謀反、昌邑王廢立以及宣帝即位、霍氏敗亡寫得跌宕起伏，有聲有色，人稱《漢書》第一傳。另外，書中《高帝紀》、《陳勝項籍傳》、《楚元王傳》、《霍光金日磾傳》、《蕭望之傳》、《翟方進傳》、《儒林傳》等篇章，在敘事方面也都取得了不同的成就。

《漢書》還善於刻畫人物。西漢一代的各階層人物，在班固生花妙筆之下，異態紛呈，個性鮮明。和司馬遷一樣，班固不僅善於狀寫人物事業大節，還特別善於在細節上刻畫人物，以見其人格和心靈。如《王莽傳》記王莽未得位時侍王鳳疾「親嘗藥，亂首垢面，不解衣帶連月」，「母病，公卿列侯遣夫人問疾，莽妻迎之，衣不曳地，布蔽膝。見之者以為僮使，問知其為夫人，皆驚」等事，刻畫了他的虛偽、矯飾。《陳萬年傳》中記陳萬年教子，其子陳咸瞌睡不止，萬年大怒，問其故，陳咸說：「具曉所言，大要教咸諂也。」一個「諂」字，將陳萬年為人的諂媚奉迎、卑鄙無恥表現得淋漓盡致、入木三分。班固還通過刻畫人物來表現當時的人情世態、官場醜惡。如《朱買臣傳》寫朱買臣拜官前後眾人對他的態度，朱買臣未出示印綬之前，「會稽吏方相與群飲，不視買臣」，對他不理

---

24 《茅鹿門集》卷一《刻《漢書評林》序》。
25 《漢書·食貨志下》。

不眛，及至看到印綬，個個戰戰兢兢，互相推推擠擠，在院裡排好隊，等著拜謁買臣。班固巧妙地著意描寫官吏們當場由極其傲慢到大驚失色的明顯變化，刻畫他們慣於欺下媚上的卑瑣心理，借此反映了整個官場的庸俗、虛偽習氣，不用一句評論，極盡諷刺意味。班固還在書中塑造了很多可歌可泣的歷史人物，如《楊胡朱梅雲傳》中記朱雲直諫之事：

成帝時，丞相故安昌侯張禹以帝師位特進，甚尊重。雲上書求見，公卿在前，雲曰：「今朝廷大臣上不能匡主，下亡以益民，皆尸位素餐，孔子所謂鄙夫不可與事君，苟患失之，亡所不致者也。臣願賜上方斬馬劍，斷佞臣一人以厲其餘。」上問：「誰也？」對曰：「安昌侯張禹。」上大怒，曰：「小臣居下訕上，廷辱師傅，罪死不赦！」御史將雲下，雲攀殿檻，檻折。雲呼曰：「臣得下從龍逢、比干游於地下，足矣！未知聖朝何如耳？」御史遂將雲去。

在這裡，班固一反典雅淳厚的寫作風格，寫得驚天動地，鬼泣神驚，將朱雲激切直諫、忠貞報國的剛直性格生動地呈現在讀者面前，讓人一讀難忘。另外，班固在《蘇武傳》中還為人們塑造了一個剛正報國、堅貞不屈的民族英雄形象。該傳寫得沉鬱頓挫，慷慨生色。

《漢書》在文學表現上還有一個特點，就是收錄了大量優秀文章。縱觀歷代紀傳體史書，《漢書》所收文章數量之多，堪稱第一。西漢一代有價值的文章，《漢書》幾乎搜羅殆盡。更為重要的是，班固能將這些文章熔冶剪裁，使之與《漢書》文字有機匯合，為《漢書》增添了文采，「使其敘事簡明而翔實，立論義賅而理豐，傳人準確而生動」[26]。

總之，和《史記》一樣，《漢書》在文字表述上也達到了極高的程度，誠如南朝史學家范曄所說：「遷文直而事核，固文贍而事詳。若固之序事，不激詭，不抑抗，贍而不穢，詳而有體，使讀之者娓娓不厭，信哉其能成名也。」[27]《漢書》在後代也一直受到人們推崇，被當作古文寫作的典範。

---

26 許殿才：《漢書典雅優美的歷史記述》，《史學史研究》，1996 年第 1 期。
27 《後漢書·班固傳》。

除《史記》、《漢書》外，漢代還有一些頗有成就的史傳散文。如劉向的《列女傳》，寫得簡練傳神；趙曄的《吳越春秋》，描寫細緻入微，情節生動離奇；袁康的《越絕書》，寫得博麗奧衍，縱橫排宕，頗有浪漫氣息。這些作品在寫法上更近於小說，表現了歷史散文向小說過渡的趨勢，開了魏晉小說的先聲。

第四節 ·
漢代的詩歌

和辭賦、散文一樣，詩歌也是漢代文苑中的一朵引人注目的鮮花，儘管它不像辭賦、散文那樣絢爛多姿，出現了許多優秀的作品和傑出的作家，但它自有其嬌媚動人之處，在中國詩歌史上占有重要的地位。

漢代詩歌可分為樂府民歌和五言詩兩大部分。

一、樂府民歌

兩漢詩歌中成就最高的是樂府民歌。「樂」是音樂，「府」是官府。「樂府」實際上就是主管音樂的官府。秦時就有樂府設置。漢初，朝廷設有「樂府令」，負責掌管音樂。到武帝時期，樂府不斷擴大，一度多達八百二十九人，樂府的職責是搜集民間歌詩、制定樂曲並組織文人創作歌辭，供統治者祭祀宗廟、朝會宴飲、點綴升平之用，後人把樂府所唱的詩也叫「樂府」，於是它就成了一種詩體的名稱。漢樂府歌辭分文人制作和民歌兩大類。文人製作的歌辭主要用於郊廟祭

祀，成就很有限。而現存四十餘首民歌則是其中的精華。這些民歌採於民間，皆「感於哀樂，緣事而發」[28]，反映了廣大勞動群眾的所思所想，故而具有較高的文學價值。

兩漢樂府民歌內容豐富，反映了兩漢社會生活的方方面面。這主要體現在以下幾個方面：

其一，揭露了當時貧富分化，統治階級荒淫無恥，勞動人民生活悲慘以及階級對立極其尖銳的社會現實。

鼓舞吹笳圖

漢代雖然號稱鼎盛，但階級壓迫和剝削仍然非常嚴重。這從賈誼、晁錯等人所上的奏疏、政論以及兩《漢書》的記載中可以看得非常清楚。可是，統治階級知識分子與普通老百姓對這種剝削與壓迫的認識和感受是頗為不同的。樂府民歌「緣事而發」，極其痛切地向人們展示了不平等社會的種種悲慘境況。

有些作品暴露和諷刺了統治者的荒淫、腐敗。《雞鳴》、《相逢行》著意描寫了貴族生活的奢華，他們過著「黃金為門，碧玉為堂」、「黃金絡馬頭，熲熲何煌煌」的糜爛生活。這和辭賦作品中所展示的宮廷生活的極端奢靡何其相似乃爾！《相逢行》在鋪敘權貴人家的奢華生活時，還揭露他們為了謀求權利，兄弟之間互相傾陷，並用「李代桃僵」譬喻其必將敗亡的結局。《長安有狹斜行》則

---

28 《漢書·藝文志》。

表現了一個貴族之家的富貴榮耀，通過「小子無官職，衣冠仕洛陽」的描寫，抨擊了貴族子弟憑藉權勢爬上高位和當時賣官鬻爵的醜惡現象。

有些作品表現了勞動人民的悲苦生活。如《婦病行》以敘事手法真切地描寫了一個貧苦之家妻死兒孤的悲慘情況，一位元臥病多年的農婦臨死前囑託其丈夫照顧好自己撇下的兒女，「當言未及言，不知淚下一何翩翩」，婦女死後，父子不能相保，「抱時無衣，襦復無裡」，情境極其淒慘。整篇詩歌以「淚」貫穿，真可謂是對封建統治的血淚控訴。再如《孤兒淚》，描寫一個孤兒受兄嫂虐待的故事，孤兒身無衣食，還要汲水收瓜、看馬燒飯，以至於受不了這種凌虐，情願去死。揭露了以金錢利益為轉移的封建社會大量存在的泯滅人性的行為。又如《平陵東》則描寫了當時社會暗無天日，貪官暴吏明火執仗搶劫勒索財物的情況：

平陵東，松柏桐，不知何人劫義公。劫義公，在高堂下，交錢百萬兩走馬。兩走馬，亦誠難，顧見追吏心中惻。心中惻，血出漉，歸告我家賣黃犢。

悲苦的生活，官吏的壓榨，勞動人民忍無可忍，只有鋌而走險，進行反抗。樂府詩中一部分詩篇就反映了人民的反抗情緒。如《東門行》：

出東門，不顧歸；來入門，悵欲悲。盎中無斗米儲，還視架上無懸衣。拔劍東門去，舍中兒母牽衣啼：「他家但願富貴，賤妾與君共鋪糜。上用倉浪天故，下當用此黃口兒。今非！」「咄！行！吾去為遲！白髮時下難久居。」

從詩中可以看出，當時階級矛盾極其尖銳。詩中的男子「拔劍東門去」，是因為「盎中無斗米」，「架上無懸衣」，統治者使勞動人民無衣無食，陷於絕望境地，人民只有反抗。這正是官逼民反的寫照。該詩結構上曲折跌宕，反映了主人公內心的複雜矛盾和鬥爭。語句短促，人物的激憤之情溢於言表。

其二，反映了戰爭和徭役給人民造成的災難。

漢初休養生息，戰爭減少，徭役減輕，勞動人民尚能安居生存。及至好大喜功的漢武帝時期，連年不斷地對外戰爭，耗蝕了大量的人力、物力，國力大大減

弱。沉重的徭役被轉嫁到人民頭上，從而給廣大勞動人民造成了難以想像的災難。此後，封建國家戰爭不斷，災難日深。就在辭賦作家盡力鋪陳帝國的強大富足、軍威武功時，人民卻對悲慘的戰爭以及由此帶來的沉重災難進行了控訴。如《戰城南》寫到：

戰城南，死郭北，野死不葬烏可食。為我謂烏：「且為客豪！野死諒不葬，腐肉安能去子逃！」水深激激，蒲葦冥冥，梟騎戰鬥死，駑馬徘徊鳴。梁築室，何以南梁？何以北？禾黍不獲君何食？願為忠臣安可得？思子良臣，良臣誠可思：朝行出攻，暮不夜歸！

遍地死屍和鳥啄獸食的景況，極其荒涼恐怖，表現了人民群眾所受戰爭的殘害以及對戰爭的極端憎惡。再如《十五從軍征》：

十五從軍征，八十始得歸。道逢鄉里人：「家裡有阿誰？」「遙看是君家，松柏塚累累。」兔從狗竇入，雉從梁上飛，中庭生旅谷，井上生旅葵。舂穀持作飯，採葵持作羹。羹飯一時熟，不知貽阿誰。出門東向看，淚落沾我衣。

這首詩描寫一位十五歲從軍、八十歲僥倖生還的老兵，回家後面臨家破人亡的破敗景象，以及他孤獨、悲涼的心境。對封建時代那種不合理的兵役制度和勞動人民所受的苦難，作了無情的揭露和控訴。全篇無一奇字奇句，全用白描，然描寫真實動人，富於感染力量。這類題材，對後世影響很大。

其三，描寫了遊子思鄉的悲苦。

遊子思鄉是漢樂府的一大主題。在不合理的社會制度下，平民百姓外出謀生，遇到種種困難，思鄉之情便油然而生，但欲歸不能，心中極其悲苦。如《悲歌》：

悲歌可以當泣，遠望可以當歸。思念故鄉，鬱鬱累累。欲歸家無人，欲渡河無船。心思不能言，腸中車輪轉。

遠在他鄉，對家中牽腸掛肚，思鄉的悲哀難以言喻，就像車輪在裡面不斷轉動。再如《豔歌行》，描寫在外行役的幾兄弟辛苦勞作，衣破而無人縫補，好心

的東家主婦代為補衣，卻引起男主人的懷疑，由此引發客居多嫌、「遠行不如歸」的感慨。自漢樂府多有遊子思鄉之詩後，後來詩作中的遊子思鄉，多受其影響。

其四，揭示了封建禮教下棄婦怨女的悲慘命運，控訴了封建婚姻制度對婦女的摧殘。

漢武帝時代，「三綱五常」的倫理觀念有很大影響，其中的「夫為妻綱」則成了桎梏婦女人身自由的枷鎖。自此之後的兩千餘年，婦女都一直生活在這種不合理的封建禮教中，受盡折磨。這一狀況反映在文學作品中，一方面是文人作品中「烈女」、「孝婦」的故事開始出現並氾濫，另一方面則是棄婦怨女題材的作品多了起來。樂府詩中就有大量的反映棄婦怨女悲慘婚姻生活的篇章。如《上山采蘼蕪》：

上山采蘼蕪，下山逢故夫。長跪問故夫：「新人何復如？」「新人雖言好，未若故人姝，顏色類相似，手爪不相如。」「新人從門入，故人從閣去。」「新人工織縑，故人工織素。織縑日一匹，織素五丈餘。將縑來比素，新人不如故。」

詩中描寫一位被拋棄的勤勞、能幹的婦女，遇到前夫時的一段對話，揭露了「故夫」喜新厭舊的醜惡靈魂。這樣的婚姻悲劇雖然是由這個負心的「故夫」直接造成的，但根源卻是那個以男性為中心的社會和維繫那個社會制度的封建禮教。從詩中我們可以看到這位女性內心的深深痛苦以及對這種不合理婚姻的敢怒不敢言的複雜內心。再如《塘上行》，敘述一位無辜婦女因如「毫髮」一般的一件小事，遭到眾口讒謗間離，其夫喜新厭舊，殘酷地將其拋棄，同樣譴責了負心漢及其賴以存在的社會基礎。

封建禮教對婚姻的摧殘壓抑，必然會引起人們的反抗。漢樂府詩歌中成就最高的長篇敘事詩《孔雀東南飛》就通過劉蘭芝、焦仲卿兩人的婚姻悲劇，暴露了家長制和封建禮教的罪惡，表現了青年男女為爭取美滿婚姻而進行的殊死抗爭。此詩又名《古詩為焦仲卿妻作》，最早見於梁代徐陵的《玉臺新詠》，詩前有序云：「漢末建安中，廬江府小吏焦仲卿妻劉氏，為仲卿母所遣，自誓不嫁。其家

逼之，乃投水而死。仲卿聞之，亦自縊於庭樹。時人傷之，為詩云爾。」足見此詩取材於真人真事，約成於漢末建安年間。該詩著意刻畫了劉蘭芝這一反抗封建禮教的女性形象。她是一位勞動婦女，聰明美麗，勤勞能幹，純潔大方。但卻一直受到婆婆的刁難，以致被休棄歸家。在當時，女性被趕回娘家，是一件極恥辱的事情，但劉蘭芝卻理直氣壯地回家：「兒實無罪過」，極其坦然。當封建家長制的另一位代表劉兄因貪圖富貴，逼蘭芝再嫁時，劉蘭芝是「仰頭答」，話語中充滿了控訴和諷刺。當太守逼娶，統治者的淫威與家長制的逼迫一齊施加到她身上時，她毅然決然地以死抗爭，「舉身赴清池」，表示了一個普通婦女對封建禮教的最後強烈抗議。該詩還塑造了劉蘭芝的丈夫焦仲卿，他有軟弱的一面，但當他聽說自己的妻子投水自殺後，也毅然自縊於庭樹之上，以身相殉。展示了二人愛情的堅貞，同時更顯示了抗爭封建禮教的慘烈。《孔雀東南飛》是現實主義的優秀作品，它通過藝術化的手法，為人們塑造了代表廣大勞動人民心聲的劉蘭芝、焦仲卿的形象。矛頭直指封建禮教和家長制，表達了廣大人民群眾反抗封建壓迫、爭取婚姻自由的必勝信念，具有深刻的社會意義和典型性。

其五，表現健康純美的男女愛情。

男女情愛一直是民歌的主題之一，《詩經》中大量的詩篇都是表達男女愛情的。樂府民歌繼承《詩經》的傳統，在表現男女情愛上又別具特色，如《江南》：

江南可採蓮，蓮葉何田田。魚戲蓮葉間。魚戲蓮葉東，魚戲蓮葉西，魚戲蓮葉南，魚戲蓮葉北。

這既是表現了勞動的愉快，又是表現了愛情的歡娛。青年男女在勞動中互相傾慕，借「魚兒戲蓮」來表達深摯的愛戀，情景交融，生動活潑。

有些民歌則表現了人們對愛情的堅貞不渝，如《上邪》：

上邪！我欲與君相知，長命無絕衰。山無陵，江水為竭，冬雷震震，夏雨雪，天地合，乃得與君絕。

詩中女子海誓山盟，用山崩、江枯、冬雷、夏雪、天地合這些不可能出現的

自然現象來表示自己對愛情的忠貞，感情極為強烈，震撼人心。

還有的作品表現了女子遇到愛情考驗時複雜、煩亂的心情，揭示了一般勞動婦女對真摯愛情的嚮往。如《有所思》就表現了一個癡情女子聽說對方變心後的所做所思。她準備將對方贈給她的信物毀掉，但想起當初定情時的甜蜜情境，又不了了之。該詩極為細膩、傳神地刻畫了癡情女子複雜、矛盾的心情，十分耐人尋味。

還有的作品表現了女子為追求愛情的純潔，與負心男人一刀兩斷的情形。如《白頭吟》，即表現了一女子與負心男人相決絕的故事，「聞君有兩意，故來相決絕」，表明對三心二意男子的痛恨，「願得一心人，白頭不相離」，說明女子對純潔愛情的忠貞。最後，女子譴責男人「男兒重意氣，何用錢刀為」！對不重感情、貪圖錢財的男人表示了極大的輕蔑。詩中的女子只以忠貞的愛情選擇丈夫，強烈地體現了中國古代婦女的高尚品格。

此外，樂府民歌還有其他一些內容，如《枯魚過河泣》借枯魚對同類的勸告曲折反映了當時社會環境的險惡；《雁門太守行》歌頌了清官的政績；《青青園中葵》激勵人們珍惜時光；《陌上桑》揭露達官顯貴的荒淫好色以及美麗採桑女子羅敷的機智勇敢，這些作品與現實生活都有著密切聯繫。

由以上敘述可以看出，樂府民歌的內容極為廣泛。它與帶有濃厚宮廷氣息的辭賦大為不同。樂府民歌是社會民生的反映，在質樸的文字裡，蘊藏著豐富的內容與民眾的感情。在揭露矛盾、批判黑暗時，愛憎鮮明，感情強烈，有極強的藝術感染力。

從樂府民歌所反映的社會生活和由此所體現出來的高度思想性來看，它和《詩經》有著直接的聯繫。有的學者認為《詩經》就是漢以前的「樂府」，「樂府」就是周以後的《詩經》，大抵是不錯的。樂府民歌不僅在奠定中國詩歌發展史上現實主義優良傳統方面起了重要作用，而且在藝術上也取得了很高的成就，發展了《詩經》藝術。

在藝術上，敘事性是樂府民歌最突出的特點，在中國第一部詩歌總集《詩

經》中，已有一些敘事性的詩篇出現，如《大雅》中的《生民》、《公劉》、《緜》、《皇矣》、《大明》等篇，但這些敘事詩都是粗陳梗概，故事情節和人物形象都還缺乏完整性。漢樂府民歌在這方面有長足發展，出現了較為完整的情節和有一定性格的人物，如《孔雀東南飛》、《陌上桑》，情節生動，富有戲劇性，且有性格鮮明的人物出現。即使是那些不以敘述故事為目的的短詩，也往往有一些具體的生活片斷和細節描寫。如《婦病行》、《東門行》、《十五從軍征》、《豔歌行》等。漢樂府這種以事成篇、即事見義的表現方式和敘事寫人的技巧都被後代作家所繼承和借鑒，成為樂府詩的共同特徵。

在藝術上，樂府民歌還有豐富多彩的特點。同是反映征夫離婦題材的詩，《古歌》、《悲歌》感情強烈，如急風驟雨，傾注無餘；《飲馬長城窟行》則憂鬱纏綿，深厚含蓄。同是表現愛情的詩篇，《上邪》、《白頭吟》出語驚人，撼天動地；《有所思》則淒惻婉轉，悲恨交加。同是鋪敘故事，有的採用第三人稱，有的通過主人公自訴，有的則通過人物對話，表現方式靈活多樣。在表現手法上，有的樸素真切，有的又富有浪漫色彩。真可謂多姿多彩，絢麗無比。

漢樂府民歌語言清新樸素，自然活潑，富有生活氣息。由於民歌作者有深切的生活體驗，而且這些民歌又在民間流行，故而不假文飾，通俗易懂。有的甚至有了很高的語言技巧，如《飲馬長城窟行》，不僅用了出色的比興，而且採用了「頂真」句式，連環往覆，效果極佳。有鑑於此，明代胡應麟在《詩藪》中稱讚說：「漢樂府歌謠，采摭閭閻，非由潤色，然而質而不俚，淺而能深，近而能遠，天下至文，靡以過之！」

漢樂府民歌的形式自由多樣。就中國詩歌的發展形式而言，《詩經》是整齊的四言體。但漢樂府卻沒有固定的章法，或四言，或五言，或七言，或雜言，說明了詩歌的樣式也在不斷改進。樂府民歌雖形式靈活，但仍以五言者為最多，像《陌上桑》、《孔雀東南飛》幾乎都是成熟的五言詩。五言詩的發展，擴大了詩歌的表現能力，為民歌的大發展準備了條件，也為文人五言詩的成熟、繁榮開闢了廣闊的道路。

二、五言詩的興起

五言詩是中國古典詩歌的主要形式之一。它本身經歷過一個不斷發展的過程。《詩經》和楚辭中，四言句式占主導地位，五言體只是偶有出現。秦始皇時，已有五言的民謠《長城歌》，但很明顯有後人加工的痕跡。西漢時期，五言歌謠一直在民間流傳，見於史書記載的就有多首，如《漢書‧貢禹傳》記載武帝時有一首：「何以孝弟為？財多而光榮。何以禮儀為？史書而仕宦。何以謹慎為？勇猛而臨官。」《漢書》的《五行志》、《尹賞傳》、《馬廖傳》還記載有成帝時的三首民間歌謠：「邪徑敗良田，讒口害善人。桂樹華不實，黃雀巢其顛。昔為人所羨，今為人所憐。」、「安所求子死？桓東少年場。生時諒不謹，枯骨後何葬？」、「城中好高髻，四方高一尺。城中好廣眉，四方且半額。城中好大袖，四方全匹帛。」

正因為民間有五言歌謠，所以西漢也出現了幾首模仿五言的詩作。《漢書‧外戚傳》記載高祖戚夫人受呂後迫害，曾於悲苦之中作了一首懷念兒子趙王的詩歌：「子為王，母為虜。終日舂薄暮，常與死為伍。相離三千里，當誰使告汝。」後面四句均為五言。又據《漢書‧外戚傳》，漢武帝時，李延年為將自己的妹妹推薦給武帝，曾唱了一首歌：「北國有佳人，絕世而獨立。一顧傾人城，再顧傾人國。寧不知傾城與傾國，佳人難再得。」雖有一句為八言，但模仿已很逼真。可是，戚夫人和李延年都不是士大夫文人，他們的模仿之作尚不能算作文人作品。考察西漢一代，沒有文人五言詩出現。民間五言歌謠只進入了樂府，樂府中的不少民歌都是五言，如《有所思》等。《玉臺新詠》指出《古詩十九首》中《青青河畔草》等八首及《蘭若生春陽》一首為枚乘所作；《文選》中有蘇武詩四首以及李陵《與蘇武詩三首》等，雖然都是一些成熟的五言詩，但經學者考證，不是西漢時代的作品，而是後人偽作的，大約為東漢末年的作品。總之，西漢時代，民間有五言歌謠，樂府中有五言歌詩，但沒有文人創作的五言詩。西漢是五言詩在民間流行並開始進入樂府歌詩的時期。

東漢是五言詩發展的重要階段。隨著大量五言民歌進入樂府，使得文人有了更多的接觸和學習五言形式的機會，模仿寫作日益增多。現存最早的一首署名文

人的五言詩是東漢前期班固的《詠史》，該詩見於《史記·倉公列傳》張守節正義注引。詩中寫的是西漢文帝時孝女緹縈救父的故事：

三王德彌薄，惟後用肉刑。太倉令有罪，就逮長安城。自恨身無子，困急獨煢煢。小女痛父言，死者不可生。上書詣闕下，思古歌雞鳴？憂心摧折裂，晨風揚激聲。聖漢孝文帝，惻然感至情。百男何憒憒，不如一緹縈。

這雖然是一首完整的敘事詩，但平鋪直敘，質木無文，藝術性差。說明這時五言詩尚在初創階段，技巧還不熟練。班固之後，張衡有一首《同聲歌》，以婦人事夫比喻臣子事君之道，感情誠摯細婉，辭采綺麗，塑造出了真切生動的藝術形象，藝術性遠遠超過了班固的《詠史》。在班固、張衡這些有地位、有影響的大學者的宣導下，創作五言詩的文人多了起來，藝術成就也愈來愈高。像桓、靈之際的秦嘉、酈炎、趙壹等，皆有佳作流傳。

秦嘉是桓帝時隴西郡吏，其創作的五言《贈婦詩》三首是抒情技巧較高的作品。描寫他思念妻子的悱惻之情，感情真摯，語言樸素自然。酈炎生活於靈帝時期，他有五言《見志詩》二首，抒發自己的雄心壯志，感憤社會的昏亂。個性突出，感情充沛。趙壹有《刺世疾邪詩》一首，揭露社會的污濁，抨擊黑暗政治，感情悲憤，潑辣大膽，是這一時期最富有戰鬥性的詩篇。

除以上這些作品外，漢代藝術成就最高的文人五言詩是無名氏的作品《古詩十九首》。

所謂《古詩十九首》，是梁昭明太子蕭統收入其所編《文選》中的十九首詩。因不知它們的作者與確切年代，故稱「古詩」。它們不是一人一時之作，但風格相近。當時這類作品還有一些。現在所能見到的，除這十九首外，還有《攜手上河梁》、《結髮為夫妻》等十餘首。根據學者考證，它們大致產生於東漢後期桓、靈二帝年間，作者多為下層文人。

東漢末年是社會動盪黑暗時期。下層人民群眾日益陷於痛苦的深淵，小股農民起義不斷發生，大規模農民起義也在醞釀。在統治階級內部，政治腐敗黑暗，外戚、宦官和地方豪強壟斷政治，彼此間也爭鬥不息。黨錮之禍，對正直士大夫

進行了無情打擊。這些，都使廣大文人對現實極度失望，他們既無社會地位，又無政治前途，落魄江湖，辛苦輾轉，彷徨失意。《古詩十九首》就是這個危機四伏的時代病態生活的反映。在這些詩作中，既看不到西漢作家那種豪邁奮發的進取熱情，也看不到對現實的強烈批判。回蕩在這些作品中的主旋律，是對人生失意的悲歎，帶有濃厚的感傷色彩。有的詩作感傷男女離情、思婦閨怨，如《行行重行行》、《青青河畔草》、《冉冉孤竹生》、《涉江採芙蓉》、《迢迢牽牛星》等。有的詩作喟歎人生無常，或鼓吹及時行樂，或宣揚玩世不恭，或表示馳騖利祿，如《回車駕言邁》、《生年不滿百》、《今日良宴會》等。有的詩作則慨歎懷才不遇，知音難覓，如《西北有高樓》、《明月皎夜光》等。總之，它們從不同角度抒發了作者內心寂寞、苦悶、傷感、悲哀的種種情緒，反映了那個壓抑人性的社會的黑暗現實。

《古詩十九首》在藝術上成就甚高，劉勰稱它「結體散文，直而不野，婉轉附物，怊悵切情，實五言之冠冕也」[29]。它吸收了《詩經》、楚辭的藝術成就，繼承並提高了樂府詩中抒情詩的技巧，形成了自己獨特的風格，創造了淺近真摯而又深切感人的藝術精品。

在有的詩作中，作者直抒胸臆，反覆詠歎，造成纏綿悱惻、如泣如訴的效果。如《行行重行行》，寫妻子對離家遠行的丈夫的思念。詩的開頭用「行行重行行，與君生別離」表達妻子既埋怨又掛念丈夫的心境：你走啊走啊，老是不停地走，越走越遠，我和你就這樣活生生分開了啊，借用屈原《九歌·少司命》「悲莫悲兮生別離」之意，顯示內心悲傷。繼而反覆哀歎雙方「相隔萬餘里，各在天一涯，道路阻且長，會面安可知！」接著又用「胡馬依北風，越鳥巢南枝」作比興，表示相信丈夫也是思戀故鄉、想念家室的。隨即又用「相去日已遠，衣帶日已緩」表達思念之苦，並道出了「浮雲蔽白日，遊子不顧反」的擔心。經過反覆詠歎，最後才以「棄捐勿復道，努力加餐飯」的無可奈何的自慰作了收結。全詩一唱三歎，曲折連環，生動地再現了主人公那種浮想聯翩，跳盪起伏的思緒，令

---

29 劉勰：《文心雕龍·明詩》。

人感歎不已。

在有的詩作中，作者借景抒情，又能使情景交融，抒發細膩的情感。如《迢迢牽牛星》，描寫一位寂寞的思婦夜晚看到滿天星斗以及兩情相阻、隔河相望的牛郎織女，借景抒情，用「盈盈一水間，脈脈不得語」表示相思之悲苦。又如《凜凜歲雲暮》中用螻蛄悲鳴、涼風凄厲的冬夜，襯託著女主人公思念丈夫的夢境，展現了一個孤苦無依的思婦形象。這些情景交融、深邃優美的意境見於很多作品。

在有的詩作中，作者還通過某種生活情節和人物行動來抒寫情懷。如《涉江採芙蓉》，通過主人公涉江採芙蓉、欲贈所思、還顧望故鄉等一連串動作，寫出了對親人的思念，從而引發了「同心而離居，憂傷以終老」的憂傷。又如《今日良宴會》通過一次宴會上所謂有德望者的高論，表示了自己「何不策高足，先據要路津」的追求利祿的心態。都寫得情景逼真，歷歷如畫。

《古詩十九首》還常用比興來映襯烘托人物的思想感情，著墨不多而言近旨遠，語短情長。如《冉冉孤生竹》，開篇比中有興，「冉冉孤生竹，結根泰山阿」，以「孤竹」自比，以「泰山」比丈夫。接著詩人又用「兔絲附女蘿」比喻女子對男子的依靠。「兔絲附女蘿」的現實並不完全合於女主人公婚前「結根泰山阿」的理想。然而，更為不堪的是夫婦間的別離，「兔絲生有時，夫婦會有宜；千里遠結婚，悠悠隔山陂」。回顧自己遠嫁至此，面對的卻是夫妻的別離，不禁黯然神傷。接著，女主人公又以蕙蘭花自況，「傷彼蕙蘭花，含英揚光輝；過時而不採，將隨秋草萎」，訴說人的青春如蕙蘭花一般，過時不採，便會枯萎，暗含夫妻別離的獨守空房之苦。最後以「君亮執高節，賤妾亦何為」做結，表現了女主人公在無限憂傷中對丈夫抱有希望而又懷有隱憂的複雜心理。全詩婉轉附物，多用比興，寫得含蓄蘊藉，生動形象。其他如《青青陵上柏》、《青青河畔草》等，都多用比興，靈活巧妙，構成了濃郁的藝術氛圍。

再者，《古詩十九首》語言淺近自然，清麗如話，而又不失典雅優美，富於表現力。作者善於採擷、提煉口語、俗語入詩，同時融匯了不少《詩經》、楚辭中的詞句，卻又渾然天成。說明作者已掌握了極高妙的藝術技巧，五言詩在此時

已是比較成熟的作品。

對於《古詩十九首》，前人均給予了很高的評價。它的出現及成就，直接影響了建安及魏晉作家，開啟了建安時期「五言騰湧」的局面，並且自六朝迄至清末都有擬作者，在詩歌發展史上有深遠的影響。

第五節 ·
漢代的文論

一、漢代文論的特點

兩漢時代，辭賦、散文、詩歌的創作非常繁榮，取得了引人注目的成就。實際創作水準的提高促進了文學理論的發展。漢代學者已開始注意到文學與學術的區別，他們用「文」、「文章」專指文學性的創作，用「學」、「文學」專指學術著述，在文學與學術之間劃了一道鴻溝。《史記》、《漢書》已很明顯地用二者區分文人與儒學經師。《漢書·藝文志》將《六藝略》、《諸子略》與《詩賦略》並列，更明顯地將文學與學術區別開來。說明這一時期人們對文學的性質，已經有了一個比較正確的認識。這是漢代文論藉以立論的一個最基本的依據。

和先秦相比，漢代文論內容更為豐富，涉及面更廣，並且產生了一些專題文論，如《毛詩序》、劉安《離騷傳》、班固《兩都賦序》和《離騷序》、王逸《楚辭章句序》等。在一些學者的思想性著作中，涉及文學創作的內容也很多，如揚雄的《法言》、王充的《論衡》等。

這一時期，人們對文學情感特徵的探索加強。《毛詩序》繼先秦「詩言志」的理論之後，又提出「在心為志，發言為詩，情動於中而形於言」，將「情」與「志」聯繫起來。司馬遷則提出「發憤著書」，針對現實，有感而發。劉歆、班固在論述樂府詩歌的特徵時，也從情感角度加以歸納：「感於哀樂，緣事而發。」王充在《論衡》中更明確地指出了情感對文學的決定性作用，等等。

這一時期的文論始終籠罩在儒家文藝思想之中，以儒家思想為依據，大體不出「言志」、「美刺」的詩教，強調為政治教化服務的「尚用」等等。之所以出現這種情況，是與儒家思想在漢代所占據的不可動搖的獨尊地位相聯繫的。「獨尊儒術」使儒學一躍而居皇朝欽定的正統地位，成為唯一由官方頒布用來指導、規範人們思想行為不可違背的經典。這樣，儒學由先秦的「顯學」到漢代的「獨尊」，已經深入到社會文明的各個方面。作為思想意識領域的大宗——文學，也必然受其深刻影響，從而使這一時期的文學理論帶有濃重的儒家色彩。

二、《毛詩序》與漢儒的詩歌理論

《詩經》是中國文學史上的第一部詩歌總集，有關《詩經》的一些文學理論在文學史上具有普遍指導意義。而較系統地闡述詩歌理論的著作則是《毛詩序》。

漢代《詩》的傳授有魯、齊、韓、毛四家。前三家為今文，立於學官。《毛詩》為古文，未立學官。四家詩都有序，但前三家均亡佚已久，不能窺其面目。流傳至今的只有《毛詩序》。《毛詩序》的作者已不可考。有人說是子夏，有人說是東漢衛宏，都很難確指。比較客觀的看法就是：它應當是漢代學者綜合先秦儒家和當代經師有關詩樂的理論而寫成的。

第一，《毛詩序》闡明了詩歌的言志抒情的特徵和詩歌與音樂、舞蹈的相互關係。先秦時期，人們對「詩言志」闡發很多，《莊子·天下篇》、《荀子·儒效篇》都分別講過「詩以道志」、「詩言是其志也」的話，將《詩》與修身、治國、

教化緊密相連，但對詩歌情感性的特質，尚未明確涉及。《毛詩序》則直接將「志」與「情」聯繫起來，「詩者，志之所之也」的志和「情動於中而形於言」的情，是二而一的東西。《毛詩序》把志與情結合起來，更清楚地說明了詩歌的特徵。《毛詩序》還清楚地說明了詩、樂、舞在產生和發展過程中的密切聯繫：

> 詩者，志之所之也，在心為志，發言為詩。情動於中而形於言。言之不足，故嗟歎之；嗟歎之不足，故永歌之；永歌之不足，不知手之舞之，足之蹈之也。

詩是心志的外在表現，又是內心情感的外在表現，當人們用詩還不能充分表達內心的志、情時，便要歌詠、舞蹈。這種理論是對最初詩、樂、舞三者不分的理論總結。

第二，《毛詩序》指出了詩歌音樂和時代政治的密切關係，認為不同的時代有不同的作品，政治情況往往在音樂和詩的內容裡反映出來。所謂「治世之音安以樂，其政和；亂世之音怨以怒，其政乖；亡國之音哀以思，其民困。故正得失，感鬼神，莫近於詩」。這顯然受到吳公子季箚觀樂後所發的一通議論的影響[30]，而進一步指出政治、道德、風俗與音樂詩歌的密不可分的聯繫。後來劉勰正是根據這一理論，闡述了「時運交移，質文代變」，「文變染乎世情，興廢繫乎時序」的道理。[31]

第三，在詩歌的分類與表現手法上，《毛詩序》提出了「六義」說，即「詩有六義焉：一曰風，二曰賦，三曰比，四曰興，五曰雅，六曰頌」。這是根據《周禮》中「大師……教六詩：曰風，曰賦，曰比，曰興，曰雅，曰頌」的舊說提出來的。《毛詩序》根據儒家文藝理論，從教化的角度對風、雅、頌進行了闡述。「上以風化下，下以風刺上，主文而譎諫，言之者無罪，聞之者足以戒，故曰風」，「雅者，正也，言王政之所由廢興也。政有小大，故有小雅焉，有大雅焉」，「頌者，美盛德之形容，以其成功告於神明者也」。根據後來學者，如孔穎達、朱熹等的闡述，風、雅、頌為詩的種類，賦、比、興為作詩的方法。《毛詩

---

30 《左傳・襄公二十九年》。
31 劉勰：《文心雕龍・時序》。

序》重視對前者的理論闡述而忽視對後者的理論闡述，說明當時詩歌創作在技巧與方法上還未達到完全純熟，理論總結尚為時過早。之後，劉勰《文心雕龍・比興》、鍾嶸《詩品序》在這方面的論述就深入多了。後來的作家，如陳子昂、李白、白居易等人，更從不同的方面對此做了闡發。

第四，《毛詩序》在論述詩的特徵、詩歌與政治的關係，詩的分類和表現手法等問題時，始終貫穿了一條主線，即詩歌必須宣揚教化，有利於封建統治。它說：「風，風也，教也；風以動之，教以化之」，「故正得失，動天地，感鬼神，莫近於詩。先王以是經夫婦，成孝敬，厚人倫，美教化，移風俗」，「上以風化下，下以風刺上」，等等，將詩歌的社會作用直接表述為移風易俗、推行教化。即使是在闡述詩歌的言情特點時，也提倡「發乎情，止乎禮義」，以禮義教化為指歸。這些，都和《禮記》中所謂「溫柔敦厚，詩教也」的「詩教」說的基本精神相一致。對於詩歌禮樂的教化功能，除《毛詩序》外，漢代不少學者也都有論述，如班固認為禮樂詩歌「所以通神明、立人倫、正情性、節萬事者也」[32]，鄭玄認為「論功頌德，所以將順其美；刺過譏失，所以匡救其惡」[33]。這些，都反映了統治階級對詩歌的要求。

《毛詩序》對詩歌社會功能的認識，在思想上是《論語》「思無邪」，興、觀、群、怨，事父事君說的進一步發展。在中國古典詩歌的發展過程中，不少人就以此作為詩歌創作和批評的準則，影響深遠。當然，也必須看到，《毛詩序》過分強調詩歌的教化美刺功能，而忽視了它的審美價值，勢必會排斥風格豪放而多抗激之音的作品，從而使詩歌失去自由馳騁的天地，扼殺多種風格的詩歌作品的出現。

---

32 《漢書・禮樂志》。
33 阮元刻：《十三經注疏》本《毛詩正義》卷首《詩譜序》。

三、有關屈原楚辭的文學論爭

產生於戰國中後期南方楚國的楚辭，在思想上和藝術上都有獨特的風格，對中國文學影響深遠。到了漢代，隨著文學理論的逐漸發展，人們圍繞屈原的作品展開了激烈的爭論。這場爭論既牽涉到對屈原作品的思想性和藝術性的認識，又牽涉到文學批評的標準和原則問題，是漢代文論中重要的一頁。

西漢時期，最早對屈原楚辭進行評論的是淮南王劉安的《離騷傳》。《離騷傳》今已不存，司馬遷的《史記·屈原賈生列傳》及班固的《離騷序》引錄了其中的部分文字，它說：

> 《國風》好色而不淫，《小雅》怨誹而不亂，若《離騷》者，可謂兼之矣。上稱帝嚳，下道齊桓，中述湯武，以刺世事。明道德之廣崇，治亂之條貫，靡不畢見。其文約，其辭微，其志潔，其行廉，其稱文小而其指極大，舉類邇而見義遠。其志潔，故其稱物芳。其行廉，故死而不容自疏。濯淖污泥之中，蟬蛻於濁穢，以浮游塵埃之外，不獲世之滋垢，皭然泥而不滓者也，推此志也，雖與日月爭光可也。[34]

文章對屈原的偉大人格和《離騷》這部作品給予了很高的評價，特別是劉安已認識到屈原作品的一些藝術特點。「其文約，其辭微」，是說作品的概括力很大，諷喻的手法很隱微。「其稱文小而其指極大，舉類邇而見義遠」，是說屈原能在普通事物的描寫之中寓以深意。「其志潔，故其稱物芳；其行廉，故死而不容自疏」，是說《離騷》的比興手法，屈原常用美人香草等物象徵自己的志行高潔。這些言論，基本上已觸到了屈原作品的一些藝術特點。

但是，也不能不看到，劉安在評價屈原作品時，是以《詩經》的詩教為原則的。他認為《離騷》兼有《國風》「好色而不淫」，《小雅》「怨誹而不亂」的特點，也就是說，《離騷》符合儒家經典的言志、美刺的詩教，是「溫柔敦厚」之作。

---

34 這段文字見於《史記·屈原賈生列傳》，據班固《離騷序》及劉勰《文心雕龍·辨騷》，大致取材於《離騷傳》。

雖然劉安已概括了一些屈原作品的藝術特點，但他並沒有認識到屈原作品所具有的獨特的楚文化的豐富內涵與馳騁想像、奇譎瑰麗的藝術風格，更沒有把握住其憤誹抗爭的偉大精神實質。

司馬遷在這個問題上的認識就比劉安要深刻得多，他在《屈原賈生列傳》中說：

> 屈平疾王聽之不聰也，讒諂之蔽明也，邪曲之害公也，方正之不容也，故憂愁幽思而作《離騷》。離騷者，猶離憂也。夫天者，人之始也；父母者，人之本也。人窮則反本，故勞苦倦極，未嘗不呼天也；疾痛慘怛，未嘗不呼父母也。屈平正道直行，竭忠盡智以事其君，讒人間之，可謂窮矣。信而見疑，忠而被謗，能無怨乎？屈平之作《離騷》，蓋自怨生也。

這裡，司馬遷將《離騷》發憤抒情的情感特徵揭示得非常明瞭。在他看來，《離騷》是因「怨」而作，這種怨，不是個人的愁神苦思，而是由於「正道直行」受到壓抑，不得不發出慘怛呼號。很顯然，司馬遷在評價屈原作品時，將自己的遭遇以及自己「發憤著書」的主張也融合了進去。可以說，司馬遷的評價已超出了「好色不淫」、「怨誹不亂」、「發乎情，止乎禮義」、「言志美刺」、「溫柔敦厚」的儒家詩教範圍，更接近屈原創作中憤誹抗爭的精神實質。

對於劉安、司馬遷的評論，西漢末年的揚雄和東漢前期的班固都持有相反的意見。

揚雄在自己的文學評論中很少直接涉及屈原，但從他對辭賦的一些看法上，還是可以看出他對屈原楚辭的意見的。他曾說：「詩人之賦麗以則，辭人之賦麗以淫」[35]。「詩人」在當時是《詩經》作者的專稱，顯然不包括屈原。屈原是辭賦不祧之宗，「辭人之賦麗以淫」，那麼屈原的作品也就在「麗以淫」之列了。顯然，揚雄仍是用儒家詩教為標準來看待屈原的。

---

35 揚雄：《法言·吾子》。

班固從正統的儒家思想出發，對屈原及其作品都進行了貶低。他引用《易‧乾》「潛龍不見是而無悶」，《關雎》「哀而不傷」，《大雅》「既明且哲，以保其身」等言論，闡發了自己「全命避害，不受世患」，「君子道窮，命矣」的全身自保的觀點，然後指責屈原「露才揚己，競乎危國群小之間，以離讒賊。然責數懷王，怨惡椒、蘭，愁神苦思，強非其人，忿懟不容，沉江而死，亦貶絜狂狷景行之士。」[36] 將屈原的抗爭完全歸結到他不識時務、露才揚己這一點上，這不啻是對屈原人格的侮辱。

班固還從儒家正統思想出發，對屈原的浪漫主義藝術手法提出異議，認為屈原「多稱昆侖冥婚宓妃虛無之語，皆非法度之政、經義所載」。也正因為此，他對劉安、司馬遷對屈原的高度評價極力反對，「謂之兼詩風雅而與日月爭光，過矣」[37]。

儘管班固對屈原的為人及《離騷》的思想性、藝術風格進行了貶低，但他對屈原楚辭的文辭優美以及對漢代辭賦的巨大影響，還是持肯定態度的。他說：「然其文弘博麗雅，為辭賦宗，後世莫不斟酌其英華，則象其從容。自宋玉、唐勒、景差之徒，漢興，枚乘、司馬相如、劉向、揚雄，騁極文辭，好而悲之，自謂不能及也。雖非明智之器，可謂妙才者也。」[38]

班固對屈原楚辭的評價並未成定論。東漢安帝時，王逸站出來反對班固的觀點。王逸，字師叔，生卒年不詳，安帝時為校書郎，順帝時官至侍中。他在《楚辭章句序》中闡發了自己對屈原楚辭的看法。他從儒家「人臣之義，以忠正為高，以伏節為賢，危言以存國，殺身以成仁」的觀點出發，駁斥了班固對屈原人格的評價，認為是「虧其高明，損其清潔」。並充分肯定屈原「膺忠貞之質，體清潔之性，直若砥矢，言若丹青，進不隱其謀，退不顧其命，此誠絕世之行，俊彥之英也」。他分析了屈原楚辭創作的背景、目的和成就，認為「屈原履忠被譖，憂悲愁思，獨依詩人之義，而作《離騷》，上以諷諫，下以自慰。遭時闇

---

36 《四部叢刊》本《楚辭》卷一《離騷序》。
37 《四部叢刊》本《楚辭》卷一《離騷序》。
38 同上。

亂，不見省納，不勝憤懣，遂復作《九歌》以下凡二十五篇。楚人高其行義，瑋其文采，以相教傳」[39]。王逸指出屈原楚辭為「憤懣」之作，和司馬遷有相通之處。屈原在人格上是偉大的，他的忠正貞廉又表現在《離騷》等所抒發的「憤懣」之情上，充分肯定了屈原作品的思想性。

王逸還充分肯定了屈原作品的辭章藝術，他說：

屈原之詞，誠博遠矣。自終沒以來，名儒博達之士，著造詞賦，莫不擬則其儀表，祖式其模範，取其要妙，竊其華藻。所謂金相玉質，百世無匹，名垂罔極，永不刊滅者矣。

這與劉安、司馬遷所說的屈原作品「與日月爭光」有異曲同工之妙。

王逸雖然高舉褒揚屈原楚辭的大旗，但也不能不看到，他在評價《離騷》時，一味將其與《詩經》牽強比附，與六經相互印證，還是沒有超出時代的侷限。作為長篇抒情詩的《離騷》，其性質與六經很不相同，一定要說它片詞只語皆「依經立義」，那就有點膠柱鼓瑟，窒礙難通了。後來劉勰在《文心雕龍・辨騷》中修正了王逸的論點，認為「屈原雖取熔經義，亦自鑄偉辭」，指出研究楚辭應該「酌奇而不失其貞，玩華而不墜其實」。在理論上推進了一步。

兩漢時期圍繞屈原楚辭所進行的這些論爭，除認識上的原因外，還有時代條件的影響。劉安和司馬遷生活在西漢中前期，儒家專制思想尚未充分建立，文化思想領域中的限制相對寬鬆，故而比較客觀地分析了屈原的為人和作品。班固處在東漢前期，這一時期儒學對思想領域的控制極為嚴格，正宗思想充斥各個領域，故而對屈原憤誹抗爭的思想進行了貶抑。王逸處在政治混亂的東漢後期，為匡救時政，故而特別強調屈原品格的端直和作品的諷諫抗爭意義。

---

39 《四部叢刊》本《楚辭》卷一《楚辭章句序》。

四、揚雄的文學觀

揚雄是漢代著名文學家，在文學領域，他既有創作實踐，又有理論闡述。他的文學觀是儒家正統的文學觀，他所提出的一些看法，對後世有一定影響。

在文學創作中，揚雄是以善寫辭賦而著稱的。他一度非常崇拜司馬相如，並模仿司馬相如從事大賦創作。後來思想有了很大轉變，對辭賦創作進行了理論總結。他認為，賦的作用在於諷喻、勸誡，「揚雄以為靡麗之賦，勸百而風一，猶騁鄭、衛之聲，曲終而奏雅，不已戲乎」[40]。《法言·吾子》也表示了類似的看法，「或曰：賦可以諷乎？曰：諷乎！諷則已；不已，吾恐不免於勸也」。揚雄從儒家傳統的重教化的思想出發，強調辭賦的諷喻、勸誡功能，正體現出他一貫堅守的儒家正統文學思想。

但是，揚雄還認為，賦的諷喻作用是很有限的，它所僅有的干預社會生活的內容，也被淹沒在閎侈巨衍的麗靡之辭中。「雄以為賦者，將以風也，必推類而言，極麗靡之辭，閎侈巨衍，競於使人不能加也。既乃歸之於正，然覽者已過矣。往時武帝好神仙，相如上《大人賦》，欲以風，帝反縹縹有陵雲之志。由是言之，賦勸而不止，明矣。又頗似俳優淳於髡、優孟之徒，非法度所存，賢人君子詩賦之正也。於是輟而不為。」[41]鋪陳事物，雕繪辭采，是漢賦的藝術特徵。正因為此，儘管作者寓有諷喻之義，而讀者則往往買櫝還珠，所欣賞的只是它侈麗宏衍的辭藻。華麗的形式掩蓋了內容，欲諷反諛成了漢代散體大賦的通病。揚雄從事過辭賦創作，對辭賦在發展中所形成的這一缺點認識極深，在進行了一番分析評論之後，毅然決定「輟而不為」，宣告了散體大賦生命力的終結。

除了對賦提出自己的看法外，揚雄還提出了「宗經」、「徵聖」、「明道」的文學觀。

40　《漢書·司馬相如傳贊》。
41　《漢書·揚雄傳》。

揚雄認為，「書不經，非書也；言不經，非言也。言書不經，多多贅矣」[42]，一切以經書為最高典範。他所謂的「詩人之賦麗以則」，「則」就是合乎儒家經書的標準。揚雄不反對辭采，但反對以「淫辭之涵法度」，他認為「事辭稱則經」[43]。這就是所謂的「宗經」。

揚雄還認為，「好書而不要諸仲尼，書肆也；好說而不要諸仲尼，說鈴也」，要想明辨是非，分清「雅」與「鄭」、「則」與「淫」，則「眾言淆亂，必折諸聖」[44]。這就是所謂「征聖」。

揚雄還發揮孔子「有德者必有言」的見解[45]，提出「足言足容，德之藻也」[46]，「君子言則成文，動則成德⋯⋯以其彌中而彪外也」[47]。這些看法實際上就是文以載道、文道合一的先聲。也就是所謂的「明道」。

揚雄在文學上還主張摹古，主張用艱深文句。他本人即是模擬前人的高手：《太玄》仿《易》而作；《法言》仿《論語》而作；《訓纂》仿《倉頡》而作；賦則仿司馬相如而作，等等。他的這一見解與主張顯然是受了經學界墨守家法師法風氣的影響。對於這樣的文學見解，後人不同意者很多。

五、王充的文學主張

王充的《論衡》在文學發展史上占有比較重要的地位，它雖然不是一部文學理論專著，但王充在《論衡》這部書中，高舉「疾虛妄」的大旗，尖銳地批判了當時「華而不實，偽而不真」的文風，提出了很多進步的文學主張。

---

42 揚雄：《法言·問神》。
43 揚雄：《法言·吾子》。
44 同上。
45 《論語·憲問》。
46 揚雄：《法言·吾子》。
47 同上。

王充首先論述了文學的實用價值，他認為文章必須有益於社會，有益於勸善懲惡，否則便是虛妄之文、無用之文。他說：「文人之筆，勸善懲惡也」，「文人文章，豈徒調墨弄筆，為美麗之觀哉？」[48]這顯然是針對當時思想專制條件下文壇一片虛美空言而發的。王充還通過對聖賢之文的分析，指出「賢聖之興文也，起事不空為，因因不妄作；作有益於化，化有補於正」，「聖人作經藝者傳記，匡濟薄俗，驅民使之歸實誠也」[49]。聖賢之文是人們為文的榜樣，故而所有的文學作品必須以實用為指歸。從這一點出發，王充還認為評價作品的價值應當以是否有用為標準，而不是以數量多寡為標準。他說：「為世用者，百篇無害，不為用者，一章無補。如皆為用，則多者為上，少者為下。」[50]這種見解在虛妄充斥、美言遍地的時代，無疑是有意義的。

　　重視內容與形式的統一，強調內容的重要，是王充又一重要的文學主張，他是極力反對「華而不實，偽而不真」的文風的。對於那種編造內容、堆砌辭藻、沒有真情的文章，他是極力抨擊的：「《論衡》之造也，起眾書並失實，虛妄之言勝真美也。故虛妄之語不黜，則華文不見息；華文放流，則事實不見用。故《論衡》者，所以銓輕重之言，立真偽之平，非苟調文飾辭，為奇偉之觀也。」[51]王充還認為，文學的誇張描寫應使事物的本質方面更加突出，更加鮮明，所謂「增過其實，皆有事為，不妄亂誤，以少為多也」，而不是歪曲事實，使之「失實離本」[52]。從重內容的觀點出發，王充對流行當時的賦體文學給予了批判。辭賦所具有的「缺乏內容」、「辭藻虛美」、「類比因襲」、「文字艱深」等缺點，都是王充所反對的。他認為賦體文學「文麗而務巨，言眇而趨深，然而不能處定是非，辯然否之實。雖文如錦繡，深如河漢，民不覺知是非之分，無益於彌為崇實之化」[53]。賦體文學「深覆典雅，指意難覩」[54]，形式掩蓋了內容，是不足取的。

---

48 王充：《論衡・佚文》。
49 王充：《論衡・對作》。
50 王充：《論衡・自紀》。
51 王充：《論衡・對作》。
52 王充：《論衡・藝增》。
53 王充：《論衡・定賢》。
54 王充：《論衡・自紀》。

從重實用、重內容的角度出發，王充論述了內容與形式的關係，他在《論衡·超奇》中說：

　　有根株於下，有榮葉於上；有實核於內，有皮殼於外。文墨辭說，士之榮葉皮殼也。實誠在胸臆，文墨著竹帛，外內表裡，自相副稱。意奮而筆縱，故文見而實露也。人之有文也，猶禽之有毛也。毛有五色，皆生於體。苟有文無實，是則五色之禽，毛妄生也。

　　所謂「外內表裡，自相副稱」，就是講內容與形式必須相符。所謂「意奮而筆縱，文見而實露」，也就是思想與藝術必須統一。在他看來，完美的藝術形式，必須建立在真實的內容上，才能顯出它的真美。正如五色的羽毛，是生長在禽鳥的血肉之中的。

　　王充還重創新，反模擬。東漢時期，文壇模擬之風大盛。揚雄是模擬復古的大師自不待言，王褒、劉向、王逸等人的騷體作品大量模仿屈原的《九章》，班固、張衡等人則又模仿司馬相如、揚雄。至於模仿枚乘《七發》的人更是多不勝舉。流風所激，有不少人攻擊王充的《論衡》「不類前人」，認為「文不與前相似，安得名佳好，稱工巧」？針對這種情況，王充毅然站出來，提出反對模擬，重視創新的文學主張，他在《論衡·自紀》中說：

　　飾貌以強類者失形，調辭以務似者失情。……文士之務，各有所從，或調辭以巧文，或辯偽以實事。必謀慮有合，文辭相襲，是則五帝不異事，三王不殊業也。美色不同面，皆佳於目；悲音不共聲，皆快於耳。酒醴異氣，飲之皆醉；百穀殊味，食之皆飽。謂文當與前合，是謂舜眉當復八采，禹目當復重瞳。

　　這就是說，文學創作要有個性，不能傍人門戶，一味因襲。文學和時代是相連的，時代發展了，文學的內容和形式必然也要發展。王充用發展的眼光批判復古模擬之風，是有進步意義的。

　　由反對文學中的模擬，王充又進一步批判了彌漫於當時社會中的是古非今之風，他說：「夫俗好珍古不貴今，謂今之文不如古書。夫古今一也，才有高下，言有是非，不論善惡而徒貴古，是謂古人賢今人也。……蓋才有淺深，無有古

今；文有偽真，無有故新。」[55]是古非今是俗儒在儒學神學化思想影響下的一種普遍看法。這種思想滲透到社會思想的各個領域。王充以反對文學中的模擬為突破口，全面地抨擊了這種倒退的學風和世風，是有進步意義的。

從文學切合實用的角度出發，王充強調文學語言應該通俗，應與口語相一致。他認為「文猶語也」，語言的目的在於「明志」。「言恐滅遺，故著之文字。」語言貴明白通俗，「務解分而可聽，不務深迂而難睹」，因此必須「文字與言同趨」，文章要「形露易觀」，「欲其易曉而難為，不貴難知而易造」。只有這樣，才能使作品發揮「欲悟俗人」的功能。王充還從歷史上駁斥了「賢聖之材鴻，故其文語與俗不通」的謬論，他認為言文本來合一，「經傳之文，賢聖之語，古今言殊，四方談異也；當言事時，非務難知，使指閉隱也。後人不曉，世相離遠，此名曰語異，不名曰材鴻。」[56]這一論點，為後來《史通·言語篇》所發展。

王充主張言文合一，用俗語入文，和揚雄主張文字古奧艱深是直接對立的，也是對喜用艱澀生僻詞句的辭賦作品的批判。王充不僅在理論上主張文章要寫得樸實、淺顯，而且在實踐中也貫徹了這一思想，他的《論衡》「直露其文，集以俗言」，為後世人們從事創作樹立了光輝榜樣。

文章是作者撰寫的，評論文章必然會牽涉到文章的作者。王充在進行文學批評時，也提出了品評作者的標準問題。王充認為，品評作者的高下不能以讀書多少作標準，而應看他是否「博通能用」。當漢代經學盛行，「皓首窮經」成為一種風氣，不少人一輩子在書堆裡鑽牛角尖，以「明經」相標榜時，王充一反流俗，提出「貴其能用」的主張，不啻為一聲驚雷。他指斥那些儒生讀書千卷無以致用，不過是「鸚鵡能言之類」[57]，有如「入山見木，長短無所不知；入野見草，大小無所不識；然而不能伐木以作室屋，採草以和方藥；此知草木所不能用也」。他認為，真正的鴻儒與之不同，他們觀讀書傳之文是為了「抽列古今」，

---

55 王充：《論衡·案書》。
56 王充：《論衡·自紀》。
57 王充：《論衡·超奇》。

「紀著行事」，有益於「治道政務」[58]。王充這種崇實尚用的觀點雖然是針對論說文、史傳文而發的，但他把屈原這樣的辭賦家也包括在超奇之士中，給予了高度評價，說明他的這一觀點是適用於整個文學的。在文學發展史上，具有積極意義。

在文章作者的修養問題上，王充認為不能光在外在的「文」上下工夫，主要還要充實內在的「實」，也就是「才智」和「實誠」。「才智」是解決實際問題的能力，「實誠」是內在的真情實感。王充十分重視作者的感情對創作的作用。「精誠由中，故其文語感動人深」，才能「奪於肝心」[59]。這種看法對於文學創作和理論有著較大的影響。後來劉勰主張「為情而造文」，反對「為文而造情」，就是這一觀點的進一步發揮。

在評價作者問題上，王充反對崇古非今的傾向，提出不以時代作區分，而以「優者為高，明者為上」。他不僅批判崇古非今，而且把後世超過前代，看成理所當然。「盧宅始成，桑麻才有。居之歷歲，子孫相續。桃李梅杏，奄丘蔽野。根莖眾多，則華葉繁茂。」[60]王充用這種生動的例子說明，經驗需要時間積累，文章應該今勝於昔。這在一定程度上指出了文章創作的歷史繼承關係，為較準確地評價當代作家提供了一定的理論根據。

王充是一位唯物主義思想家，他在提出自己的文學主張時，往往是從思想家的角度考慮問題的，加上他所論述的文學是一種泛文學的概念，《論衡》的主旨又是「疾虛妄，歸實誠」，故而他對文學藝術的特點認識尚不夠，有時對許多複雜的文學現象作了不正確的解釋。例如他把一些神話傳說也歸為「虛妄」，像《淮南子》中記載的共工怒觸不周山、羿射九日等故事，他也認為「浮妄虛偽，沒奪正是」[61]。這就把神話與迷信混為一談了。他還把文學中的一些誇張手法也歸為「虛妄」，例如傳說楚國的養由基能百發百中地射中楊葉，荊軻以匕首擲秦

---

58 同上。
59 同上。
60 同上。
61 王充：《論衡‧對作》。

王中銅柱入尺，他都認為不合事實，在《儒增》篇中反覆論辯。這些地方雖也表現了唯物主義思想家求實的科學態度，但卻顯得過於膠柱鼓瑟了。

總之，王充的文學思想具有很強的戰鬥性。雖然在論述文學問題時有失之偏頗之處，但瑕不掩瑜，他在文學上的許多精闢論斷都對後世產生了很大影響，在文學批評史上起過轉變學風的重要作用。

第十二章

多姿多彩的
藝術天地

秦漢是中國藝術繁榮昌盛的時期。這一時期的藝術具有恢弘博大的氣象。縱向上有對先秦藝術的繼承和發展，橫向上吸收周邊各民族及域外的藝術成就，程度不同地融匯到自身的藝術創造中，產生了多姿多彩的藝術品種。

秦漢美術領域，出現了建築、雕塑、繪畫、書法、工藝美術共同發展的趨勢，這些藝術品種都取得了輝煌成就。從建築上看，秦漢建築雄偉壯麗，統治者不惜民力，在全國建造了數以百計的離宮別館。巍峨的萬里長城，壯觀的阿房宮，富麗闊大的未央宮、建章宮和上林苑以及規模宏大、氣勢不凡的長安城和洛陽城，都代表了這一時

期建築藝術的水準。而且，這一時期還基本確定了具有中國特色建築的一整套藝術表現手法和構圖原則。從雕塑上看，秦漢雕塑奔放有力，雄渾質樸，氣勢宏闊。威武雄壯的秦陵兵馬俑群，雄渾質樸的霍去病墓石雕群，寫實又浪漫的銅奔馬，堪稱雕塑世界的典範。秦漢繪畫異彩紛呈，出現了壁畫、帛畫、木版畫、漆畫、畫像石磚等多種形式。不僅用寫實的手法表現了富有浪漫色彩的內容，帶有楚文化的印痕，而且還大量表現了當時的現實生活；不僅技法精湛，藝術水準高，而且還具有很高的史料價值。秦漢書法處在多種書體風格出現初期的探索階段，成就最大的是小篆和隸書。秦漢時期的工藝美術實用化傾向加強，充分體現了實用與美的統一。精巧的銅燈和銅鏡、銅爐，色彩斑斕的漆器，薄如蟬翼的紗衣，光潔明亮的青瓷，圓潤可愛的玉雕，都標誌著這一時期工藝美術的成就。同時，邊疆各族藝術匠師也為秦漢工藝美術增添了奪目的光彩，雲南滇人的青銅儲貝器，北方匈奴族的金銅飾牌等，都是藝術精品。

秦漢還是音樂舞蹈、角抵百戲大發展的高潮期，體現了縱橫吸收、匯融發展的氣度與風格。在立足於先秦樂舞遺產中古樸意味和浪漫飄逸的楚聲楚舞的基礎上，將中原和四夷、外域和中國的樂舞百戲彙集、融合為一體，創造了前所未有的藝術成就。

秦漢多姿多彩的藝術發展是和這個時代的精神和氣度緊密相關的。強盛皇朝所具有的宏大氣魄及去古未遠的時代條件，使這一時期的藝術具有質樸、雄渾、壯麗、偉岸的特點。吸納百川的開放精神，又使這一時期的藝術能融通中外，互為借鑒。儒學的宗教化，讖緯神學的興起，厚葬之風的流行，反映在藝術上，又使羽化升仙，祥瑞迷信的內容占了很大的比重。但現實生活中的衣食住行、勞作娛樂，又使這一時期的藝術帶有一定理性色彩。總之，秦漢藝術既有宣揚一統、弘揚強盛的主線，又有多種風格的相容。

第一節 ·

繪畫和書法

一、繪畫

　　和先秦繪畫藝術相比，秦漢繪畫有了長足發展，題材眾多，內容豐富，在構圖、線描造型、形象刻畫、表現手法以及色彩運用上都取得了引人注目的成就，體現出楚漢文化的浪漫色彩。

　　秦漢繪畫包括壁畫、帛畫、木簡畫和木版畫以及繪在漆器上的漆畫等幾種形式。

　　壁畫是秦漢繪畫最基本的形式，它包括宮殿壁畫和墓葬壁畫兩大類。秦代沿襲了周以來宮殿廟堂繪製精美壁畫的傳統，「每破諸侯，寫放其宮室，作之咸陽北阪上」[1]，將六國不同風格的壁畫技藝薈萃於咸陽，促進了壁畫藝術的交流和發展。繼而興建的阿房宮，其中的壁畫之精美浩大，自然可想而知。只可惜秦二世而亡，宮殿毀於兵火，其繪畫資料，存留於世的也就極少極少了，我們只能通過考古資料來窺測強盛秦皇朝的繪畫水準。二十世紀七〇年代中後期，在秦故都

1　《史記 · 秦始皇本紀》。

咸陽進行過幾次大面積發掘，在第一號宮殿建築遺址及第三號宮殿建築遺址中發現了大批建築壁畫的殘跡。秦宮一號遺址上「壁畫五彩繽紛，鮮豔奪目，規整而又多樣化，風格雄健，具有相當高的造詣，顯示了秦文化的藝術特點。壁畫顏色有黑、赭、黃、大紅、朱紅、石青、石綠等。以黑色比例為大」[2]，反映了秦「尚黑」的社會觀念。秦宮三號遺址的壁畫畫面保存較多，藝術價值和歷史價值很高，這是一組長卷式壁畫，內容包括車馬出行圖、儀仗圖、建築圖和植物圖等[3]，形象刻畫簡潔生動，以線描為主，運筆流暢，著色富於變化，風格瑰麗豪放，其人物形象稍嫌粗獷稚拙，但總體氣勢頗為煊赫壯觀。秦咸陽宮發現的這些壁畫，僅是廊道的裝飾，而不是主要宮殿的壁畫，從題材到技法都還不足以代表秦代壁畫的最高水準，但僅就此而論，已足以讓後人仰慕了。

漢代宮殿壁畫十分興盛，目前地面上的遺跡多已不存，我們只能從文獻記載中略知一二。文帝時，未央宮承明殿上，畫了屈軼草、進善旌、誹謗木、敢諫鼓之類。武帝時，甘泉宮臺室四壁畫天、地、泰一的神仙群像。漢宣帝時，將輔國有功的大臣霍光、張安世、趙充國、蘇武等十一人的圖像繪於麒麟閣。東漢明帝年間，為追感前世功臣，乃圖畫中興「二十八將」於洛陽南宮雲臺。帝王於宮殿之中命人繪製這些壁畫，政治目的十分明確，均在於揚善抑惡，號召人們忠於皇室朝廷。同時也推動了人物肖像畫藝術水準的提高。

除此之外，諸侯宮室、各地州郡府堂、學校、寺院等也都有壁畫產生。王延壽的《魯靈光殿賦》描繪了魯恭王劉餘所建靈光殿壁畫的燦爛輝煌：「圖畫天地，品類群生，雜物奇怪，山神海靈，寫載其狀，托之丹青，千變萬化，事各繆形，隨色象類，曲得其情。」壁上不僅描繪了千變萬化的事物，還包括自遠古以來的歷史人物，如九頭的人皇，半蛇半人的伏羲、女媧以及黃帝、堯、舜、夏商周三代的君主，還有忠臣孝子、烈士貞女等。一方面有嚴肅的禮教內容，另一方面又有靈異的神話形象，很清楚地反映出楚文化中繪畫藝術對漢畫的影響。另有一些諸侯王則按自己的喜好繪製壁畫，如廣川王劉海陽在宮室內畫有男女交媾的

2　《秦都咸陽第一號宮殿建築遺址簡報》，《文物》，1976 年第 11 期。
3　《秦都咸陽第三號宮殿建築遺址發掘簡報》，《考古與文物》，1980 年第 2 期。

裸體畫[4]，反映了漢代王公貴族中淫蕩猥褻之風盛行。州郡府堂壁畫的內容主要是該地歷任地方官，目的是「明其品德，以資鑒戒」[5]。學堂內則主要繪製孔子及七十二弟子像，有的加上三皇五帝、三代君臣等。佛教自東漢傳入中國後，寺院中就有壁畫出現，內容不外佛教人物等。

由於缺乏實物資料，現在只能從文獻記載中窺見漢代宮殿壁畫的題材特徵，但不能很好了解其技法和藝術風格。可是，漢代墓葬壁畫的發掘出土，卻為我們了解這些內容提供了印證。

從二十世紀二〇年代至今，發現了大量的漢代墓葬壁畫，其中見諸正式報導的就達三十餘處。它們分布在北到遼寧、內蒙古，南達長江流域，東至山東，西達甘肅的廣大地區內，時間涵蓋兩漢，內容極為豐富。有的表現貴族生活方式，較常見的有顯示墓主人生前顯赫生活的出行圖、飲宴百戲圖、庖廚圖等；有的宣揚歷史人物的事蹟，較常見的有賢君名臣、貞婦烈女、孝子賢孫等；有的表現天界神仙鬼怪；有的則反映人民群眾的一般生活，如勞作場面等。

從藝術表現上看，漢代墓葬壁畫已能深入揭示人物的精神狀態，將人物內心世界表現出來。技法上則有勾勒平塗，有設骨法。線條有粗有細，用筆已有剛勁柔婉的區別。著色上有濃淡的渲染。我們不妨以具有藝術代表性的洛陽卜千秋墓壁畫和內蒙古和林格爾墓壁畫為例來窺測一下兩漢墓葬壁畫的技法和藝術風格。

洛陽蔔千秋墓壁畫的製作年代大約在西漢昭帝、宣帝之世，壁畫向人們展示了一個典型的驅邪升仙的主題。墓牆後壁上部正中繪有一個豬頭怪人，這就是驅邪打鬼的「方相氏」，其下繪青龍、白虎，墓頂為一長卷式畫面，自東向西依次畫彩雲，人身蛇尾的女媧，內有蟾蜍與桂樹的滿月，手持節、身披羽衣的方士，交纏賓士的雙龍，身似羊而梟首張翅的梟羊，鷹頭鳳尾、展翅飛翔的朱雀，昂頭翹尾奔跑的白虎，頭綰雙髻、面向墓主、拱手下跪作迎接狀的仙女，其側還有口內含草的仙兔；乘三頭烏、捧三足烏、閉目飛升的女主人和乘騰蛇持弓、閉目飛

4　《漢書·廣川王傳》。
5　《後漢書·郡國志注》。

升的男主人則畫在中間。其後有奔犬與蟾蜍。在西是蛇頭雙耳雙鰭的黃蛇。墓門內的上額，則畫著仙人王子喬。[6]從藝術表現來看，線描勾勒粗放、自由、有力。雖然畫中人物平靜安詳，但由於披肩、袖口以及鬚髮的線條流暢、灑脫，故而增強了整個畫面的翹舉飛揚之勢。設色雖只有朱紅、淡赭、淺紫和石綠，但整個畫面不顯單調。可以看出，畫面內容雖為驅邪升仙，但其作風卻是一種粗獷、奔放、自由生動的寫實主義手法，給人的感覺是新穎向上的，而不是陰森灰頹的。

內蒙古和林格爾漢墓壁畫是東漢晚期的作品，全墓壁畫有四十六組，五十七個畫面，內容極為豐富，是迄今所見漢墓壁畫中圖幅和榜題保存最多的一處。壁畫主要表現了墓主人的仕宦升遷等生活，由「舉孝廉時」起，止於「使持節護烏桓校尉」，畫面上出現了墓主人所經歷的繁陽、寧城、離石、武城等府縣城市；畫有官署、幕府、塢壁、莊園、門闕、樓閣等各種建築；有侍從之威儀；有出行之儀仗車騎；有飲宴百戲、迎賓庖廚等場面；有農耕放牧、蠶桑漁獵等圖景。有表現儒家思想的題材，如古聖先賢、豪傑義俠、孝子志士、良母賢妻等歷史故事；有顯示道家思想的內容，如死後升仙、天國之羽人、奇禽異獸和各種祥瑞等等。還有「仙人乘白象」的佛教故事。總之，這一墳墓的壁畫內容極廣，是研究後漢晚期政治、經濟、軍事、宗教、思想、文物制度、現實生活等方面之極有價值的資料。[7]

就藝術形式來說，壁畫中渲染、賦彩的技法很高。線條輕重轉折，頓挫婉轉，伸曲自如。尤其是對馬、駒的線條描畫，剛柔兼到，變化多樣。在刻畫人物方面，已恰如其分地表現了男女、主僕不同人物的身分和姿態，並能於細微之處表現人物個性。而且，壁畫作者對於宏大場面的處理尤見功力。「使持節護烏桓校尉車馬出行圖」場面宏偉，主題突出，畫中繪有十乘車、一百二十九匹馬、一百二十八名文武官員及僕從。畫的中部，烏桓校尉安坐主車上，車前後人馬簇

6　《洛陽卜千秋壁畫墓發掘簡報》，《文物》，1977 年第 6 期。孫作雲：《洛陽前漢卜千秋墓壁畫考釋》，《文物》，1977 年第 6 期。
7　《和林格爾發現一座重要的東漢壁畫墓》，《文物》，1974 年第 1 期。

擁，浩浩蕩蕩。整個畫面氣韻生動，運策遒勁自如，主車醒目突出，構圖嚴謹，層次分明。車騎人物採用概括寫意形式，勾線流暢，運筆轉折多變，以有限的篇幅，活現了二千多年前官僚出行的盛況。

車馬出行壁畫

漢代除宮殿、墓葬壁畫外，還有另外一種重要繪畫形式——帛畫。帛畫是畫在絹帛等織品上的圖畫，因作畫方便、可以移動傳看，故而大受統治者青睞。據兩《漢書》及唐人張彥遠的《歷代名畫記》所載，兩漢時期帛畫數量浩大，內容豐富。只可惜天長日久，絹帛容易毀壞，再加上天災人禍，我們現在所看到的漢代帛畫，只能是出自漢墓的「非衣」、「銘旌」之類的隨葬品了。

二十世紀七〇年代中前期，先後在湖南長沙馬王堆漢墓及山東銀雀山漢墓出土了幾幅帛畫「非衣」。「非衣」是人死後繪製的「旌幡」，埋葬時蓋在主棺上殉

葬。這幾幅帛畫都是西漢前期的作品，在內容與風格上也頗為相似，反映了大漢帝國的初期，大一統就已滲透到包括繪畫在內的各個領域。

馬王堆一號漢墓出土的「╤」形帛畫「非衣」是漢代帛畫創作的代表。該畫長二百零五釐米，上寬九十二釐米，下寬四十七點五釐米。分天上、人間、地下三部分。上部代表天上，右上角畫一輪紅日，中有金烏，日下為盤纏的扶桑樹，樹葉間有八輪小型紅日。左上角為一彎月，月上有玉兔和蟾蜍，日月之間為女媧，女媧人首蛇身，披長髮，著藍衣，雙手抄於袖中，面左而坐，蛇身纏繞蟠踞，肅穆端莊。女媧兩側有仙鶴五隻昂立。日月之下各有一吐舌巨龍，左側有翼，為應龍。月下有女子輕盈而上，象徵墓主升天。兩龍之間有兩鶴飛翔。下懸一鐸，兩位獸首人身的司鐸騎異獸，手牽繩，似在振鐸作響。鐸下畫天門，門闕上伏一豹，門闕內兩守門神拱手對坐。這就是漢人想像中的天國景象。帛畫中部代表人間，畫面正中是一位體態雍容的老婦人，身著彩衣，拄杖緩行，這大約是墓主人。身後有三位侍女隨行，身前有兩個跪迎的侍者。他們六人均立

漢墓出土「╤」形帛畫

於長壇之上。他們上方繪有由花紋、鳥紋組成的三角形華蓋，華蓋下方為一展翅鴟鴞，兩側則繪有瑞禽、祥雲等，構成一種向天界冉冉上升的氛圍。長壇由兩神豹托起，豹踩兩龍。兩龍龍身交匯一圓孔中，圓璧下懸一磬，左右有流蘇，流蘇上有羽人。懸磬下有一案桌，上置鼎、壺、杯、盤等祭器，案前有六人左右拱立，象徵墓主家屬在祭祀。其下便是地下，一赤裸「地祇」雙手托起象徵大地的平板，下方有蛇及兩條交頸大魚，兩側有大龜、鴟鴞等神異動物，是想像中的地下世界。整個畫面構圖詭異，足以代表漢人冥想中的宇宙。

這幅帛畫畫藝精絕，對老婦人的刻畫極為成功，其肥胖前傾的身姿、高傲的神情、雍容華貴的氣質，畢現於帛上。構圖上，既對稱統一，又富於變化，且有一種靈動的上升感。線條運用更是純熟，勻細剛勁，以長線條傳達服飾綢緞柔軟的質感，用渾厚質樸的粗線描繪動物和器物，穩重凝煉。在設色上，多用朱紅、土紅等，濃筆重彩，詭異絢爛。體現了漢代楚漢文化交匯在人們頭腦中形成的神秘詭異的浪漫奇想。

與壁畫、帛畫相比，漢代木版畫和木簡畫的成就稍遜一些。近年來在甘肅居延、武威，江蘇邗江等地均有木版畫和木簡畫出土。甘肅居延、武威出土的木版畫、木簡畫，畫面簡潔，以墨線勾勒，技法稚拙。[8] 江蘇邗江出土的木版畫在技法上要成熟一些，畫面也較複雜，人物形象刻畫較為生動。[9] 有的學者認為，壁畫、帛畫的作者可能是專業的畫師或畫工，而木版畫和木簡畫則不盡然，故而在描繪人物、車馬、鳥獸時，用筆稚拙，形體比例欠準確，作風古樸粗放，另有一種淳樸清新的美感。

秦漢時期，漆器工藝發達，繪製在這些漆器上起裝飾作用的漆畫也相應得到發展。近五十年來，長江流域、黃河兩岸，以及蒙古人民共和國、朝鮮等地都發現了大批秦漢漆器，其中有不少精美的漆畫藝術，代表了秦漢漆畫的水準。

秦漢漆畫的題材大致有兩類，一類以人物和動物為

馬王堆漆棺

8　《河西出土的漢晉繪畫簡述》，《文物》，1978 年第 6 期。

9　《揚州邗江縣胡場漢墓》，《文物》，1980 年第 3 期。

主，或展示人間生活場景，或構成奇妙的裝飾圖案。如湖北省出土的秦代漆盂、漆梳篦等，前者繪一鳥兩魚，連續縈纏，線條流利，逼真生動。後者在梳篦兩面繪有圖畫，有歌舞、宴飲、角抵、送別等場景，線條簡練流暢，人物婉約多姿，構圖明快。再如在朝鮮平壤南井里（東漢屬樂浪郡）出土的竹編彩篋上的漆畫，繪有黃帝、紂王、吳王、越王、西施等歷史人物以及丁蘭、刑渠等孝子故事，人物多達九十四位。這些人物全都坐在地板上，但毫不單調，富有動感，人物服飾、年齡刻畫各異，神態生動。特別是在黑漆地上繪以朱、赤、黃、綠、褐等顏色，絢麗異常。另一類則是表現迷信內容的，有濃重的神秘色彩，主要繪製在棺槨上。如長沙馬王堆一號漢墓出土的彩繪漆棺畫，遍繪流暢多變的雲紋，在雲氣纏繞中有許多姿態生動的神怪和禽獸，他們或執盾握劍，或操弓射鳥，或舉矛刺牛，或吹竽彈琴，或與仙人共舞，形態各異，變化萬端，畫法瀟灑生動，用線奔放，富有想像力，表現了驅邪升天的主題，與前述帛畫中引魂升天的內容正相一致，體現了兩漢人們希望長生不老、靈魂升天的觀念。

二、書法與碑刻

在中國，繪畫與書法是不能分開的一對藝術姐妹，中國的文字不僅作為記錄語言的符號，還作為一門藝術而存在。人們在寫字時通過筆毫表達自己的心緒情感、審美意識，從而構成了獨具特色的、極為抽象的書法藝術。

秦漢時期，中國文字書體變化多端，形制複雜，是書法發展史上的重要階段。秦統一以前，各國文字形體不一，影響了正常的文化交流。秦統一中國後，推行「書同文」制度，規定以小篆作為標準字體。小篆多用曲筆，柔和圓勻，有渾厚之氣。秦代刻石多為小篆，尤其是《泰山刻石》、《琅玡刻石》，代表了秦篆的水準。除標準小篆外，秦人在日常交流中還使用一種書寫較為草率的篆書，這種篆書體方筆直，已接近隸書，故稱秦隸。秦代權量、詔版上的銘文，竹木簡上的文字，大都是秦隸。一九七五年湖北雲夢睡虎地秦墓中出土的一千一百餘枚墨書竹簡，書體即為典型秦隸，結體偏方，字體厚重，飽滿，多用波磔挑筆，起筆

重，收筆出鋒，已是隸書的寫法。秦代還誕生了一批著名書法家，如李斯、程邈、胡毋敬、趙高等。

西漢時，在書法上除仍然沿襲秦代的傳統，於秦篆基礎上創造一種漢篆外，最主要的是漢隸的發展。漢初，隸書受秦隸影響很大，風格古樸，被稱為古

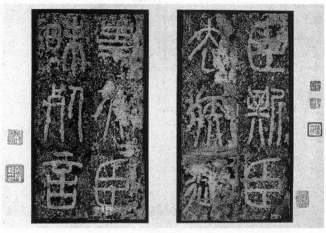

泰山刻石

隸。西漢晚期，漢隸正式形成，結體扁方，帶波挑、波磔。西漢隸書在一些碑刻、繪帛、簡牘上均有發現，像著名的《五鳳刻石》、《萊子侯刻石》，字體蒼勁簡質，有很高的審美價值。

東漢是書法藝術走向繁榮的時期，這一時期，除隸書繼續發展並風行一時外，篆、草、行、楷諸體也很齊備。

東漢刻碑立石之風甚盛，所謂「碑碣雲起」，即是明證。這些碑刻上的文字多為隸書，鐫刻相當精細，風格趨向華美。從文獻記載看，東漢刻石見於著錄、有案可稽的就有七百餘通，流傳至今的碑刻、拓片也有一百七十餘種。這些文字，有的刻於山崖，有的刻於碑版，除可補經史之闕，具有較高的史料價值外，還具有很高的審美價值。

這些碑版摩崖雖多為隸書寫成，但風格多樣，有的古樸厚重、筆力穩健，如《開通褒斜道刻石》、《裴岑紀功碑》、《西狹頌》、《郙閣頌》等；有的奔放不羈，奇縱恣肆，如《石門頌》、《楊淮表記》、《劉平國頌》等；有的典雅工整、法度謹嚴，如《熹平石經》、《華山廟碑》、《乙瑛碑》等。其中《熹平石經》刻於東漢熹平四年至光和六年（175-183 年），所刻為儒經內容，目的為了統一經書內部的分歧，讓士子觀摩學習。由於代表了官方意志，因此所用為標準隸書，集中體現了隸書法則，工整嚴肅，端莊穩重，筆法謹嚴。由於書法家蔡邕親自書寫了

一部分，故而大受世人寶重，「及其碑始立，其觀視及摹寫者，車乘日千餘兩，填塞街陌」[10]，真可謂盛況空前。有的飄逸秀麗、瘦勁剛健，如《曹全碑》、《禮器碑》等。

東漢碑刻眾多，其書法風格多姿多采，莫有同者，在中國書法史上占有重要地位。

就在隸書大發展的同時，篆書也在流行，只是影響不及隸書之大。這一時期還出現了幾種新的書體，即草書、行書、楷書。草書形成很早，從考古發掘看，秦代已有草書，篆書隸化向莊整方向發展是隸書，往草略方向發展就是草書。漢代草書稱章草或今草，《流沙墜簡》中《漢元帝永光二年簡》及《新莽殄滅簡》中都有章草墨蹟。《居延漢簡》、《武威漢代醫簡》中也有不少章草、今草的墨蹟。兩漢時代，行書、楷書的雛形也已出現，考古出土的《流沙墜簡》、《玉門官隧次行簡》、《居延漢簡》等的文字中行書比比皆是，而楷書筆意也已形成。

東漢末年，書法除有實用價值外，其作為一門藝術的地位也越來越高。漢靈帝時，設鴻都門學於洛陽，專習辭賦、繪畫、書法，對書法藝術的普及提高起了積極作用。

東漢時，還出現了許多著名書法家，如史游、曹喜、杜度、崔瑗、張芝、蔡邕、王次仲、劉德升、師宜昌、梁鵠等，並誕生了最初的書法理論著作。崔瑗的《草書勢》、趙壹的《非草書》、蔡邕的《筆論》、《九勢》等，對書法藝術進行了較早的探討總結。

三、畫像石與畫像磚

畫像石和畫像磚是秦漢時代最具典型性的藝術品，是中國古代文化的瑰寶。這是一種介於繪畫與雕塑之間的特殊的藝術表現形式。畫像石包括了雕刻與繪畫

10　《後漢書・蔡邕傳》。

兩種技法，先由畫工在石上描出圖案，再由石工沿畫稿雕鏤刻畫，最後再由畫工上色施彩。畫像磚的製作方法略有差別，它不是直接在磚面上刻畫圖形，而是先在木製模具上刻出圖畫印模，然後模印在磚坯上，再入窯燒製。因受制磚技術及磚面限制，畫像磚均小於畫像石，一般一塊磚模印一圖，畫面完整，內容各異。

　　畫像石與畫像磚主要用來砌製墓室和門闕、碑版等。現今發現的秦漢時代畫像石、磚數額巨大，分布在河南、山東、四川、鄂北、蘇北、皖北、陝北、晉西北、雲南等廣大地區內，尤以豫、魯、川分布最集中、最多。這些畫像石、磚絕大多數為東漢時期產品，反映出東漢時畫像藝術的繁榮鼎盛。

　　漢代畫像石、磚藝術如此興盛，是與漢人厚葬的風氣密切相關的。漢人迷信成仙升天，他們「謂死如生」[11]，故皇室貴族和官僚豪強死後，就把生時的一切享樂用具，都帶進墓裡，以繼生時之樂，於是「吏民慕效，寖以成俗」[12]。再加上漢代尊儒，提倡孝悌，死者子孫遂以厚葬相尚，以示孝悌。厚葬的表現形式之一，就是注重陵墓祠堂的裝飾。漢代畫像石、磚就在這種厚葬尚飾之風中產生、發展起來。

　　漢代畫像石、磚題材豐富多彩，有變幻莫測的神話世界，有英勇悲壯的歷史故事，有熱鬧非凡的現實生活。各種神龍仙怪、古聖先賢、節婦孝子等人物紛紛登場，各種車馬出行、庖廚飲宴、樂舞百戲、豐收納租等場面紛紛出現，向人們展現了一個五彩斑斕的世界，也映現出漢人對歷史與現實、神話與人間等等的思考與看法。

　　由於漢代畫像石、磚分布範圍較廣，故而在藝術上也出現了不同的風格。但就總體而言，這些畫像石、磚凝重優美、古樸豪放，疏於細部刻畫而優於大體大貌的展現，重動勢、重氣勢是這種藝術的共同特點。從這些石、磚上，我們感到了一種深沉雄大的氣魄和力量，領略到與後代受外來影響而形成的藝術風格迥然不同的沉雄之美。

11　王充：《論衡·薄葬》。
12　《漢書·成帝紀》。

（一）畫像石

畫像石出現於西漢晚期，東漢時達到鼎盛，東漢以後就不再流行了。據初步統計，全國現存傳世和出土的漢代畫像石總數約有一萬塊，主要分布在豫南鄂北、魯南蘇北、陝北晉西及四川四大區域內。從雕刻技法上看，有單線陰刻、減地平雕、沉雕等幾種形式，向人們展示了不同的藝術造型。從藝術風格上看，各地風格有異，魯南蘇北畫像石以質樸厚重見長，古風盈然；豫南畫像石以雄壯有力取勝，豪放潑辣；陝北晉西畫像石淳樸自然，簡練樸素；四川畫像石清新活潑，精巧俊爽。藝術家們通過這些不同風格的石刻畫，表現了天上人間的豐富生活，再現了氣魄深沉雄大的大漢風貌。

山東嘉祥武梁祠第一石《荊軻刺秦王》畫像石

畫像石除依靠高低凹凸的技法表現圖畫的內容外，更主要的還運用線條來展示內容。但由於材料和工具的限制，絕大多數畫像石還做不到惟妙惟肖地刻畫物像的細部。但漢代藝術家們能夠揚長避短，善於抓大體大貌，用簡練手法突出強烈誇張的動勢，以不事細節修飾的粗獷外形和誇張姿態造就了力量和動感，從而形成一種氣勢之美。如山東武氏祠畫像石中的《荊軻刺秦王》一圖，荊軻刺秦王不中，被人攔腰抱住，他雙臂勁舉，怒髮直豎，奮力擲出匕首，秦王繞柱疾走，

大驚失色，場面緊張激烈。秦舞陽嚇得仰面倒地，更加渲染了這種緊張的氣氛。匕首刺穿柱心並露出鋒尖，誇張地表現了荊軻孤注一擲的抗爭。這幅作品人物形態誇張，氣氛緊張，具有驚心動魄的藝術魅力。《荊軻刺秦王》具有貶斥秦王的含意，是漢代最流行的畫像石題材。

畫像石對運動狀態下各種動物的形象塑造更具藝術魅力。生死相抵的牛，行動如風的虎，千姿百態的馬，均雄健奔放，彷彿它們的體內孕育著無窮無盡的力量。即使那些靜態的形象，沉穩莊重之中也能使人感覺到那內在的力量和氣勢。

漢代畫像石在畫面內容選取上也頗有特色，歷史故事畫往往選取某一個情節加以表現，全域穩於局部，畫面簡潔清爽。而在表現宴飲、百戲、出行、狩獵、生產、戰爭等場面時，則往往塑造眾多的人物，畫面填滿，藉以渲染轟轟烈烈的熱鬧氣氛。如山東諸城畫像石中的庖廚圖，將打獵、捕魚、宰殺豬鴨、用轆轤打水等活動圍繞廚房烹調俱現於畫面，畫面充實熱烈，一幅繁忙的勞動景象。

（二）畫像磚

畫像磚是與畫像石媲美爭輝的秦漢藝術式樣。它的出現比畫像石要早，秦代已有大量的畫像磚作品出現。秦代畫像磚多用於裝飾宮殿府舍等地上建築。主要有大型空心磚和實心扁方磚兩類。從構圖上看，秦代畫像磚大部分為幾何圖形，極具裝飾性。但也有不少複雜圖形出現，如臨潼出土的一件狩獵紋空心磚，畫面表現拚命逃奔的奔鹿，緊追不捨的獵犬和躍馬彎弓的騎士，形象極為活潑。在秦都咸陽宮殿遺址中出土的龍紋磚和鳳紋磚，畫有單龍和雙龍、立鳳、卷鳳和水神騎鳳等，龍鳳刻線流暢，矯健生動，造型洗練，可以看出秦代工匠已具有相當的寫實水準。

西漢時期，畫像磚藝術繼續發展，出現了以青龍、白虎、朱雀、玄武「四神」圖案為主的紋樣。從考古發掘來看，「四神」圖案數量眾多，但構畫形態各不相同，富於變化，將龍、虎、雀、龜蛇的各種形態都表現了出來，極具裝飾性而又不呆板。西漢晚期，畫像磚的內容已趨豐富，如鄭州新通橋出土的空心磚畫

像，有樂舞圖、吹笛圖、獸戲圖、射獵圖、鬥雞圖、馴牛圖、東王公駕龍圖、玉兔搗藥圖、刺虎圖、射鳥圖等，構圖簡練，形象生動，線條剛勁，製作細緻，是研究漢代美術史的珍貴資料。

鹽場畫像磚

東漢時期，畫像磚藝術達到了一個新高峰。從製作技術上看，這一時期空心磚已逐步被實心磚所代替，製磚工藝簡便易行，西漢中期以後盛行的小印模臨時拼組圖畫的手法被逐漸摒棄，技法逐步提高。從內容題材上看，這一時期的畫像磚藝術已融匯了社會生活的方方面面，題材多樣，且向情節故事化發展。從分布區域看，已由中原地區擴展到政治經濟迅速發展的其他區域，如四川等地。河南、四川是東漢畫像磚藝術最為發達的地區，陝西、山東、江蘇、浙江等地也有發現，但不占主導地位。

東漢時期，河南畫像磚主要集中在南陽地區。從新野出土的《泗水撈鼎圖》、《虎牛角抵圖》、《迎駕拜謁圖》、《七盤舞圖》、《西王母·玉兔搗藥圖》、《神仙六博圖》、《獸鬥圖》以及唐河出土的《迎賓百戲圖》、淅川出土的《飲宴圖》、《狩獵圖》等來看，大多數為一模一磚，圖案完整，藝術形象質樸粗獷而生動，藝術風格與這一地區的畫像石頗為一致。[13]如新野出土的《泗水撈鼎圖》，橋上有車騎經過，左右各有三個赤膊力士合力搜索，索上懸一大鼎，橋下有兩隻小船和許多游魚，橋側還有表演百戲的場景。此磚從題材到手法與東漢畫像石中的泗水取鼎圖沒有什麼兩樣，畫面活潑生動，反映了畫像磚中的現實主義精神。

四川地區的畫像磚是東漢畫像藝術中的一朵奇葩。無論是題材還是技法，都較多地擺脫了中原地區傳統畫像磚的固有模式。就出土材料看，這些畫像磚皆為

---

13 吳曾德、閃修山：《淺談南陽畫像磚藝術》，《美術研究》，1982 年第 2 期。

實心磚，是鑲嵌於墓壁間作為壁畫裝飾用的。從內容題材上看，一般沒有那些大量描寫忠孝節義之類的歷史故事和大量的神話故事，只有少數的如西王母、女媧等圖像，絕大部分刻畫現實生活。除常見的車騎、儀衛、樓閣、庭院、樂舞、百戲、宴飲外，還出現了授經、考績，以及播種育秧、收割採穫、採蓮、採桑、弋射、行筏、釀酒、井鹽等生產場景。如成都揚子山出土的《鹽場畫像磚》，就再現了當時四川地區重要的工副業生產——井鹽的生產過程，圖中右下角有一鹽井，井上樹架，有四人成雙站於兩層架上，引繩提取鹽水，繩上有滑車，鹽水由梘筒流入右角五口大鍋內，灶口一人在燒火，其上有二人背柴。整個畫面為群山層層環繞，山中有禽獸與樹木以及射獵者點綴其間，生活氣息極為濃厚，將文獻記載中人們無法捕捉的景象展現在了我們面前。另外，成都出土的《弋射收穫畫像磚》，向人們展示了農民彎弓射獵、收穫莊稼的場景，成都西郊出土的《釀酒畫像磚》則又向人們展示了製酒的全過程，等等。這一幅幅風格古樸而清新的畫像，生動地再現了當地的生產活動和生活場景，它們不但是精湛的藝術品，而且具有極高的史料價值。在技法方面，和中原地區畫像磚粗獷雄勁的作風不同，而是堅實、勁利、潑辣自由，生動之中不乏細膩縝密，更富於寫實性，堪稱漢代畫像磚中的優秀之作。

平索戲車畫像磚

第二節 ·
建築與雕塑

一、建築與園林

建築和園林是綜合性藝術，是實用與美的統一。在藝術創造上，首先顯出秦漢大一統之威勢的，恐怕要算是這一時期的建築藝術和園林藝術了。

秦是中國建築藝術史上一個輝煌的時代，其建築以高、大、多取勝。據《史記》記載，秦在關中就建有三百所宮苑，關外所建宮苑竟多達四百餘所，離宮別館，連山跨谷，遙遙相望，氣象萬千。在這眾多離宮別館中，最有代表性的莫過於以都城咸陽為中心、橫跨渭水兩岸的六國宮殿、信宮、阿房宮等宮殿園林建築了。

六國宮殿建於渭水北岸咸陽北阪上。秦始皇在統一六國的過程中，「每破諸侯，寫放其宮室，作之咸陽北阪上，南臨渭，自雍門以東至涇、渭，殿屋複道周閣相屬」[14]，將各國宮室依其原樣匯建一處，形成高低綿延數十里的龐大建築群，不僅場面壯觀，而且也反映出只有在統一皇朝基礎上，才能使各國建築文化

---

14 《史記・秦始皇本紀》。

得以交流融匯，從而推動建築和文化的新發展。

秦國都城咸陽，始建於秦孝公時，位於渭水北岸，規模不大。秦始皇統一中國後，將都城向外拓展，直達渭水南岸。西元前二二〇年，在渭水南岸建信宮，名為極廟，象徵「天極」，作為咸陽各宮的中心。接著又建甘泉宮、咸陽新宮、興樂宮、長揚宮、梁山宮等宮殿。這些宮殿都有特別宏大的主殿及眾多次殿，外周有牆垣圍繞，四面闕門，有的宮苑內有「靈臺」、「臺閣」等高臺建築，可以登高望遠。各宮之間或通以甬道，或聯以複道，曲曲折折，壯觀非凡。

在建築宮殿的同時，秦始皇還修建了皇家園林 —— 上林苑、甘泉苑。這是我們所知道的最早的皇家園林。上林苑建在渭水之南，規模宏大。甘泉苑的情況不得而知。秦始皇三十五年（前 212 年），在上林苑中建造宮殿，其前殿就是著名的阿房宮。據史書記載，阿房宮「東西五百步、南北五十丈，上可以坐萬人，下可以建五丈旗，周馳為閣道，自殿直抵南山。表南山之顛以為闕。為複道，自阿房渡渭，屬之咸陽，以象天極閣道」[15]，這些建築群若全部完成，其壯觀是可以想見的。據此我們也可推知秦代皇家園林的宏大規模。

阿房宮遺跡

阿房宮是秦代建築的代表作，其遺址在今西安市西南古城村。土臺殘垣，已非昔日輝煌之面目，我們只能從杜牧的《阿房宮賦》中領略那種豪華之美、氣勢之美了。所謂「五步一樓，十步一閣，廊腰縵迴，簷牙高啄，各抱地勢，鉤心鬥角」，道盡千年建築藝術之風流。

---

15 《史記‧秦始皇本紀》。

總之，秦代宮殿建築數量眾多，規模宏偉，廣殿層臺，複道橫空，覆壓關中數百里原野，在中國建築史上是空前的壯舉。

　　秦代的宏偉建築，除這些宮殿園林外，還有始皇陵和長城。關於前者，早在始皇即位之初，就「穿治酈山」修建他的陵墓了。「始皇初即位，穿治酈山，及並天下，天下徒送詣七十餘萬人，穿三泉，下銅而致槨，宮觀百官奇器珍怪徙臧滿之。令匠作機弩矢，有所穿近者輒射之，以水銀為百川江河大海，機相灌輸，上具天文，下具地理。以人魚膏為燭。」[16]可見陵內布置之豪華與奇巧，讓人有一種機關算盡的感覺。如今，始皇陵遺址仍坐落在臨潼縣東的驪山北麓、渭河南岸。陵墓封土夯築而成，為覆斗型，下層東西寬三百四十五米，南北長三百五十米，層層內收，高四十三米。從考古普查與發掘的情況可知，陵園面積約八平方公里，有內外兩城，每城均有闕門。陵南枕驪山，如屏如障，北望渭河平原，極目蒼茫。這是中國歷史上規模最大的人工陵墓，其形制對後世帝王陵寢有很大影響。

　　萬里長城則是在統一六國後，由大將蒙恬役使三十萬徒夫，在戰國時秦、魏、齊、燕、趙等國的邊牆基礎上重新修築而成的，目的是為了防禦北方各族的入侵。秦長城由夯築而成，西起臨洮，東至遼東，綿延橫亙萬里，如逶迤騰越的巨龍，穿行在高山峻嶺、懸崖峭壁之上，規模之大，攝人心魄。這是中國建築史上，也是世界建築史上一件空前偉大的業績。

　　秦始皇大興土木，建宮殿、修陵

阿房宮建築構件

---

16 同上。

墓、築長城，固然取得了令人驚歎的成就，但卻給廣大百姓帶來了無以言表的沉重災難。廣大百姓終於忍無可忍，揭竿而起，推翻了秦皇朝。這些豪華的建築，也在戰火中毀滅殆盡了。我們現在只能從考古發掘的一些瓦當、殘磚、朽木中窺見這些裝飾豪華建築的一鱗半爪。

漢承秦制，其建築在秦代成就的基礎上又向前邁進了一大步，成為中國封建社會中各種建築及其形制的基本完成階段。

西漢建國甫畢，丞相蕭何就開始營建都城長安，「治未央宮，立東闕、北闕、前殿、武庫、大倉」，極盡壯麗之能事。當劉邦問蕭何為什麼建造如此豪華壯麗的宮殿時，蕭何回答：「天子以四海為家，非令壯麗亡以重威」[17]，這就充分說明了漢代統治者想儘量發揮建築藝術中壯麗豪華的一面，造成一種眾人仰視、高不可攀的精神威懾力量，用來恫嚇被統治階級，顯示作為帝王的絕對權威。漢初還建有長樂宮，該宮前殿龐大豪華，宮內還有臨華殿、溫室殿、長信殿、長秋殿、永壽殿和永寧殿，有鴻臺等，是漢代皇宮建築中的一所重要宮殿。

漢武帝時期，國力強盛，經濟繁榮，宮苑建築又掀起了熱潮。未央宮得到進一步擴建，據考古勘測，未央宮周長八千五百六十米，四面各有門。據《西京雜記》記載，未央宮有殿四十三所，池十三個，山六座，門九十五座，此外還有漸臺及凌室（貯冰）、織室等作坊，是一組龐大的建築群。

在擴建舊有宮殿的同時，漢武帝還興建了長安城內的桂宮、明光宮和城西的建章宮與上林苑。後者是一組龐大的園林建築群，是將宮殿與園林結合在一起的新型宮苑。據史書記載，漢代的上林苑是直接沿用了秦的上林苑來作為皇家園林。漢武帝時，大事擴建，首先建造了苑中之苑建章宮，據《史記·孝武本紀》，建章宮號稱「千門萬戶」。前殿高過未央宮。東有鳳闕，高二十餘丈。西有數十里虎圈。南面有玉堂等殿，並立有五十餘丈高的神明臺、井乾樓，之間有輦道相通。整個宮殿由眾多建築物組成，規模宏大，布局複雜，裝飾華麗，規格

---

17 《漢書·高帝紀》。

超過了未央宮。以建章宮為核心，廣長三百餘里的上林苑中建築了許多宮苑，據記載有十二苑門，三十六苑，十二宮，三十五觀。苑內養百獸，供天子春秋射獵。植奇花異草，名貴樹木，供天子觀賞。此時的上林苑已具有射獵、止宿、遊樂、休閒等多種功能。上林苑中還有許多大小不等的水域，如昆明池、鎬池、祀池、糜池、牛首池等。其中昆明池為人工開鑿，池上有龍首船，是帝后們遊樂的場所。在建章宮北面，還開鑿了太液池，這是一個碧波蕩漾的寬廣水域，與建章宮交相輝映，構成一幅美麗的風景畫。太液池中還堆有蓬萊、方丈、瀛洲三神山。這三座水中神山的出現，形成了後世皇家園林中被奉為經典，為歷代仿效的一池三山的皇家園林模式。上林苑大約存在了一百年，東漢遷都洛陽，此苑徹底廢棄。由於上林苑的影響，加上武帝的文治武功，上林苑的「上林」二字經常被用來作為皇家園林的代稱，其中的景物規劃，更是被後世刻意模仿，影響很大。

隨著一座座壯麗宮苑的建成，漢武帝對都城長安也不斷進行改修擴建，設八街、九陌、東西九市、三宮、九府、三廟和一百六十閭里，城內經緯相通，道路平直。長樂、未央二宮位靠南，桂宮位靠西，南城外有規模巨大的禮制建築群，西城外是建章宮和上林苑，城牆基本上已趨正方，頗有方矩穩重之美。其形制與布局也基本上為後來各封建皇朝所承襲。

從《三輔黃圖》、《西京賦》、《三秦記》、《西京雜記》等資料看，西漢宮殿的建築裝飾與藝術處理頗為豪華。其棟橡梁柱均選用有香味及美麗木紋的木料，其上雕刻繪彩。用玉石做門窗口、柱礎，用玉瑱釘橡頭。瓦當圖案多樣，許多是藝術珍品，豐富了簷口的裝飾。地面鋪素面磚或花磚，甚至在地磚上塗漆。殿內牆面上有牆衣，並繪有各種美麗彩繪圖形，真可謂五彩繽紛，目不暇接，體現出漢人的審美情趣。

在皇家宮殿、園林建築極盡壯麗之能事時，諸侯王、達官顯貴、富賈鉅賈也競相效尤。魯恭王劉餘以好治宮室著名，所建靈光殿，雄傳壯觀。西漢末年，王公貴族侈靡腐化，尤其是王氏五侯的宅第，足以駭人。「五侯群第，爭為奢侈……大治第室，起土山漸臺，洞門、高廊、閣道，連屬彌望」，「第中起土山，

立兩市，殿上赤墀，戶青瑣」[18]，簡直就是小型的宮殿。受皇家園林的影響，私家園林在西漢也出現了。梁孝王劉武建有「兔園」，園中有石堆的假山，有平地開掘的池塘，還有許多宮觀連亙分布園中。茂陵大富商袁廣漢也建有一園，據《三輔黃圖》記載，該園「東西四里，南北五里」，「激流水注其中，構石為山」，「奇獸珍禽，委其間。積沙為洲嶼，激水為波濤」，「奇樹異草，靡不培植。屋皆徘徊連屬，重閣修廊」。亭臺樓閣融於林木花草之中，使自然美與藝術美得到統一，這簡直與皇家園林沒有什麼兩樣。

東漢移都洛陽，朝廷照例要營建都城和修造宮殿，但由於東漢國力不及西漢，所以宮苑的數量及規模也遠不如西漢。從都城建置來看，洛陽城形制較長安規整，呈長方形，宮室位於中軸線上，分為南、北兩宮，以複道連成一體，頗有對稱之美。分區也較明確，宮室居中，閭里在左右，東西南各有市，城南為郊社之地。從宮苑建築看，宮室最為壯麗的是北宮正殿德陽殿。該殿「周旋容萬人，陛高二丈，皆文石作壇……廁以青翡翠，一柱三帶，韜以赤緹」[19]。引流水於殿前，畫屋朱梁，玉階金柱。殿堂高大，殿前的朱雀闕，高聳入雲，頗為壯觀。

東漢也修建了不少園林。這時已有苑園的區別，城外較大的稱苑，城裡較小的稱園。見於文獻記載的有上林苑、西苑、廣成苑等等，以園命名的有西園、南園、芳林園等等。這些園林充分利用自然地形以展示自然情趣，少了西漢時園林人工雕琢的痕跡，既節省了人力物力，又頗具天然質樸之美。

宮殿苑囿是兩漢時期最具典型性的建築藝術，除此之外，禮制建築、塢堡、陵墓等，也各具特色。從二十世紀五〇年代在西安西北郊發掘的宗廟、明堂遺址看，這些建築沿縱橫兩軸對稱布置，中心是方形建築，外面是方形牆垣，每面闢門。牆垣四角各有一曲尺形建築，均面向正中的方形建築，方形建築中間是高大的主體建築，四面凸出的部分各有抱廈八間，環拱正中的高大建築。無論從哪一面觀賞，都具有莊嚴宏偉的氣象，體現了禮儀的肅穆。東漢時期，地主莊園眾

---

18 《漢書·元後傳》。
19 《後漢書·禮儀志》注引蔡質《漢儀》。

多，很多塢堡出現，從現今發現的各種陶製塢堡來看，多層建築在當時已很盛行。一般塢堡均為中間造一高層建築，一般是三層、四層的樓房，每層出簷，正面開門設窗。四周為院牆，院牆四隅各建二層角樓，極為嚴整。漢代的陵墓建築，是承襲秦制而又有發展的。帝王陵墓的周圍，多建有城垣，內置寢殿和苑囿，並設守陵官署和兵營。陵旁有貴族陪葬墓。陵前排列石人、石獸，再前有石闕、石表。活脫脫再現了帝王生前的威嚴與生活。這種形制為爾後兩千年封建社會帝王陵墓建築奠定了基本模式。

從中國古代建築藝術來看，秦漢建築已大致形成了對後世影響深遠的建築結構、形制和細部裝飾的規模。中國屋頂的形式，四面坡的廡殿頂、兩坡的懸山頂、方形攢尖頂、歇山頂和囤頂等，都可以在這一時期找到遺例。屋脊上的雀、鳳、人、猿、博山爐等裝飾已經出現。秦漢建築特別重視外觀造型，屋頂、正身、臺基三大部配合極佳。屋頂量體高大，坡面直斜而下，表面密實，屋簷幾乎全是平直的，只在脊端用三塊瓦當疊起形成微微上翹的曲線。房沿飾以各種圖案的瓦當，從現今出土的瓦當來看，各種紋飾、動物、神怪甚至文字都出現在瓦當上面，儀態萬方。宮殿正身的線條有極強的垂直感，坐落在高大厚重的臺基上。臺基線條則呈現出較強的水準感。不僅合於實用，而且對大屋頂起了制約作用，感覺特別穩定。這三個段落的結合，顯現出秦漢建築高大、沉穩、雄壯的藝術風格。

秦漢建築內外還特別講究裝飾，又顯示出豪華的一面。金雕玉飾自不待言，僅就宮室內的雕梁畫棟、內牆壁畫而言，就足以讓人咋舌。本章第一節介紹了秦漢宮

將軍俑

殿壁畫的豪華與高超的藝術水準。這裡只想說明，這些壁畫與整個宮殿建築融為一體，充分顯示了勞動人民的智慧和藝術天才。

從具體方面講，秦漢建築藝術往往又能於細微處見技藝，東方建築中最高範例的木結構此時已日漸成熟，承接房頂重量的斗拱有很大發展，出現了斗拱重疊出跳等高難工藝。這時期的柱形制多樣，有圓柱、方柱、八角柱、束竹柱等，一般由柱礎、柱身、柱頭櫨斗三部分組成。門窗的變化也很大，並雕刻有各種圖案，不僅通風採光，裝飾性也很強。從總體方面講，秦漢在營造群體性建築時已很講究布局，宮殿依等第配置，並進行均衡、對稱、疏朗等各種處理，錯落有致，有機地融匯一處。

總之，秦漢建築藝術集造型、雕刻、繪畫、工藝於一身，是綜合性的藝術整體。反映了當時人們的社會生活與審美觀念。統一的封建皇朝造就了這一時期大氣派的建築藝術，影響後世甚遠。

二、雕塑

秦漢時期，雕塑藝術繁榮興盛，與這一時期的繪畫、書法、建築等藝術品類交相輝映，璀璨奪目。

秦漢雕塑有陶塑、石雕、木雕以及青銅塑像幾大類，均建樹輝煌，達到了前所未有的藝術水準。

秦漢陶塑藝術的主要成就表現在陶俑上，兵馬俑、伎樂俑、動物俑是其主要類型。秦漢兩朝均有兵馬俑出土。秦陵兵馬俑是這一時期陶俑藝術的傑作。自一九七四年以來，考古工作者在陝西臨潼秦始皇陵東側一千多米處先後發掘了三座大型兵馬俑從葬坑。據考古檢測，三座從葬坑中共應有陶俑七千多個，駟馬戰車一百多輛，陶馬一千餘匹，數量眾多，規模宏大。從現在展出的一號坑中的陶俑來看，這些武士、馬匹與真人真馬一般大小，造型高大，一般平均身高為一點八米。這樣高大的陶俑，在秦以前和秦以後都沒有出現過，反映出秦統一中國後

騎兵戰馬俑

所具有的宏偉氣魄。這些高大的武士身披鎧甲，排列成龐大的軍陣，面向東方，氣勢雄偉，震撼人心，顯示了秦國軍隊戰無不勝的實力。從造型藝術方面看，秦俑是分段製作，疊加而成的，大多數是立姿，只有少量呈蹲跪或跨步姿勢。從身體造型來看，稍嫌呆滯凝重，動感不強。若仔細觀察面部，則會發現將士中沒有完全雷同的形象，眉毛、鬍鬚、鼻子、眼睛的細微不同透露著他們內心的不同想法。在一片令人壓抑、肅穆威嚴的沉寂氣氛中透出一絲靈性。秦俑坑中的陶馬的塑造也堪稱佳作，強健有力的駿馬昂首佇立，比例勻稱，結構準確。在造型上，著力刻畫戰馬蓄勢而動的特點，或昂首揚尾，或張口嘶鳴，那雙耳上聳、鼻孔翕張、雙目瞪視前方的形象，給人以躍躍欲動、急於馳騁疆場的感覺，體現了一種軒昂駿健的風神。秦陵兵馬俑是大寫實的陶塑藝術，高大雄健，氣勢不凡，是舉世罕見的藝術珍品，與萬里長城一起，成為世界藝術史上的兩顆明珠。

漢代兵馬俑在造型和氣勢上不如秦俑。據咸陽楊家灣和徐州獅子山發掘的大批兵馬陶俑看，漢俑體形較小，騎兵俑高的只有六十八釐米，立俑高四十二至四十八釐米，跪坐俑高二十五至二十八釐米，手中所持也不是秦俑所持的真正實

用兵器，而是象徵性武器。但這些陶俑單純洗練，神態威嚴，面相飽滿，仍不乏健壯勁強的特徵。也堪稱陶塑藝術中的佳作。

漢代伎樂俑最具藝術性。早期漢俑多模仿戰國時期木俑形象，身軀扁平，拱手直立，下部衣裙作喇叭形，並施以彩繪，造型較單純。後期漢俑製作水準提高，由模製發展為捏塑，形體更為靈巧，面部表情生動，誕生了一大批高水準的作品。如濟南無影山出土的樂舞雜技俑，在一個長不到一米，寬不到半米的陶盤上塑有二十二個樂舞、雜技、宴飲俑，這二十二個彩繪陶俑中，有長袖而舞的女伎二十人，有作反躬倒立等雜技者五人，吹竽、彈瑟等奏樂者七人，其餘為宴飲觀賞者。這組陶俑布局井然有序，人物主次分明。作者還使用了有靜有動的對比手法，以觀賞者的靜態來烘托演出活動的動態，使人感到表演者更加生動活潑、優美多姿。其不足之處是人物表情缺少變化，稍嫌呆滯。與這種面部表情呆滯的陶俑不同，在四川出土的幾件擊鼓說書俑，生動活潑，神采飛揚，有極高的藝術價值。如一九五七年出土於成都天回山的蹲式說書俑，說書人坐在那裡，左手抱鼓，右手舉槌，袒露上身，兩腳赤裸，其一上蹺，伸頭拱背，眉飛色舞，侃侃而談，有強烈的藝術感染力。四川出土的這些說唱俑，在造型上常運用誇張手法，頭大身小，突出人物的面部表情。姿態動作變化多端，富有動勢，靈活自然，力圖使人物最動人的瞬間凝固在雕像中。

現今出土的兩漢動物俑為數不少，陝西、山東、河南、四川均有陶馬、陶狗、陶豬、陶羊等出土。這些陶塑動物有的施釉，有的未施釉。各地風格也不盡一致。像河南輝縣出土的陶家畜頗具寫實之風，陶豬、陶羊表情、動作均極生動，特別可愛；而山東高唐出土的陶狗則有誇張、變形之風；四川地區的陶塑動物則樸素多樣，沒有常規。此外，東漢時期的陶塑作品還有陶水榭、陶水田、陶井、陶米碓、陶風車、陶樓、陶豬槽等，極為全面生動地再現了社會經濟的方方面面。

與陶俑一樣，石雕藝術也頗能顯示秦漢藝術的博大氣象。秦代石雕主要見於史籍，據《三輔黃圖》記載，秦在營建驪山陵園時，曾雕刻一對一丈三尺高的石麒麟，開後世陵前營建大型石獸之先河。《三秦記》、《水經注》也記有其他一些

秦代石雕。這些石雕藝術品如今均已不存在了。

漢代石雕藝術成就卓著。當時的建築，如宮邸、陵墓周圍，往往立以石人、石獅、石馬、石虎、石羊等，以壯聲勢。這些石雕藝術，文獻記載頗多，傳世的作品也為數不少。其中最具代表性的是陝西興平茂陵霍去病墓的石雕群。

霍去病是漢武帝時的青年將領，曾先後六次出擊匈奴，戰功卓著。元狩六年（前 117 年）病逝時，只有二十四歲。漢武帝為表彰他的功勳，特在茂陵東邊修建一座墓塚，形式像祁連山，並令官府工匠雕刻各種大型石人、石獸等，作為墓地裝飾。

霍去病墓上的石雕有馬踏匈奴、臥馬、躍馬、臥虎、臥象、石蛙、臥牛、人與熊、野豬、臥蟾等共十四件，分散放置於墳塚之上。

馬踏匈奴是石雕群中的主題石雕。該作品高一點六八米，長一點九米，一匹器宇軒昂的戰馬踏翻一名匈奴人，用一塊巨石雕成。馬的頭部和胸部寬大結實，被塑造得粗獷有力、軒昂莊重，被壓在馬腹之下的匈奴人做垂死掙扎，兩腳欲彈起，手執長矛刺馬腹，但戰馬仍舊巍然屹立，毫不理會，豪邁雄勁。這正是墓塚內英雄意志的象徵，也是強盛的西漢皇朝的精神象徵。以一馬一人概括漢匈戰爭，手法是寫意的，在一塊巨石上用簡練粗獷的線條刻畫出雄渾的氣勢，又是極具吸引力的，可以說是思想性與藝術性完美統一的典範。

霍去病墓上的石雕，均是在巨石自然形態的基礎上，就勢少事雕刻而成，沒有任何精雕細刻。今天看來，刀法粗獷雄

陶樓

勁，風格渾厚古樸，體現了西漢皇朝沉雄博大的氣象。馬踏匈奴自不待言，其他如臥虎，利用石頭表面的起伏和石紋的走向，刻出虎的表皮的光澤，並通過刻畫瞪起的雙眼，微妙地表現了虎的迅猛兇狠的性情。如臥牛，整體圓潤而脊呈棱角，極有強度。如臥蟾，雕刻者只在一塊巨石上雕鑿了幾道紋理點線，便活化出一隻臥蟾。這種簡練傳神的表現手法，不求寫形，但求寫神。作風質樸古拙，在中國古代雕塑史上確可稱是前無古人的傑出創作。

馬踏匈奴

東漢時期，石雕的藝術成就主要集中在陵墓石獸的雕刻上。這一時期有大量的石天祿、避邪、麒麟與龍出現，其手法都比較寫實、嚴謹而又有動勢。如四川雅安高頤墓前的石避邪，作張口吐舌、昂首挺胸、闊步前進的姿態，刻畫簡潔，瘦勁有力，胸旁有兩重飛翼，體現出勇往直前的風度神采，是東漢石雕藝術的代表作。從總體上講，東漢石雕藝術無論在造型上，還是雕刻技法上，已不再帶有

古拙的原始特點，在藝術上已達到了成熟階段。

漢代的木雕藝術頗具特色。從湖南、湖北、江蘇、甘肅出土的木雕作品看，內容豐富。有各種各樣的人物、動物、器物等。湖北江陵鳳凰山一六七號、一六八號西漢墓中出土的幾十件車仗奴婢木俑，都是比較有寫實趣味的作品，這些彩繪木俑，身材頎長，輪廓富於曲線美，彩繪服飾鮮麗典雅，是漢初木雕的代表作。江蘇邗江胡場出土的三十件木俑，以說唱俑的造型和雕刻為最佳。雕刻精細，五官清晰，均喜形於色，形態生動，類似於陶製說唱俑。甘肅武威磨嘴子出土的木雕動物水準很高，木猴、木獨角獸、木狗等等，均逼真形象，再加外表施以彩繪，更顯栩栩如生，都是寫實而又有生氣的作品。

從總體上看，秦漢時代的木雕藝術在承繼戰國木雕藝術的基礎上又有進一步發展。但如與同一時期的石雕、陶塑、銅像等作品相比，藝術水準顯然不及前者。從木雕作品的身上，看不出秦漢帝國的威武莊嚴和雄沉博大。

商周是青銅器的時代，青銅藝術達到很高的水準。及至秦漢，商周時代青銅器中猙獰神秘的威勢已不復存在，但青銅造像卻有了很大發展，不乏燦爛輝煌的傑作。

據《史記‧秦始皇本紀》記載，秦統一中國以後，收繳各諸侯國的兵器，匯之咸陽，熔鑄成十二個巨大的金（銅）人，置於宮廷之中。據說每個銅人重二十四萬斤。如此巨大的作品，可惜未能流傳至今，這些銅人在漢末以後全部被銷毀了，今天已無從得知其具體面目了。秦代流傳至今的青銅鑄像是出土於秦始皇陵西側的兩輛銅車馬。每輛車駕有四馬，車上各有一御官，大小約為真車、真馬、真人的一半，每輛車重一千二百多公斤，氣魄宏偉，鑄工無比精良，造型極其嚴謹。[20]二號銅車馬上，御官銅人作踞坐姿式，雙臂前伸，雙手執轡，手的關節、指甲都塑得非常逼真。御官身略前傾，雙目注視前方，半抿雙唇，面帶微笑，神態恭謹。四匹銅馬，四肢粗壯，膘肥體壯，筋骨強健。中間兩馬舉頸昂

---

20 《秦始皇陵二號銅車馬清理簡報》，《文物》，1983 年第 7 期。

首，兩側馬頭微向外轉，沉穩安詳，一副整裝待發的模樣。風格與兵馬俑坑中的陶馬相似。車馬工藝精湛，如裝飾用的纓絡，用細銅絲絞結而成，頗似麻毛。馬的皮毛錯磨而成，再塗彩色，極其真實。細部的真實和鮮明的質感是其造型藝術的一大成就。車馬通體彩繪，穹隆似的車蓋及其四壁繪有色澤豔麗的變形龍鳳卷雲紋和雲氣紋圖案，蒸騰上升，氣勢豪放，打上了楚文化的印記。總之，整個銅車馬華貴、莊重、雄偉，代表了秦代青銅鑄像藝術的突出成就，堪與這時的兵馬俑相媲美。

漢代青銅雕塑作品的形體不再追求龐大，但藝術更趨進步。史書記載兩漢青銅作品很多，如漢武帝時柏梁臺上的承露銅仙人，飛廉觀上的銅飛廉，未央宮前的銅馬、銅龍，東漢光武時代宣德殿前的銅馬，洛陽宮門的銅馬、銅駝，靈帝時的四人銅像等，都是用於宮苑裝飾的大型青銅鑄像。這些碩大豐偉的裝飾性、紀念性的青銅塑像如今已不可見。今存世的兩漢青銅雕像多是些個體不大的陪葬用品。如鎏金銅馬、銅俑、銅羽人、宮燈、銅奔羊、銅奔馬、銅牛、銅鹿等，均造型生動，有很高的藝術價值。

在陝西興平茂陵出土的西漢鎏金馬，通體鎏金，金光閃閃，該馬高六十二釐米，長七十六釐米，四肢粗壯，雄偉有力，線條流暢，造型樸實穩重，比例勻稱，與秦銅車馬中的銅馬在風格上有一致之處。

在西安未央區南玉豐村出土的踞坐銅羽人，形狀奇特，長臉尖鼻，顴骨、眉骨隆起，兩個大耳豎立高出頭頂，腦後梳有錐形髮髻。猙獰的面目中又隱隱露出一絲微笑。該羽人曲膝跪坐，背部有卷雲紋雙翅。這是胡人形象與神仙思想的結合物。[21]

在河北滿城劉勝墓出土的長信宮銅燈，基本造型為一持燈宮女，高四十八釐米，通體鎏金。宮女髮髻絷巾，博衣大袖，左手擎托燈盤，右臂高舉，手掐燈蓋，雙腿跪坐。頭部刻畫非常細膩，五官清晰，神態恬靜自然。[22]

---

21 劉炎：《西安市發現一批漢代銅器和銅羽人》，《文物》，1966 年第 4 期。
22 《滿城漢墓發掘紀要》，《考古》，1979 年第 2 期。

在甘肅靈臺發現的一組四人銅俑，合範鑄成。平均高度雖只有九釐米，但造型與面部表情各不相同。有明顯喜怒哀樂的區別，姿勢各異，造型生動，比例準確，是一組突出刻畫人物內心世界活動的雕塑，堪稱古代雕塑中的精品。

鎏金銅馬

　　在甘肅武威雷臺東漢墓中，也曾出土了大批車馬人物銅像。造型生動，神態逼真。尤其是馳名中外的銅奔馬，更是精品中的精品。該馬又稱馬踏飛燕或馬超龍雀，其造型一反秦漢雕塑以靜態或靜中寓動表現馬的方式，而是抓住了馬的飛奔姿態，著意表現它自由奔馳之勢。駿馬張口嘶鳴，束尾飄舉，駿逸萬千。為表現駿馬自由凌空飛躍的意境，雕塑家以詩意般的想像，讓駿馬三足騰空，一足踏在飛燕上，飛燕回首驚視，襯托了駿馬超越飛燕的驟然而逝的速度，創造出一個天馬行空，自由飛奔的曠遠意境。該馬特別符合力學原理，全身重量都集中在踏飛燕的一足上，極具飛動而又是重心所在，穩定異常。銅奔馬是高超寫實技巧和豐富浪漫想像力的完美結合，是雕塑世界的曠古傑作。

工藝美術

一、青銅器

秦代，青銅器是重要的工藝生產門類。考古發掘證明，在秦都咸陽有一處占地約九百平方米的製銅工廠。足見秦國青銅製造業的發達。

秦代的青銅器主要有禮器以及切合實際用途的器物，如鼎、簋壺、銅鏡、蒜頭瓶和鍪等，既具共同特色，又有地方風格。

秦鼎的造型，腹淺，矮蹄足，腹間有一道弦紋，這是秦鼎的共同風格，出土的幾隻秦鼎都有這個特點。簋的造型是口斂、耳小，沒有垂飾。秦代銅鏡以湖北雲夢睡虎地九號墓出土的武士刺虎豹紋鏡為代表。該鏡為三弦紋小鈕，在細密的菱形羽地紋上，飾以兩兩相對的淺浮雕武士刺虎豹紋，武士手持劍、盾、作伺擊襲擊虎豹狀。蒜頭瓶和鍪則是秦代具有濃郁地方藝術特色的青銅器物。蒜頭瓶是在壺的入口處鼓大如蒜頭，通常作六瓣形。鍪是一種鍋，扁圓腹，圜底，斂頸而口沿外張，輪廓曲線流暢，造型優美。鍪的肩腹交接處附有環耳，有的對稱，有的一大一小，有的則僅有一耳，變化多樣。耳上常紋以葉脈紋，美觀細膩。

及至漢代，青銅器製作又有發展。漢代官方製銅的機構有少府屬管的尚方

令、考工令，有蜀郡、成都、廣漢郡的工官。其中以蜀郡、廣漢所製銅器最為精美。

漢代銅器品種很多，有傳統器皿，有新創的品種，明顯地向生活日用器具方面發展。在製作上，不再像商周、戰國時期的青銅器那樣多飾花紋，而是以無紋的素器最為流行。或僅有簡練的弦文或僅飾以輔首，有一種樸實無華的樸素之美。比較華貴的，則施以鎏金，或裝飾以金銀錯。

漢代青銅器以鏡、爐、燈、奩、壺、洗產量最大，製作也最精美。

漢代銅鏡的製作，是繼戰國以後又一次大發展，是漢代青銅工藝中的一個重要品種，數量大，樣式多，製作精美。這些銅鏡，有的出自官營作坊，有的出自私人作坊。其特點是薄體、平邊、圓鈕、裝飾程式化，但在不同的時期也有不同的風格。

西漢時期的銅鏡在製作上通常用平雕手法，鏡面較平，鏡邊簡略，或用連弧紋作邊飾。這一時期銅鏡的花紋和形制還保留有戰國銅鏡的遺風。戰國盛行的雲雷紋地的蟠螭紋鏡繼續流行。但也出現了帶有銘文的銅鏡。武帝以後，開始出現了大量的草葉紋鏡和星雲紋鏡，這兩種鏡完全取消了地紋，逐漸擺脫了戰國銅鏡的影響。西漢後期，出現了印有「見日之光，天下大明」銘文的日光鏡和「內清質以昭明，光輝象乎日月」銘文的昭明鏡。這兩種鏡的鏡鈕多為半球狀，紋飾簡潔規整，多為同心圓。

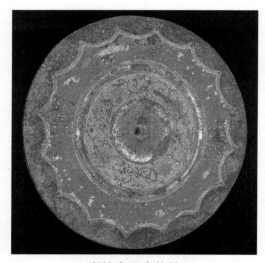

彩繪車馬人物鏡

王莽時期，銅鏡的紋飾題材有了新的突破，出現了規矩四神鏡。這種鏡的紋線由規則的「T」、「L」、「V」組成，並飾以青龍、白虎、朱雀、玄武四神圖案及各類禽鳥、瑞獸圖案。這種鏡的邊緣部位有複雜的裝飾，常

見的有鋸齒紋、卷雲紋或卷草紋等。方座鈕，八乳釘。由於方圓對比，再加上這些動物和禽鳥經過人為的神化和誇張，大多構圖奇巧，具有強烈的動感和藝術魅力。規矩鏡在漢鏡的發展中，是流行時間最長的一種。

東漢時期，銅鏡的製作達到了更高的水準。這一時期的銅鏡鏡面微凸，便於照出物體的全部，符合科學原理。鏡鈕變得更厚大結實。與前期相反，連弧紋多在內區。流行吉祥語字銘。主要有雙夔紋鏡、雲雷紋鏡、蝙蝠紋鏡、畫像鏡、神獸鏡（方銘鏡）、階段式鏡等。其中畫像鏡、神獸鏡紋飾繁縟細膩，在製作上採用了近似浮雕的作法，使主要紋線突出隆起，形成高低起伏、呼之欲出的高浮雕效果，開後代銅鏡圖案高圓浮雕的先河。神獸鏡圖案多為神仙禽獸，畫像鏡圖案內容豐富，有神人車馬、神人歌舞、神人龍虎以及西王母、東王父等神仙故事題材的；有表現騎馬馳騁、歌舞伎樂場面的；有表現歷史故事的。均造型生動，富有動勢，呼之欲出。是銅鏡中的精品。

在漢代銅鏡中，還有一種奇特的透光鏡，這種鏡外表與普通銅鏡一樣，並不透光。但當光線照在鏡面上時，鏡面相對的牆上會反映出鏡背花紋的影像。其之所以透光，據研究認為，銅鏡在製作時產生鑄造應力，在研磨時又產生應壓力，因而使鏡面產生與背面花紋相應的曲率，引起透光效應。上海博物館藏有透光鏡一面。

漢代銅鏡的紋飾豐富多彩，組織謹嚴。或以鏡鈕為中心向外作放射狀排列，或以鏡鈕為中心構成大小不等的同心圓，或以鏡鈕為中點構成左右對稱，或向四方排列，或作同向旋轉等，均具有程式化的圖案美。

博山爐

還應該指出的是，東漢時期的銅鏡藝術與同時期的畫像石、畫像磚藝術有一致之處。人們已不僅僅滿足於裝飾，而是把那些能夠表達自己思想的內容用寫實的手法融入方寸之間，使銅鏡既具實用性，又有思想性和藝術性。

銅爐是漢代青銅工藝中頗具特色的品種。有薰爐、溫手爐、溫酒爐等。尤以薰爐工藝水準最高。薰爐又叫香爐，是燒香料用的。爐體呈豆形，上有蓋，蓋高而尖，雕鏤成山形，象徵海上的仙山「博山」，故而又叫博山爐。漢人有以香料薰燃住房及衣衾的習俗，尤其是通西域以後，輸入了國外的名貴香料，貴族富豪更競相用此薰住房、衣衾。漢人又都相信海上有仙山這類神話，故而將香爐雕成山形，並鏤有小孔，香料的煙氣自爐中飄出，縈回繚繞於山形爐蓋上，極其神秘，真有仙山迷幻之感。一九六九年河北滿城劉勝墓出土的錯金博山爐，爐柄鏤空，爐體飾以錯金雲氣紋，爐蓋鑄成象徵海中仙山的「博山」，山中點綴有群獸、獵人，造型莊重飽滿，線條優美。尤其是山中群獸出沒，獵人奔忙，金絲錯出各情景細部，神秘之中又顯得生意盎然，是銅爐中的典型作品。

銅燈的製作，到漢代達到鼎盛。形式有盤燈、虹管燈、筒燈、行燈、吊燈等。盤燈有燈盤，一般與高足豆相近。其中最巧妙的是仿生的盤燈，如羊型燈，整個燈為羊形，羊背為活動的蓋，翻開即為燈盤，可平置在羊頭上，合蓋則是一隻臥羊。朱雀燈，燈體為鳥形，嘴銜燈盤。虹管燈因燈體有虹管而得名，這種燈的底座可盛水，利用虹管將燈煙引入底座，使溶於水，以防空氣污染。這類燈一般造型優美。如河北滿城出土的長信宮燈，通體鎏金，一優美仕女持燈，以手袖為虹管，將煙塵吸入人體之中，以保持室內空氣清潔。該燈還有環壁形燈罩，可根據需要調整燈光照射的方向，燈罩、燈座、頭部和右臂還可拆卸，以便揩拭。真可說是一具結構科學、造型優美的上乘之作。江蘇邗江出土的牛形燈，燈座為一站立的黃牛，牛背有燈盞，盞上有鏤空的菱格形瓦狀燈罩，罩上有穹形頂蓋，連接虹管通向牛頭，使燈煙收集到牛腹內。牛體用錯銀的雲氣紋裝飾，製作十分精美。筒燈的燈體為圓筒形，下有三足。行燈的燈盤附有長長的柄，可手拿行走照明。吊燈有鏈條可以懸掛。這幾類燈造型簡單，實用性強。總之，漢代銅燈既實用，又符合科學原理，又可作室內陳設，將藝術性與實用性統一起來，體現了卓越的設計匠意和藝術構思。

銅奩又稱酒樽，是盛酒和溫酒的器皿。山西右玉縣大川村出土的三件西漢銅奩，頗有代表性，其中兩件各高二十五釐米，口徑二十三釐米，腹部有上下兩層畫像，上層浮雕猿猴、駱駝、牛、兔、羊、鹿、虎、立獸、烏鴉、鴻雁等，下層

銅雀盤燈

浮雕虎、狐、鹿、羊、熊、猴、鵝、鴨和背生羽翼的異獸。蓋上有龍、虎、羊的浮雕。這些動物，有的佇立，有的張望，有的奔馳，有的緩步，都極寫實而生動，其手法之自由與純熟，在當時的造型藝術中頗為領先。

漢代銅壺是在戰國銅壺的樣式上發展起來的。圓壺稱鐘，方壺稱鈁。漢代銅壺製作已有定式。小頸而口外侈，鼓腹，圈足，腹的兩側多有鋪首銜環，造型優美。河北滿城出土的長樂宮鐘和錯金銀鳥篆文壺，是其中的精美之作。前者全身布滿方格紋，其上鎏金，方格中嵌以淡藍色琉璃，金色與藍色對比，色澤美麗。後者遍體布滿纖細流暢的鳥蟲文字，別具風格。

銅洗是盥洗用具，一說用來盛污水。漢代銅洗的形式，有淺如盤的，有深如甕的，有平底，也有圓底。口沿較寬。洗內底多有凸線魚紋裝飾，有一魚，有雙魚，有一魚一鷺。魚的形象簡練。大多數銅洗還有銘文，有「長宜子孫」、「富貴昌、宜侯王」等吉祥語。

二、陶瓷

秦代陶器的製作非常發達。都城咸陽就有許多製陶作坊，有官營的，也有私營的。陶器的品種很多，有鼎、簋、甌、豆、盂、盆、罐、缽、甕、釜、蒜頭壺等陶器。其中有的帶有濃郁地方特色，如陶盂，鼓腹，雙紐耳，口部外張，呈喇叭狀。陶壺的雙耳特別誇張，形式多樣。陶蒜頭壺對壺口進行藝術處理，呈蒜頭狀，特色鮮明。繭形壺腹部向兩側擴展，酷似蠶繭，曲線內斂外張，非常優美，是秦代陶器中最具風格的一種。秦代的陶器與漆器一樣，多印有文字，以表示產地、工匠的籍貫和姓名，如「咸亭」、「蒲里」、「咸陽」、「平陽」、「新安」、「少

原」、「沙壽」等等。

秦始皇陵兵馬俑更是秦代製陶工藝的代表。前文已有介紹，此不贅述。

漢代的陶瓷工藝有了進一步提高，東漢時得到普遍發現，各類陶瓷已取代了一部分銅器和漆器的地位。這一時期陶瓷的品種有灰陶、紅陶、彩繪陶、釉陶、青瓷等，其中彩繪陶、釉陶和青瓷的成就最高。

彩繪陶就是在陶器上繪彩，主要用於墓葬中的隨葬明器。漢代厚葬之風盛行，因而彩繪陶的製作也達到極盛。僅洛陽燒溝一帶，建國以來即出土彩繪陶七百八十多種。彩繪陶上的紋飾，多種多樣，有幾何紋、植物紋、動物紋及人形等，富有生活氣息。在色彩配置上，一般以紅與黃、白與黑這種對比強烈的色彩互為主賓，混合使用，因而色彩極為豔麗，性格鮮明，裝飾性很強。彩繪陶的造型，常見的有壺、盒、盆、碗、爐、奩等各種生活器皿，以壺為最常見，僅洛陽燒溝出土的壺就達八種之多。

彩繪兵馬陶

釉陶是漢代陶瓷工藝中的一種創造。這是一種塗有黃綠色低溫鉛釉的陶器，西漢初年首先在關中地區燒製成功。西漢中期以後，這種釉陶的製作普遍盛行起來。它的主要色劑是銅和鐵，用氧化燃燒成。銅使釉料呈現出美麗的翠綠色，鐵呈黃褐色和棕紅色。當時，北方地區盛行鉛釉陶，因燒製火度低，釉質較軟。南方地區則盛行薄釉硬陶，火度高，釉質較硬。這種硬釉陶是青瓷發展過渡階段的產物。這一時期還出現了一些施用黃、綠、褐三色釉的器物，色調配合十分新穎。這種複色釉的原理為後代的唐三彩奠定了基礎。現今出土的釉陶器物有釉陶奩、陶盒、陶爐等，很多器物上有浮雕人物禽獸造型，形象生動，線條流暢。

漢代的早期瓷器，取得了很大成就。尤其東漢中後期，已經進入完成階段。新中國建立後，曾在浙江上虞、餘姚、寧波、永嘉等地發現大量東漢窯址。據研究，這裡已採用了巨大而先進的龍窯，窯溫可達攝氏一千三百度，同時還選用於高嶺土一類的製瓷原料。在這些條件下，早期青瓷就被燒製出來了。青瓷的造型以罐、壺、杯、碗、盤、燈盞最為常見，它們的肩口部位，常見有圓圈、菱形、斜方格等細密的幾何紋樣。早期青瓷存在著上釉不勻的毛病，在藝術上還沒有形成自己的風格。除江浙一帶外，南方的廣東、湖南、江西、四川、貴州等地，也有早期青瓷發現。在北方的河南也發現有早期青瓷，但未發現窯址。

三、織染工藝

秦漢是中國織染工藝史上的第一個興盛期。這是由多方面的原因造成的。一是秦漢時代皇室、貴族、官僚、富豪奢靡之風盛行，對絲織品，尤其是高級絲織品的需求量大。二是漢代和西域溝通以後，中國的絲綢織物遠銷中亞、西亞、歐洲等地，成了國際市場上的搶手貨，以至於形成了一條連通歐亞的「絲綢之路」。這些，都勢必要刺激染織刺繡工藝的提高。

漢代絲綢織物柔軟光滑，細密結實，花紋瑰麗，色彩絢爛，圖案優美，織造精密，堪稱前無古人。絲織物的產地主要集中在大城市，有官營紡織業，也有私人經營的作坊，共同創造了令後人仰慕的絲織成就。

漢代絲織品的種類很多，見於文獻記載的就多達數十種，可分為絹、紗、羅、綺、錦、綾、縑、縞、紈等。織物上的花紋也種類繁多，有雲氣紋、動物紋、花卉紋、幾何紋、茱萸紋以及文字等，織造方法有平紋、斜紋和羅紋等。

漢代絲織工藝中最華美、製作最繁難的是錦、綺之類的提花織物。綺為斜紋單色提花織物，還比較容易，錦為多色，費工更大。湖南長沙馬王堆、朝鮮、俄羅斯、敘利亞都出土過漢錦織物。漢錦花紋呈橫條狀排列，多為三種顏色，由彩色的經線呈現出來，屬於「經絲彩色顯花」。從出土的漢錦來看，質地柔軟堅韌，色彩絢麗，花樣繁多，許多錦織物上織有「萬年益壽」、「登高明望四海」、

「如意」、「延年益壽大宜子孫」等字樣。在長沙馬王堆還出土了一種經特殊加工的「起絨錦」，這種起絨錦的花紋由高起的絨圈顯示出來，具有立體效果，外觀極為華麗，需要複雜的提花裝置和起絨裝置才能織成。

素紗襌衣

漢代製紗工藝也很高。紗是一種平紋絲織品，由單經單緯交織，形成細密的小方孔。長沙馬王堆出土的一件素紗襌衣，身長一百二十八釐米，兩袖通長一百九十釐米，重量卻只有四十九克，薄如蟬翼，輕若煙霧，為世界紡織工藝所罕見。

漢代印染工藝已達到較高水準，已能在絲織物上染出朱紅、深紅、絳紫、墨綠、黃、灰、藍、香色（淺橙）、淺駝、寶藍等三十餘種色澤。印染程式有：一是先染線後織，一是「染纈」，即採用小塊木刻凸版套印或鏤空板漏印二法，直接印在絲織成品上。印染方法有：塗染、浸染、套染、媒染等多種。反映漢代印染工藝最高水準的是馬王堆漢墓出土的印花敷彩紗和金銀色印花紗，這是凸版印花和彩繪相結合的產物。前者先用印版印出地紋，然後用朱紅、銀灰、深灰、白、黑五種顏色印出植物的變形花樣，有花冠、花穗、花葉、蓓蕾、枝蔓，線條

婉轉，交叉自然。後者用三套版印花，第一套印出龜背紋的骨架網路，第二套印出主花，第三套印出金色小點，用均勻細密的點線組成花紋，光潔纖巧。這是中國現存最古的多套版印染工藝品。

刺繡與織錦齊名，也是漢代織染工藝中十分引人注目的。漢代刺繡一般沿用了戰國以來的辮繡法，另外還有平針、釘線繡等。漢代刺繡花紋，多為雲氣和植物茱萸紋，也有動物和人物。從馬王堆及新疆出土的刺繡實物來看，不少是精美之作。如馬王堆出土的雲紋繡，細密均勻，婉轉流暢。很多刺繡能根據織物肌理繡出生動的花紋，多彩多姿，比織錦花紋更為活潑。有一種「鋪絨繡」，用紅、黑、煙三色不加紡撚的絲線以平針繡出斜方格幾何紋，針腳整齊，不露地子，繡工十分純熟。這也是目前見到的中國最早的平針繡品。

四、漆器

秦漢時期是漆器工藝的鼎盛時期。從考古發掘看，這一時期漆器工藝品幾乎遍及全國各地，反映了人們實用漆器的新時尚。

秦代的漆器工藝非常發達，湖北雲夢睡虎地出土的秦代漆器就達一百四十件之多，其中有漆盒、漆壺、漆奩、漆耳杯、漆盂、漆鳳鳥勺、漆匕等十多種，以木胎居多。這些漆器內紅外黑，並在黑漆上繪紅色或赭色花紋。花紋有魚、鳥、人物等。其中有繼承戰國時期作風的，也有獨創的新作。如一件鳳形漆勺，整個勺形為鳳鳥，鳳頭為柄首，鳳頸作柄，鳳身作

漆耳杯

勺體，漆黑漆，並用紅色和赭色畫出羽毛，這件仿生漆器，充分體現了實用與裝飾的完美結合。在湖北江陵鳳凰山出土的秦代的木梳、木篦的油漆工藝也相當高。木梳、木篦上都呈弧形，正反兩面都有用黑漆勾線，用紅、黃等色敷彩的人物裝飾圖案，表現歌舞、送別、相撲的場面，富有生活氣息。出於生產管理的需要，漆器上大都書寫、針刻或烙印文字，如「咸亭」、「阪里」、「鄭亭」、「朱三」等，有地名，有人名，也有官方機構的名稱。

漢代漆器使用更加普遍，全國各地都有漢代漆器出土，甚至朝鮮、蒙古也出土了大批漢代漆器。漢代有漆器生產的專門管理機構，使這一工藝更具程式化。漢代漆器的造型更加豐富，有耳環、漆盤、漆盒、漆奩、漆碗、漆匜、漆案、漆幾、漆梳、漆尺、漆卮等，並出現了一些大件漆

彩繪盝頂長方形奩

物，如漆鼎、漆壺、漆鈁等。每種漆器的形制也是多樣的，如漆盒，有方形、圓形、橢圓形、馬蹄形、雙菱形甚至鴨嘴形等，豐富多彩，美觀大方，極富裝飾性。

漢代漆器的裝飾花紋，主要有雲氣紋、動物紋、人物紋、植物紋、幾何紋等。大多數裝飾花紋都突出裝飾效果，更加程式化、圖案化，具有強烈的節奏感，工整、精緻而又富有韻味，有不少人物、動物圖案在塑造人物、動物時形態逼真、表情豐富，堪與這一時期的壁畫、帛畫等相媲美，是難得的藝術珍品。

漢代漆器的裝飾手法，仍以彩繪為主。在用色上，除仍以紅色、黑色為主外，還發展到多彩，特別是一些梳妝用品，用黃、綠及金銀色，更加華美。還有針刻，漢代稱「錐畫」，用針刻出極纖細的花紋。還使用堆漆的方法，擠壓漆液使之形成高出畫面的具有浮雕效果的裝飾花紋。

漢代漆器裝飾中最引人注目的是扣器、鑲嵌、金箔貼花等技法。漢代的扣器有金扣、銀扣、銅扣，把它們鑲嵌在器物口沿部位，既起了保護作用，又與漆色

形成對比，顯得典雅華美。金箔貼花是西漢中期興起的一種裝飾方法，在黑漆地上嵌貼鏤成各種花紋的金銀箔片，顯得富麗華美。鑲嵌技術也很精巧，金銀、水晶、琉璃都能鑲嵌，效果很好。這種貼花與金銀鑲嵌，是唐代「金銀平脫」的前身。樂浪發現的玳瑁小盒，則是用玳瑁片鑲嵌在漆器上，運用玳瑁的自然斑紋，形成特殊的裝飾效果，可謂獨具匠心。

漢代漆器的製作，體現了卓越的設計思想，既考慮到實用，又考慮到美觀，很多設計新穎別致。如多子盒，在一個大的圓盤中容納多種不同的小盒，往往有九子、十一子之多，既節省位置，又美觀協調。又如龍紋漆幾，幾面下放置長短兩種幾足，可根據高低兩用的使用目的放置長足或短足。可以說，漢代漆器是實用和美觀相結合的典範，對現在的工藝設計都有很大的啟發。

五、玉器

目前，有關秦代玉器出土的實物及文獻記載幾乎沒有，因而已難以知曉其工藝水準了。漢代玉器在繼承戰國玉器的基礎上，又有了很大提高。器物品種增加，發展了透雕、刻線、浮雕、粟紋等多種加工方法。裝飾紋樣也更為生動。從而成為中國玉器史上承先啟後的階段。

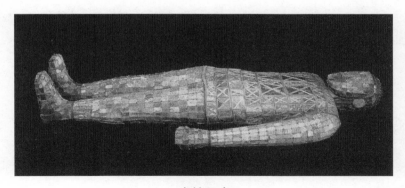

金縷玉衣

漢代玉器根據器形和用途大致可分如下幾類，一類是禮儀用品，主要有璧、琮、圭、璋、璜，尤以玉璧出土傳世最多。第二類是葬玉，包括「金縷玉衣」、玉塞、玉含、玉握等。「金縷玉衣」是金玉聯合的大型工藝品，迄今出土的已有幾十件。河北滿城劉勝墓所出土的「金縷玉衣」是其中的代表。劉勝的玉衣長一點八八米，共用玉二千四百九十八片，金絲一千一百克；其妻竇綰的玉衣長一點七二米，用玉二千一百六十片，金絲約六百克，玉衣的玉片編結、穿綴黏貼十分牢固與美觀。據說要生產這樣一套玉衣，一個熟練工人也要耗去十年時間才能完成。[23]第三類是日用品和裝飾品，有玉燈、玉釭、玉佩、玉帶鉤、玉鐲等。第四類為浮雕或圓雕的美術品。其代表作是一九六六年咸陽出土的「羽人騎天馬」玉雕。其質料為潔白潤澤的羊脂玉，通高七釐米。馬肥壯健碩，口大張，尾高揚，後蹄曲踏，胸部刻飛翼，一副隨時準備騰飛的模樣，馬上騎手束巾短衣，雙手緊拉鬃毛，充滿強烈的動感。造型極為逼真生動。而且，玉馬的造型與同時代的銅奔馬和畫像石中的奔馬體形體貌十分相似，可見漢代玉雕製作已達到圓熟水準。

漢代玉器的紋飾有二類，一是幾何紋，一是動物紋，人物紋和植物紋還不多見。幾何紋以渦紋、谷紋和蒲紋最為常見，多飾在玉璧上。漢代玉器上的動物紋形象較戰國時期更為寫實，並開始有了群像。如河北定縣北陵四十三號東漢墓出土的一件玉屏座，上下兩層玉屏片鏤空透雕，雕有東王父、西王母以及侍女、鳳、麒麟、龜、蛇、熊等動物形象，極為華美。

玉羽人騎天馬

六、少數民族的工藝美術

中華文化是由中華各民族共同創造的。就在中原地區各種藝術品種爭奇鬥豔

23 《滿城漢墓》，頁 23，北京，文物出版社，1978。

的同時，邊疆少數民族的藝術作品也如絢爛鮮花，競相開放。這些藝術作品既富於民族特色，又表現出與中原文化長期交流與相互影響的事實。

秦漢時期少數民族的藝術創造能力主要體現在青銅工藝、金銀工藝和棉織工藝上。

考古發掘證明，西南少數民族，特別是雲南的滇人，青銅工藝特別發達。春秋戰國時期就有圓雕的銅扣飾出土，達到了很高的藝術水準。秦漢時出土的器物更多，有釜、盂、壺、尊、盤、洗、薰爐、鏡、鼓、扣飾、貯貝器等。這些器物有少數是由中原輸入的，反映了當時文化交流的情況；多數是當地生產的，反映了當地青銅工藝的水準。最能代表滇人青銅工藝水準的是銅扣飾和儲貝器兩大類，其藝術性之高，令人驚歎。

銅貯貝器是滇人特有的用以存放貨貝並具有一定政治和宗教意義的青銅器物。在貯貝器的蓋上，滇人往往鑄有表現集體場面的群像作品，氣氛非常熱烈。如出土於雲南晉甯石寨山二十號墓的一個「殺人祭銅鼓」的貯貝器，共塑有十八個人物，有坐肩輿的女奴隸主，有抬肩輿的男奴隸，有騎牲口、步行、肩荷銅犁、跪迎、進食等不同動作的人物，還有被殺頭的犧牲，等等。人物形態各異，場面既肅穆又熱鬧。這是與農業有關的「祈年」活動，滇人獨具匠心地將這種活動的全過程再現了出來。[24]

殺人祭柱貯貝器

另外一件「殺人祭柱」貯貝器，在直徑不到三十五釐米的器蓋上塑有一百二十餘個銅人。中間坐一體型高大通身鎏金的人物，其旁列坐群僚，周圍有銅鼓、銅

24　馮漢驥：《雲南晉甯石寨山出土銅器研究》，《考古》，1963 年第 6 期。

柱、牲畜、猛獸以及活動著的男男女女的人物,據說這表現了滇王「詛盟」的儀式。有幾件表現戰爭的貯貝器,其中一件表現了一群滇人健卒在捕殺、踐踏敵方士卒。暴露了滇人奴隸制社會的落後性與野蠻性。另有一件儲貝器上鑄造了十七個納貢的異族人物,他們頭頂籮筐,牽著牛馬,攜著貨物來進貢,每個人物身著不同的民族服飾,穿插於牛、馬動物之間,使得這幅組雕起伏跌宕、豐富多彩。

滇人銅貯貝器上的雕像都是寫實的,表現了二千多年前滇人的現實生活,除前面提到的祈年、詛盟、戰爭、納貢外,還有紡織、趕場、鬥牛、樂舞、獻俘場面複雜,氣氛熱烈。

滇人的銅扣飾採用透雕的方法,表現的內容較簡潔,有騎士、騎士俘獲等。其中最讓人感到驚心動魄的是動物與動物之間的你死我活的搏鬥。如「兩犬鬥鹿」扣飾,兩隻兇猛異常的獵狗追殺一隻奔鹿,一隻獵狗竄到奔跑的鹿背上,狠狠地咬住了鹿的脖子,另一隻獵狗竄到鹿身下,狠狠咬住了鹿的後腿根,鹿四蹄掙扎著,張大嘴痛苦地哀號,一對極度恐懼的眼睛瞪得溜圓。整個畫面動感強烈。類似於此的還有兩虎鬥野豬、一虎咬豬、二虎咬牛、水鳥捕魚等。

銅鼓是中國南方少數民族特有的民族文物,自春秋戰國直至明清均有銅鼓,而尤以漢代製作最為精美,式樣最多。其產地主要在雲南、廣東、廣西、四川、貴州等地,可分滇粵兩大系,雲南是其根源。一般地說,滇系銅鼓體型較小,粵系銅鼓體型較大。從側面看,銅鼓的鼓胸、縮腰及通足造型優美,線條流暢乾淨。

銅鼓

鼓面中央一般飾以光芒四射的太陽紋,周邊為立體動物,多為青蛙,鼓胸、鼓腰則飾以幾何紋或禽獸紋,

甚至有戴羽舞蹈、乘船競渡的場面。都具有寫實風格和濃郁的民族特色。

雲南滇人青銅工藝的特點主要是塑而不是雕，只有少數才用雕線去表現細節。這些青銅作品不僅把當時滇人的社會活動、人物形象表現了出來，而且把各種動物的形象和神態也表達無餘。這些作品的藝術手法，除了受中原，特別是楚文化的影響外，突出地呈現出本民族的特點，粗獷潑辣，犀利準確。

北方地區的東胡、匈奴、鮮卑人的青銅工藝水準也很高，其青銅遺物在內蒙古、寧夏和東北地區發現不少，器物很多，有實用品、裝飾品，也有動物雕塑。而尤以鮮卑、烏桓、匈奴的各種銅飾牌最具特色。

銅飾牌是掛在衣服或腰帶上的一種飾物，用浮雕加透雕的方法雕成，多為動物造型。其共同特點是結構緊湊，具有張力。如內蒙古集寧等地發現的匈奴族青銅造像，有青銅飾牌二十餘枚，花紋以動物紋為主，反映了遊牧民族對動物的偏愛。這些動物大都是側面蹲踞的虎、馬、鹿等，一般是單軀，造型生動，神態逼真。虎的造型與中原地區頗為不同，虎頸長，頭向下而微頜，身軀有力地向上拱屈，整體效果健壯雄渾，極富原始魅力，有類於商代青銅器、石磬上的虎紋。

一九五六年在遼寧西豐縣西岔溝發現的屬於匈奴文化系統的古墓群（一說屬於烏桓），也出土了二十餘件青銅透雕飾牌。有的表面鍍金，花紋也是以動物為主，有雙牛、雙馬、雙羊、雙駝、犬馬、犬鹿、鷹虎等。有的動物溫靜相處，有的搏鬥撕咬，表現手法鮮明有力。特別引人注目的是三面銅飾牌上有騎士出獵和騎士捉戰俘的場面。一騎士騎馬執劍，一手抓住披髮的俘虜，同時一犬撲在俘虜身上猛咬，生動反映了遊牧民族的現實生活。總之，工藝家在一枚小小的銅牌上，巧妙地組合安排，裝飾變形，利用鏤空突出形象，虛實相生，疏密有致，反映了少數民族工藝水準的卓越。

在北方地區還發現了不少屬於少數民族的雕刻作品，有銅鹿、銅鶴、銅羊、銅狼等，均程度不同地體現了少數民族工藝水準的高超。

另外，一九七二年在內蒙古杭錦旗還出土了大量少數民族金器，有金冠、項飾及各種動物形金飾牌，金冠上飾以展翅翱翔的金鳥，鳥頭用綠寶石琢製，華貴

異常。各種動物金飾牌有虎、羊、牛、刺蝟等草原上習見的野獸和家畜，造型生動優美，是不可多得的珍品。[25]

總之，北方匈奴族與鮮卑族的青銅雕刻，主要題材是動物紋，有濃郁的草原氣息，作風也粗獷渾樸，反映了這兩個民族的遊牧生活及其強悍的性格。但從這些青銅工藝的形式上看，顯然也受到漢文化的影響。而且，由於北方少數民族處於幾種文化交接地帶，因此又受到「斯基泰——西伯利亞『野獸紋』及阿勒泰藝術的影響」[26]。但不管怎樣，他們自身的風格與特點仍是占主導地位的。

秦漢時期少數民族棉毛織工藝也取得了不少成就。當時，西南邊疆少數民族地區已能生產麻布，雲南哀牢人生產的「闌干細布」，就是一種萱麻織物。同時，西南、西北等地少數民族也能生產棉布。南方地區主要以木棉作原料，如海南島的「廣幅布」，雲南哀牢山區的白疊花布，都是經過藝術加工而成的木棉名品。西北新疆地區生產的棉布主要以非洲棉為原料。在新疆樓蘭、民豐都發現過當地的棉布殘片。

漢代新疆少數民族地區毛織工藝發達，罽褐、毯、氍等都有名品。罽是一種精細毛織物，一九五九年在新疆民豐漢墓中出土過兩塊東漢時代的人獸葡萄紋罽，龜甲四瓣花紋罽，前者典雅清秀，完全是新疆風格。同地還出土了一些毛毯殘片，色彩鮮豔，花紋清晰，表現了該地相當高的織毯工藝水準。新疆製氍業也很普遍，有素氍和花氍兩類，花氍色彩眾多，非常絢爛。製氍技術傳入中原後，與刺繡相結合，使得這一產品更加多姿多彩，使用範圍擴大。

---

25 烏恩：《我國古代動物紋飾》，《考古學報》，1981 年第 1 期。
26 同上。

音樂舞蹈

一、樂舞管理機構

秦漢時期，音樂舞蹈甚是發達，相應地，也設立了專門掌管樂舞的機構。

秦代的樂舞管理機構分兩個系統，一是奉常屬下的太樂署，一是少府屬下的樂府。分別設令丞管理其事。即「秦奉常屬官有太樂令丞，少府屬官有樂府令丞」[27]。一九七六年二月在陝西臨潼秦始皇陵園遺址中出土的一枚錯金銀鈕鐘，其鈕上銘刻有篆書「樂府」二字，充分證明秦代已有管理樂舞的專門機構。

漢承秦制，繼續設立太樂署和樂府。太樂署掌管郊廟祭祀、春秋饗射等盛大典禮上所實用的雅樂。樂府執掌較多，除管理來自民間的俗樂外，還監造樂器，職掌漢代新製作的新雅樂等。

漢武帝時，對樂府進行了一次大的改組，將樂府設在長安西郊專供帝王遊樂的上林苑中，其組織十分龐大。其人員專門從趙、代、秦、楚、燕、齊、鄭、吳等地採集民間歌舞，一方面用以察民風，另一方面為宮廷提供音樂歌舞專案。當

---

27 《通典·職官七》。

時，主持音樂改編和創作的「協律都尉」由著名音樂家李延年擔任。一些音樂家、文學家如張仲春、司馬相如等人也都參與其事。到漢成帝時，僅樂工就達千人之多，而且分工非常具體，有管理樂工的「僕射」，有專門選讀民歌的「夜誦員」，有專做測音的「聽工」，有專門製作和維修樂器的「柱工員」、「繩弦工員」，有表演祭祀樂的「郊祭樂員」，有演奏鼓吹樂的「騎吹鼓員」，演奏南北各地民間音樂的「邯鄲鼓員」、「江南鼓員」、「巴渝鼓員」，演奏各地民歌的「蔡謳員」、「齊謳員」等，另外還有專門表演百戲、表演少數民族及外國音樂的樂人。

漢武帝時的樂府，主要任務是採詩、創作歌辭、創編曲調，對民間音樂進行加工提高，參加儀典性或娛樂性表演。可以看出，此時的樂府已是國家最高級的音樂歌舞官署，太樂署只有其名罷了。

漢哀帝時，因國力衰落，再加上他「性不好音」，遂詔罷樂府，將當時樂府的樂工裁去四百四十一人，將會演樂祭樂軍樂的三百八十八人劃歸太樂署。太樂署本是掌管雅樂的，但漢代的雅樂多是當時創作的新雅樂，雅樂有俗化的傾向，與先秦古雅樂不同。

東漢仍有太樂官，漢明帝改為太子官，職司雅樂。樂府機構在整個東漢都未再設立。但樂府對俗樂歌舞的提倡卻影響深遠。漢代上自帝王、下至老百姓，均喜愛俗樂。各地俗樂、俗舞遍及朝廷，幾乎在任何場合都要演奏，以至於河間獻王劉德和大儒董仲舒不得不提倡傳統雅樂，以示德化，然而公卿大夫對雅樂已不甚了了，「但聞鏗鏘，不解其意」，德化未成。況且，流傳至今的樂府民歌，又成為文學史上的一塊豐碑。

樂府鐘

二、音樂和歌唱

戰國末年，秦國的歌樂藝術還是「擊甕叩缶，彈箏搏髀，而歌呼嗚嗚」的「秦聲」獨占鰲頭。[28] 及至秦始皇統一六國，歌樂才有了發展，東方六國美妙的音樂，悅耳的歌聲使秦人大為傾倒。於是秦人「棄擊甕叩缶而就《鄭》、《衛》，退彈箏而取《昭》、《虞》」[29]。東方的《鄭》、《衛》、《昭》、《虞》逐漸成為秦樂壇上的寵兒。

由於資料匱乏，秦代音樂、歌唱的詳情已不得而知，但一些零星資料也頗能說明一些問題。秦始皇曾改周的《房中樂》為《壽仁》，在滅齊以後，「得齊韶樂」[30]，在宮中演奏。當時，宮廷樂歌有《祠水神歌》、《羅縠單衣歌》、《仙真人詩》、《琴引》等，多是撫琴而唱的。[31] 從秦的樂器看，除有傳統的琴、築、管、瑟、簫、竽、笙、塤、篪、鐘、磬、鐸等，還有據說是蒙恬所做的箏以及傳自胡人的琵琶，說明秦也有與胡人進行文化交流的一面。秦代還有著名樂師高漸離、魏勃父以及善歌的秦青和薛譚等。這些都可窺見秦代音樂、歌唱之一斑。

漢代俗樂發展很快，其中以鼓吹樂和相和歌最為重要。鼓吹樂源於北方，秦末漢初，在北方漢族和少數民族居住區頗為流行，大概已成為有一定規模的樂種。秦始皇末年，班固的祖上班壹避地樓煩，牧養牛馬致富，「出入弋獵，旌旗鼓吹」[32]，說明這一地區鼓吹樂相當流行。鼓吹樂來源於西北少數民族的馬上之樂，在漢代得到很大發展。因應用的場合不同，主奏樂器不同，往往又有不同的名稱。鼓吹作為軍樂時稱作鐃歌，加用敲擊的青銅樂器鐃；列於殿廷或用於皇家儀仗時稱作黃門鼓吹；在馬上演奏時稱作騎吹；以橫笛作為主奏樂器時稱作橫吹；排簫與鼓合奏時稱作簫鼓等。鼓吹樂可在多種場合應用。如軍隊、儀仗、宴

---

28 《史記‧李斯列傳》。
29 同上。
30 《隋書‧何妥傳》。
31 《祠水神歌》見於《太平御覽》卷五七一引《古今樂錄》。《羅縠單衣歌》見《史記‧荊軻傳》正義引《燕丹子》。《仙真人詩》見《史記‧秦始皇本紀》。《琴引》見《繹史》一四九引《琴苑要錄》。
32 《漢書‧敘傳》。

樂等。

鼓吹樂的打擊樂器以鼓最為重要，另外有鞉等，吹奏樂器包括簫、笛、笳、角等。笳、角源於西北或北方遊牧民族，樂器的組合反映了民族間音樂文化的融合。

鼓吹樂的基礎是民間歌曲，如有一首鐃歌的古辭內容是描寫戰爭殘酷的，叫《戰城南》；還有一首表達愛情忠貞的《上邪》等。值得一提的是，漢武帝時音樂家李延年曾根據張騫從西域帶回的西域樂曲《摩訶兜勒》為素材創作了《橫吹二十八解》，這是橫吹之曲，曲子由《黃鵠》、《隴頭》、《出關》、《入關》等二十八首樂曲連綴而成。它的歌詞，在《樂府詩集》中存有《出塞》一首，曰：「侯旗出甘泉，奔命入居延；旗作浮雲影，陳如明月弦。」描寫了漢匈戰爭中軍隊出征的威嚴陣容，具有豪放悲壯的氣概。李延年的創作反映了漢代吸收外族音樂以為己有的宏大氣魄。

鼓吹樂使原僅限男性，到東漢時就有了女性樂伎的記載。光武帝劉秀之子、濟南安王劉康貪殖財貨，大修宮室，奴婢多達一千四百人，其中就有鼓吹伎女。

相和歌源於下層民間，是「街陌謠謳之詞」。它本來是「徒歌」，意思是清唱的歌曲，沒有伴奏或他人應和，是一種相當古老的演唱形式。後來加上幫腔，一人唱，多人和。這些徒歌加上管弦伴奏，就成了動聽的相和歌了。所謂「絲竹更相和，執節者歌」[33]，歌者手執一種叫節的樂器打節拍，管弦配樂，就開始唱了。

相和歌在發展過程中逐步與舞蹈相結合，成為歌、舞、樂器相配合的大型演出形式，稱為「相和大麴」或「大麴」。最能反映當時的音樂歌舞水準。後來它又脫離歌舞，成為純器樂曲，稱為「但曲」。「大麴」的曲體結構比較複雜，一般由「豔」、「曲」、「亂」或「趨」三段組成。「豔」是引子或序曲，在曲前，多為器樂演奏，有的也可歌唱。「曲」是整個樂曲的主體，一般由多個唱段聯綴

---

33 《晉書・樂志》。

而成。在歌唱的段與段之間有「解」，這是舞蹈樂曲的過門，是歌唱中間以舞蹈來穿插變化的部分。「亂」或「趨」是樂曲的結尾部分，可以是一個唱段，也可以是一個樂曲段。當然，在實際創作中，「大麯」的曲式也是靈活的，有的無「豔」，有的無「亂」，有的既無「豔」也無「亂」，只有「曲」。如《東門行》就只有曲。

相和歌有瑟調、清調、平調和楚調、側調，其演奏樂器至少有竽、瑟、鼓三種。漢末三國時期，伴奏樂器已由笛、笙、琴、瑟、箏、琵琶、節鼓七種樂器組成，而且樂器應用靈活，可根據需要增減。

保存在《樂府詩集》裡的許多相和歌古辭成了傳世文學名作，如《平陵東》、《陌上桑》等。

在鼓吹樂、相和歌發展的同時，「楚聲」也有廣泛的影響。源於南方的楚聲，在秦亡以後迅速傳播北上，廣泛地為人們所接受，民間多樂楚聲。高祖劉邦經過故鄉沛，召見故人父老子弟，酒酣擊築高歌，「大風起兮雲飛揚，威加海內兮歸故鄉！安得壯士兮守四方！」令一百二十名兒童和他合唱。自此，楚聲氾濫。惠帝時趙王劉友餓死前唱的歌，武帝時細君公主的《思鄉歌》，武帝的《瓠子之歌》、《太一之歌》、《天馬歌》、《秋風辭》，昭帝時李陵唱的《別歌》，燕王劉旦與華容夫人唱的歌，昭帝的《若鵠歌》，漢末歌頌皇甫嵩之歌，少帝與妻唐姬訣別所唱的《悲歌》等，都是楚聲。相和歌中「一人唱，三人和」的演唱形式，很可能也是源於楚歌，因為楚歌就很盛行唱和。而且，相和歌中的部分曲目就來自楚聲舊曲，如《陽阿》、《採菱》、《激楚》、《今有人》等。只不過又加以改造而已。

從傳世的歌詞來看，楚歌語言清新活潑，平易通俗，句式靈活，與相和歌有相通之處，只不過是樂句之中或末尾往往有一「兮」字作拖腔。伴奏樂器主要為築。楚聲的這些特點，使它可以很好地抒發深沉激昂的感情，容易引起共鳴，故而受人喜愛，廣為流傳。

總之，秦漢的音樂、歌唱吸收了多種文化形式，有中原地區的鄭、衛之聲，

周、魯之樂，又有北方少數民族的樂曲，還受到南方楚聲的影響，可謂匯納百川，以成其大，影響深遠。

三、舞蹈

有關秦代舞蹈的文獻記載和出土資料都很少，《漢書·禮樂志》記載秦始皇更名周舞的事：「《五行舞》者，本周舞也。秦始皇二十六年更名曰《五行》也。」秦始皇統一六國後，將六國歌男舞女俘到咸陽，充掖後宮，用於樂舞表演，客觀上使各國樂舞得到了交流，這也是我們應該看到的。

兩漢是中國歷史上舞蹈藝術發展的高潮期。兩漢舞蹈是以楚舞與中原舞蹈、中原與西域舞蹈相結合為特徵的，呈現的是一個縱橫吸收、交流、結合發展的新局面。

漢人性格奔放、浪漫、豪氣、深情，表達感情的方式自由不羈。也正因為此，漢代俗舞發展很快，幾乎要取代沉悶、緩慢、嚴肅的宮廷雅舞。俗舞來自民間，初期受楚舞影響很大，張騫通西域以後，又受西域諸國舞蹈的影響，和角抵百戲緊密相連。俗舞到了宮廷被稱為雜舞，或散樂。雖然秦漢是一個俗樂舞興盛的時代，但文獻中記載的舞容、舞名卻不多見。所幸大量漢代樂舞畫像磚石出土，為我們認識這些舞蹈提供了寶貴資料。

漢代俗舞多姿多采，舞姿或溫文典雅，或剛勁有力，或柔曼輕盈，或粗獷豪放，樣式相當多。歸納起來主要有以衣袖和飾物為特徵的長袖舞、巾舞，以執舞具或樂器為特徵的盤鼓舞、拂舞、鐸舞、鞞舞、建鼓舞等，百戲中的漫延魚龍、侲僮程材等也是舞蹈節目，《總會仙倡》、《東海黃公》等是帶有人物事件背景，主要以舞蹈為表現手段的情節性舞蹈。

長袖舞是個很古老的舞種，戰國以來比較流行。兩漢時代的長袖舞又受到楚舞的影響，輕柔飄逸，長袖翻轉，給人以飄灑的美感和游龍登雲的神韻。這種舞蹈有一人獨舞，也有兩人合舞，更有多人聯舞的。張衡的《舞賦》、傅毅的《舞

賦》都讚歎過這種舞的優美動人。從考古資料看，漢代畫像磚石中長袖舞畫像特別多，足見這一舞蹈在漢代是特別盛行的。

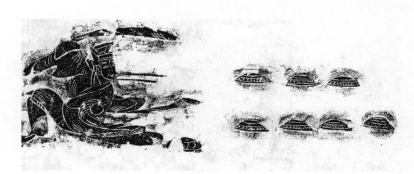

七盤舞

巾舞也是漢代著名雜舞之一，舞者手持舞巾翩翩起舞，舞巾有長有短，長者兩丈餘，短者二、三尺，舞姿優美如同長袖舞，女舞巾者細腰長裙，抖動長巾，繚繞飄揚；男舞巾者則猛甩舞巾，舞姿雄健有力。拂舞為手執塵拂而舞，鐸舞為手執鐸而舞，鞞舞是手執一種扇形扁鼓，邊擊邊舞。這些都是手執舞具、樂器的舞蹈。

盤鼓舞，又叫盤舞、鼓舞、七盤舞等，是漢代辭賦和畫像磚石資料中出現最多，頗負盛名的舞蹈之一。該舞的主要特徵是技藝結合，舞者在地面陳設的盤或鼓之上或之間跳躍而舞。此舞的表演形式多種多樣，只踏鼓而舞稱鼓舞，只踏盤而舞稱盤舞，盤鼓並陳則稱盤鼓舞。盤與鼓的配置並不固定，少者三、五個，多者十幾個，舞人或男或女，或多或少，一般為主舞者一人，伴舞二人，樂隊六至七人。盤鼓舞多與雜技百戲一起演出，大約盤鼓舞在最初也是一種雜技表演，後逐漸與以袖、腰見長，婀娜多姿的楚舞相結合演變而成風格獨特的舞蹈。建鼓舞則是一種邊敲擊建鼓邊翩然作舞的舞種，舞者多為男性，他們站在建鼓兩側，對稱擊鼓而舞，輾轉騰挪，舞姿勁爽，鼓聲鏗鏘。漫延魚龍是頭戴面具、身裝假形的舞蹈，可以認為是原始圖騰舞蹈的繼承與發展。侲僮程材是由小童表演，結合雜技、體操技巧的舞蹈節目。《總會仙倡》是歌舞節目，《東海黃公》則是有一定情節的原始舞劇。另外還有龍馬舞、魚舞、桂樹引鳳凰等五花八門的舞蹈，讓

人目不暇接，美不勝收。

除俗樂舞外，漢代宮廷還有雅樂舞蹈。漢代的所謂雅樂舞蹈，實際上都是根據民間舞蹈改造而成的。主要有靈星舞和巴渝舞。

靈星舞大約起源於民間的農作舞，高祖劉邦用以祭祀農神時表演。史載，高祖八年（前 199 年），劉邦令全國各縣邑建立靈星祠，以祭祀後稷，每年秋季舉行祭儀時，以靈星舞為主要內容。該舞由十六名男童組成，以寫實的手法表現農業生產的整個過程。「舞者象教田，初為芟除，次耕種、耘耨、驅雀及獲刈、舂簸之形，象其功也」[34]，足見與農業生產密切相關。

巴渝舞是來源於西南賨人的民間舞蹈，漢高祖劉邦在平定三秦時，招募了一批賨人作前鋒，賨人勇猛善戰，其風俗又善舞，劉邦使命樂工學習和改編了他們的舞蹈。巴渝舞傳入宮廷後，成為宮廷舞蹈，用以在宮廷宴會、接待各國使節的隆重場合表演。該舞由三十六人組成，舞者身披盔甲，手持矛箭，高唱戰歌，表演軍旅戰鬥場面。

漢代俗樂舞摻入到用於宗廟的雅樂舞中，使雅樂舞呈現出新的面貌。但隨著獨尊儒術的確立，這些新創的雅樂舞也逐漸成為刻板僵化的祭禮儀式的組成部分，失去了勃勃生機。

漢人喜歡舞蹈。翻開《史記》、《漢書》、《後漢書》等史書，上自帝王下至斗食小吏、庶民百姓，喜歌好舞的記載比比皆是。尤其是宮廷顯貴、達官富豪，更是迷戀歌舞，「富者鐘鼓五樂，歌兒數曹。中者鳴竽調瑟，鄭舞趙謳」，以盡其歡。正因為此，宮廷豪門蓄養大量能歌善舞、年輕貌美的女性樂舞伎人，稱為「女樂」，用以聲色享樂。歌舞作樂成為漢代達官顯貴奢侈淫靡生活不可分割的組成部分。而且，秦漢時人，在日常生活及酒宴之際，不僅要欣賞女樂的精彩表演，還有主客相邀起舞的習俗，稱為「以舞相屬」，類似於今天的「交誼舞」。家庭中也有自娛性舞蹈，或自舞，或夫婦對舞，藉以抒發內心情感。這些情景，

---

34 《後漢書·郊祀志》。

在漢代畫像磚石上都有形象反映。

兩漢時期，國家強盛而開放，中原地區與周邊少數民族，華夏民族與西域諸國的文化交流頻繁。在樂舞方面，一方面是中原樂舞向邊疆少數民族地區滲透，並傳播海外；另一方面則是周邊少數民族及域外樂舞內傳，被吸收融匯在中原樂舞之中。關於前者，在貴州滇人聚居區、南方越人聚居區、新疆地區、東北地區，都發現了大量漢人樂舞與本地樂舞相結合的出土文物。與漢朝交流密切的西域諸國、大秦國、朝鮮、日本、緬甸、印度等國，也都將漢朝樂舞帶回本國。見之史書者甚多。關於後者，文獻記載及畫像磚石中均有形象材料，表現了漢朝橫向開放、廣採博取的風格。

漢朝「胡舞」盛行，這是一種西域樂舞。有胡人單獨表演者，也有胡漢舞蹈同場表演者。一九八一年河南西華發現的西漢晚期的畫像磚上，有幾塊印著胡人舞俑形象。面部特徵均為深目、高鼻，有八字鬍或絡腮鬍，姿勢多為兩臂架起，一手上抬，一手撫腰，雙腿有蹲有跪，正以舞蹈取悅觀眾，這正是胡舞姿態。[35]四川漢墓中曾出土過一方刻畫著駱駝載樂的畫像磚。駱駝上置一建鼓，兩位身著長袖舞衣的舞人正以雄健的舞姿對擊建鼓。這是胡舞與漢舞相結合的一種舞蹈形式。另外還有胡漢歌舞同臺表演的形式。山東濟甯古元父城出土的漢畫像石上，有一幅「樂舞雜技圖」，畫中十位雜技舞人均高鼻、裸體、椎髻，表演舞輪、跳丸、跳劍、擲倒和鼓舞等舞蹈和雜技。另外十位樂人，歌者卻全是漢人的面容和裝束。這顯然是中原樂隊與胡舞、雜技的聯合演出。

漢人有開放的氣象，而統治者又奢靡無度，喜好域外之物，故而西域樂舞能在中原地區流行。史載，昏庸無能的漢靈帝「好胡服、胡帳、胡床、胡座、胡飯、胡箜篌、胡笛、胡舞，京都貴戚皆競為之」[36]。可見，從皇帝到貴戚，喜愛域外的東西成為風氣。這是開放的結果，而皇帝貴戚們的態度又勢必會更加刺激域外樂舞的東來。

---

35 孫秀瑛、張志華：《河南西華發現罕見的漢舞俑像空心磚》，《舞蹈藝術》第 24 輯。
36 《後漢書・五行志》。

四、角抵百戲

角抵是一種古老的運動，類似於今日的摔跤。秦漢時期，它又泛指一切競技性運動。百戲則是一種以雜技、技藝為中心彙集各種表演藝術如幻術、俳優戲、角抵、馴獸等於一體的大型表演性活動。秦漢時期，角抵百戲與樂舞往往不分，有單項小規模表演，也有大規模會演，盛況空前。

秦代角抵百戲非常興盛。秦始皇吞滅六國後，將戰國時期的講武之禮——角力，更名為角抵。先在秦國軍隊中流行，後影響到民間。湖北江陵鳳凰山出土的漆繪木篦上，就有角抵的場面，畫面上三人，皆赤身，腰束帶，兩人相撲相抵，一人吶喊助威，說明這項運動已深入大眾之中。秦二世特別喜歡角抵百戲，以至於這種活動進入宮廷，登上大雅之堂。史載秦二世經常在甘泉宮觀看角抵戲表演，有一次李斯因懼怕趙高殘害，急見二世，「是時二世在甘泉，方作角抵優俳之觀」[37]，竟著迷到如此程度。

漢初，鑒於秦的覆亡，再加經濟凋敝，百廢待興，故而對角抵採取了排斥態度，但禁而不絕，不僅民間角抵戲發展方興未艾，連皇室官僚內也常有雜技活動。劉邦之父就喜愛蹴鞠、鬥雞等活動。秦宮中的大批俳優藝人，或進入漢廷，或流散民間，將角抵戲傳播開來。武帝時期，國力強盛，疆域拓展，中西文化交流日益頻繁，各國使節紛紛來漢朝貢，還有外國雜技、魔術藝術家前來獻藝。漢武帝為顯示漢帝國的強盛，於元封三年（前 108 年），舉行了一次大規模的全國性角抵百戲樂舞的表演，引得三百里以內的人都到長安去觀看，盛況空前。外國使臣看到中土紛繁眾多的技藝絕活，又參觀了各倉府庫的糧食財物，頓時被大漢皇朝的強盛富庶所震懾。元封六年（前 105 年）夏，武帝又在上林苑平樂觀舉行角抵百戲會演，這時安息國所獻的「黎軒善眩人」也在演出時表演了幻術、雜技。黎軒即今天的羅馬，善眩人即魔術師。武帝宣導百戲集演，使舞蹈、雜技、幻術、俳優等藝術形式有了一展風采及相互借鑒的機會，再加上外國雜技、幻術的介入，更使角抵百戲藝術有了進一步提高。由於外交與娛樂慶賀的雙重需要，

---

37 《史記·李斯列傳》。

角抵戲已成為朝典中必備的節目。自武帝后，由宮廷主持大規模集演百戲活動，相沿成習。凡遇外事活動，必將本土雜技作為「九賓徹樂」，進行會演。而且，民間在節日喜慶時也自演雜技，如《後漢書・禮儀志》中引蔡質《漢儀》記載，漢代正月初一必演魚龍蔓延、走繩、藏人幻術等，以賀新年。那些顯貴富豪之家更是蓄倡優演百戲，變著法兒以極耳目之所好。這樣，角抵百戲節目也就年年增加內容，時時變換花樣，不斷推陳出新。

東漢時，雜技百戲更加繁盛，表演形式及場所都多樣化。東漢角抵百戲的盛況從出土的東漢畫像磚石及張衡《西京賦》中可窺見一斑。

一九五四年山東沂南北塞村出土的一座東漢墓壁上的巨幅畫像石「百戲圖」，形象地反映了東漢角抵百戲的宏大場面。畫面上刻有演員、侍者五十二人，分別表演著「跳丸弄劍」、「載竿」、「七盤舞」、「刀山走索」、「魚龍蔓延」、「馬戲」、「鼓車」、「高蹺」、「象人」等百戲節目，又有十五人組成的樂隊在演奏磬、鐘、琴、塤、建鼓、排簫等各種樂器。場面如此熱烈，設想當時的真正演出場面，該是多麼宏偉壯觀！

張衡《西京賦》雖是文學作品，又託言描寫的是漢武故事，但此賦作於武帝去世的百年之後，若作者本人未看過雜技表演，是難以描寫得如此生動具體的。所以實則反映了他

樂舞百戲

所處的東漢時代百戲的盛大規模。他在賦中羅列了各項百戲節目，有「烏獲扛鼎」、「都盧尋橦」、「衝狹燕躍」、「胸突鑽鋒」、「跳丸劍」、「走索」、「鬥獸」、「魚龍蔓延」、「戲車」、「總會仙倡」、「東海黃公」等。從《西京賦》所描寫的情狀看，東漢時的雜技百戲較之西漢在節目品種、技巧品質及演出規模上都有很大發展。

漢代的百戲藝術，在繼承和發展中國古代傳統技藝的同時，又吸收了中外各族的雜技幻術，因此取得了重大發展。張騫通西域後，中原與西域諸國及域外的大秦（西漢稱犁軒或黎軒）聯繫加強，西域各國及大秦的雜技魔術傳入中國。據《漢書·張騫傳》記載，武帝時，大宛諸國使節隨漢使來到長安，「以大鳥卵及黎軒眩人獻於漢」。這些被稱為「眩人」的大秦魔術師，還在漢武帝舉行的百戲會演中表演吐火、自縛自解等節目。他們表演的這些幻術，被中原藝人吸收改造，推進了百戲的發展，所謂「及加其眩者之工，而觳抵奇戲歲增變，甚盛益興，自此始」[38]。東漢安帝時，撣國（今滇、緬邊境）遣使前來中國，有樂隊和幻術隊前來表演，其中就有大秦國幻術師，表演了「吞刀吐火」、「自支解」、「易牛馬頭」等雜技幻術。當時中原地區的許多雜技都是由國外傳入的。如「安息五案」，即傳自安息（今伊朗）；「都盧尋橦」，是一種爬竿的雜技，「都盧」為南洋之國名，可以想見漢代長竿技藝必然與都盧國有密切關係。「水人弄蛇」，弄蛇是印度擅長的雜技，很可能是從印度傳來的。這都說明，對於各國技藝，漢人都能兼收並蓄，有利於百戲體系的形成。

漢代角抵百戲內容繁多，五花八門，大約可分為雜技、幻術、鬥獸馴獸、象人戲、俳優戲等。

雜技是百戲藝術體系的中心環節，從考古資料及文獻記載看，漢代的雜技藝術已堪稱恢弘博大，名目繁多，主要有：倒立、柔術、筋斗、走鋼絲、玩跳丸（即將兩個以上圓球用手拋接）、弄劍（將劍拋向空中用手接劍柄，或三把劍同時拋接，類似跳丸）、耍罈、旋盤（類似於今天的舞盤）、烏獲扛鼎、舞輪、衝

38　《史記·大宛列傳》。

狹（即鑽圈。漢代已有鑽火圈、鑽刀圈表演）、都盧尋橦等。都盧尋橦是一種長竿技藝，「尋橦」即指長竿。這種長竿技藝的玩法很多，有固定式、移動式、戲車高橦等，藝人在竿上做出各種驚險動作，以吸引觀眾。

另外，角抵和蹴鞠也經常被用來作為雜技表演。這裡的角抵是指狹義的角抵，指角力、摔跤、相撲之類。有徒手相搏，也有徒手對器械及持械相鬥者，蹴鞠在漢代頗流行，霍去病駐軍塞外時，曾叫人平整出一塊地來玩蹴鞠。漢成帝也酷愛蹴鞠。鞠是一種用皮革製成，內填以毛的圓球，蹴鞠有類於今天的足球。在百戲表演時，融合其他技藝一齊活動。

彩繪六博俑

秦漢的幻術，是在中原與西域兩大系統融合基礎上出現的奇葩。秦漢幻術流行，與這一時期神仙思想流行不無關係。當時著名的幻術是「魚龍蔓延」，這是一種集舞蹈、歌唱、幻術於一體的表演，情節複雜。簡言之，就是一種魚龍形狀互為變化的戲法。另外，西域的「吞刀吐火」、「自縛自解」、「易牛馬頭」等也是幻術。

鬥獸與馴獸也是百戲表演的重要節目。有人與獸鬥，如鬥虎、鬥牛等，有獸與獸鬥，如兩虎相鬥，虎牛相鬥等。馴獸較之鬥獸又前進了一步，漢代有馴馬、馴象、馴虎、馴鹿、馴蛇等。這些都見之於漢代畫像磚石。

象人戲是一種戴假面裝扮成各類動物、神仙、人物的表演形式。這種象人戲多與其他形式結合表演，像《總會仙倡》、《東海黃公》就是帶有故事情節的，集音樂、舞蹈、象人戲、幻術、角抵戲、歌唱於一體的大型綜合性表演。

俳優戲是一種詼諧滑稽的表演節目，多以侏儒充之。在漢代畫像石百戲圖中經常可以看到這些身軀粗短、上身赤裸、形象和動作滑稽的表演者。

除了角抵，蹴鞠這些經常用於百戲表演的體育運動外，秦漢時期在體育活動方面還有擊劍、射箭、賽馬、六博、圍棋、彈棋、投壺、氣功導引等。這些運動或盛行宮廷，或流行民間，非常活躍。

第十三章

勘天・格物・厚生──
科學技術成就

　　秦漢時期，中國科學技術的發展面臨著一個全新的環境。一方面，統一的封建帝國的建立與鞏固，生產力的逐步發展，為科學技術的進步創造了許多有利條件；另一方面，封建專制主義思想文化政策的推行，以及秦漢之際連年戰火對於思想文化的摧殘與破壞，也給科學技術的發展帶來了許多新的困難。在這種矛盾的運動發展中，這一時期的科學家與發明家們仍然在整理、恢復和發揚前代科學技術成就方面取得了豐碩的成果，為中華文明史譜寫了光輝的篇章。

天文學與數學

在中國古代，天文學和數學既是兩個獨立發展的不同學科，又存在著密切的聯繫。天文學的發展，有賴於數學的進步，往往又是當時數學發展水準的集中體現。秦漢時期的科學家們，在整理和繼承以往天文學和數學成就的基礎上，結合當時勞動人民的生產和生活實踐，又把它們推到了新的高度。如《太初曆》、《三統曆》、《史記·天官書》和《靈憲》等天文學著作的出現，各種天文儀器和天象觀測手段的發明與運用，以及各種天體結構理論的提出，都標誌著中國古代獨特的天文學體系的初步形成；而《九章算術》的出現，則是這一時期數學發展水準的突出代表。

一、曆法的修訂與完善

中國是一個古老的農業國家，農業生產在社會經濟生活中占有舉足輕重的地位。而要安排好農業生產，又離不開科學的曆法。中國古代歷代統治者都十分重視曆法的修訂工作，把它作為封建政治和社會生活中的一件大事來抓。這是眾所周知的。實際上，中國古代的曆法包含有更豐富的內容，它可以說是一門研究日月五星運動的科學。具體說來，它包含以下幾方面的內容：（一）朔望和節氣時刻的推求，以及和這些有關的閏法的確定；（二）日月食的預報；（三）五星位

置的推算；（四）恆星位置的測定；（五）晷影和刻漏的測量。當然，就中國古代曆法體系本身而言，它也有一個不斷完善的過程。

西元前二二一年，秦始皇統一中國，建立了中國歷史上第一個統一的中央集權的封建國家。秦皇朝建立後，沒有著手制訂新的曆法，仍沿用原來的顓頊曆。這一曆法早在西元前三六六年就被秦國採用。由於秦始皇推崇當時頗為流行的「五德終始」說，認為「周得火德」，而秦「獲水德之瑞」，應「改年始」，因而將顓頊曆的曆元由原來的朔旦立春，改置於十月，即以十月為每年的第一個月。至於是否還有其他的變革，由於顓頊曆本身早已失傳，不得而知。

西漢皇朝建立後，仍沿用秦時的顓頊曆。這可能是因為：一、秦漢之際連年不斷的戰爭，給社會政治、經濟和文化生活造成了極大的破壞，各行各業都處於百廢待興的狀態，漢朝中央政府一時無力去進行曆法的修訂工作；二、據《史記‧曆書》記載，漢高祖劉邦也根據「五德終始」說，自認為得到了水德的瑞應，與秦相同，因而就承襲了秦代曆法。到漢文帝時，魯人公孫臣上書，聲稱漢得土德，而非水德，於是改曆之議興起。漢武帝太初元年（前 104 年），學者們終於制訂出了一部新的曆法，代替了古老而業已過時的顓頊曆。這就是《太初曆》。

客觀地說，這次曆法變革有它的必然性。由於顓頊曆行用到漢武帝時已有一百多年，所累積的誤差致使朔日、晦日出現了新月，而滿月不出現在望日，曆法已與天象不合；又如歲首的安排，係出於政治考慮，使得農事的開始與曆法的歲首相差一季，很不協調。曆法必須與天象相符，與季節的變換和農事的安排相適應，這是曆法的生命力所在。因而顓頊曆本身在歷年行用中所暴露出來的種種缺陷，乃是觸發這次曆法變革的主要原因。又，根據當時的推斷，漢武帝元封七年（前 104 年）十一月甲子日夜半恰逢合朔交冬至，這是一個十分難得的改曆良機。於是，由司馬遷和壺遂等人上書，漢武帝下詔命人制訂新曆。經過反覆論證，最後選用了與實際天象比較接近的由鄧平、落下閎所獻的曆法，是為《太初曆》。

《太初曆》的產生，是西漢時期天文學發展的一項重要成就。首先，由於

《太初曆》是建立在天文實測的基礎上的曆法，它克服了原來顓頊曆與實際天象有時不符的弊端，因而更加科學，經得起實踐的檢驗。據說，該曆制訂二十七年後，太史令張壽王曾以推算起點不準、合朔時刻虧了四分之三日為由，要求修改《太初曆》，啟用殷曆。政府組織二十多人驗曆，用了三年時間，結果證明《太初曆》與實際天象基本吻合。這開創了觀天制曆、以天驗曆的好傳統。其次，《太初曆》採用夏正，以寅月為歲首，與一年的農事起始時間相符，適應了人們以春夏秋冬四季為一年的習慣。再次，《太初曆》還規定了以無中氣之月為閏月，比過去以年終置閏的方法更為合理，可使月份與節氣相對固定。此外，《太初曆》還重新測定了二十八宿的距離，第一次明確提出了交食週期的概念和數值，測定了比以前曆法更為準確的五星會合的週期值，並且制訂了五星在一個會合週期的動態表，建立了一套定量地預報任一時期五星位置的方法，等等。由此可見，《太初曆》確實是當時最先進的曆法，它不僅是對以往科學技術尤其是曆法研究方面所取得的成就的繼承與發揚，而且有所創新，是當時社會發展和生產力水準提高的一個重要標誌。而從前文所述的中國古代曆法體系所包含的五項內容看，它已具備了前四項，幾乎是當時的一部天文學年鑒和天文年曆。

但是，由於受當時社會環境與生產力水準的限制，《太初曆》也不是沒有缺陷。在陰陽五行學說盛行的時代，《太初曆》也披上了一層神秘的外衣。首先，《太初曆》採用八十一分律曆，以音律起曆，實際上音律與曆法並無關係。它取一個朔望月為「$29\frac{43}{81}$」日，鄧平說八十一是一日之分，是黃鐘律管九寸自乘而得，為附會音律，反而使朔望月長不如四分曆用的資料「$29\frac{499}{942}$」日精確。其次，《太初曆》平均歷年長度為「$365\frac{385}{1539}$」日，這個資料也不如四分曆的三百六十五又四分之一日精確。由於這些原因，《太初曆》在行用過程中，也必然會積累誤差，導致與實際天象不符，而需要作進一步的修改。

對於《太初曆》的最初修訂，是在西漢末年。劉歆是一位經學大師，也是一位傑出的天文學家。在天文學領域，他有眾多的發現。如他發現木星運行週期不到十二年，以十二年作為週期計算，歲星就會出現「超辰」現象，並由此提出了一種歲星超辰的計算方法；他還計算出了比《太初曆》更精確的朔望月數值和回歸年數值，等等。對於當時所通行的曆法《太初曆》，他經過修訂，提出了《三

統曆》，並撰寫了《三統曆譜》。《三統曆》使用的仍是《太初曆》的資料，其所以用三統命名，是因為從《太初曆》曆元時刻起算，經一五三九年之後，朔和冬至又回到同一天的夜半，故以一五三九年為一統；經三個一五三九年後，朔和冬至又回到同一個甲子日的夜半，故謂之三統。按照劉歆的理論，每過一統就要更換一個朝代，也就要改一次正朔，易一次服色，從而表示接受了這一統的天命。可見，劉歆造《三統曆》，與他當時作為王莽的國師的身分以及王莽篡漢的政治企圖有密切的關係。

不過，作為一部曆法，《三統曆》也有其值得稱道之處。如《太初曆》規定以四六一七年為元，雖然滿足了一元三統的要求，卻不能從哲學上給以滿意的解釋。劉歆既精於律曆術數，又通經學，經過他的發展，曆法的內容變得更豐富、形式更完善了。劉歆的《三統曆》載於《漢書‧律曆志》，共分七個部分：統母、紀母、五步、統術、紀術、歲術和世經。每一部分都只記演算法，不標計算結果。以後歷朝格式雖有不同，但大要不變，成了修訂曆法的定式。再有，由於《太初曆》已失傳，而《三統曆》卻被《漢書‧律曆志》作為藍本保存下來，使我們得以根據《三統曆》，大致了解《太初曆》的內容。

東漢初年，施行四分曆。這部曆法是漢章帝元和二年（85 年）由編訢、賈逵等人制定的。之所以叫四分曆，是因為所用回歸年長度是三百六十五又四分之一日，歲餘是四分之一日的緣故。該曆將氣朔時間提前了四分之一日，糾正了《太初曆》曆法後天的缺陷，將一直沿用的冬至點在牽牛初度改正到斗二十一又四分之一度。使用了黃道度數計算日、月運動及其位置，測錄了二十八宿距星間的赤道度數和黃道度數，增添了二十四節氣的昏旦中星、晝夜刻漏和晷影長度等內容，因而與《太初曆》相比有了較大的進步。但是，這部曆法也有不足之處，如它只注意到《太初曆》使用的資料不夠精確，卻沒有吸收當時已經計算出的最精確的資料，未能達到應有的更高水準。

東漢末年，傑出的天文學家劉洪於靈帝光和年間又創制了一部新的曆法，即《乾象曆》。劉洪字元卓，泰山蒙陰（今山東蒙陰）人。據《三國志‧吳志》記載：「光和中，穀城門侯劉洪始悟四分天疏闊，皆斗分太多故也。造乾象法。又

制遲疾術以步月行，兼考月行陰陽交錯於黃道表裡，方於太初、四分，轉精密矣。」「斗分」，指回歸年中的分數部分。劉洪認為，《太初曆》也好，《三統曆》也好，《四分曆》也好，施行一段時間後，都會出現曆後於天的現象，即月先朔而生，其原因就是回歸年的數值太大，因此只要減小回歸年的數值，太陽、太陰就能循步而行。在這種思想指導下，他選定了以下基本 參數作為制訂新曆的依據：回歸年，「$365\frac{145}{589}$」日；朔望月，「$29\frac{773}{1457}$」日；食周，「$5\frac{1633}{1822}$」月；閏法，十九年七閏。劉洪所用的這些資料與現代的曆法相比尚有一定差距，但是比起以往的曆法來有了很大的進步。

《乾象曆》的另一個重要創新是將月行遲疾引入曆法。戰國時期，人們就認識到了五星運行有遲疾這一特點；到東漢時，經學大師賈逵發現月有遲疾。《乾象曆》將這一成果納入曆法。月有遲疾產生的原因，一是月球運行的軌道是橢圓形，在近地點時，引力增加，速度加快，遠地點時引力減少，速度變慢；二是由於白道與赤道斜交造成的視差。在二至前後時月行遲，而在二分前後月行速。遲疾法的使用，無疑使天象與曆法更加吻合。根據月亮運動的這種不均勻性特徵，劉洪定出了比較精確的近點月長和一個近點月中每天月亮的實行度數，並用來修正根據月亮平均運動而算出的平朔和平望，從而得到定朔和定望，有助於更準確地預報交食。此外，《乾象曆》還第一次提出交食食限的數值，重新測定了五星會合週期。

劉洪的這一系列貢獻，使中國古代曆法體系更加充實、完善，代表了秦漢四百餘年間中國曆法修訂的最高水準。可惜，這樣一部具有劃時代意義的優秀曆法，未能得到行將崩潰的東漢中央政府的採納。

二、天象的觀測與記錄

中國具有悠久的天象觀測和記錄的優良傳統。在甲骨卜辭裡就有了天象記錄，春秋戰國時期的天象記錄則更多。到秦漢時期，天象觀測和記錄有以下幾個明顯的特點：一是記錄趨於齊備；二是記錄更加詳盡精細；三是觀測手段更加先

進、完備。

《史記‧天官書》提供了當時人們對於天體現象認識的最完備的記錄，也是中國流傳至今的最早系統敘述星官的著作。該書收錄恆星五百五十八顆，比先秦文獻所載增加了三百五十多顆。同時，針對戰國時期不同星官劃分體系並立的局面，司馬遷在早已存在的北斗、四象、二十八宿的星官體系的基礎上，進一步發展成為五宮二十八宿的完整體系。該體系的主要特點是：（1）它增加了中宮，把包括北極星、北斗星的拱極天區明確劃分出來；（2）以統一的體制為全天星官命名，經過命名的星官組成了一個天上王國；（3）穿插了認星方法，記述了星官間的相對位置，描繪了一些星官的觀測特徵。這就為人們認識天象提供了一幅基本的框架圖。

司馬遷所描繪的新的星官體系是以中宮為中心而展開的。中宮是他想像中的天上社會的政治中心。而北極星則猶如天帝，旁有三星像三公大臣，後有鈎曲四星如同嬪妃，外部環繞的十二星像藩臣護衛。他說：「斗為帝車，運於中央，監制四鄉。分陰陽，建四時，均五行，移節度，定諸紀，皆繫於斗。」即是說，北斗能分辨陰陽，建立四時，調和五行，推移節氣，確定星紀，充分表現出中宮至高無上的權威。東宮有角、亢、氐、房、心、尾、箕七宿，它們形成蒼龍之象，是天帝的布政之所。南宮有井、鬼、柳、星、張、翼、軫七宿，它們形成朱雀之象，是天帝的別宮，其中軒轅被描述為「女主」，即帝后，與朱雀取得一致。西宮有奎、婁、胃、昴、畢、觜、參七宿，它們形成白虎之象，是天帝的車庫、糧草庫及遊獵場。北宮有斗、牛、女、虛、危、室、壁七宿，它們形成玄武之象。該宮十分龐雜。司馬遷對這一宮的許多星官也作了較形象的描繪，如危宿像屋頂，南方眾星似羽林軍；織女成了天帝的孫女，王良五星被看成是天帝的馭官，旁有天馬，故有「王良策馬，車騎滿野」，等等。總之，《天官書》所描繪的星官體系，是一個以中宮為中心，由眾多恆星所組成的有機整體，儼然如一個有統治秩序的天上社會。這一星官體系，雖然不免有一些牽強附會的因素，但它基本反映了日月五星的運行狀況，表述了二十八宿的大體位置及辨認方法，是當時人們對於天體觀測與認識的總結，為進一步進行恆星觀測提供了方便。

不僅如此，《天官書》還對許多天體現象作了精細的觀測記錄。如《天官書》記錄了恆星的顏色、亮度和亮度變化，書中說：「太白白比狼；赤比心；黃比參左肩；蒼比參右肩；黑比奎大星。」司馬遷將天狼星作為白亮的標準；心宿二是紅而亮的標準，特別是參宿四作為黃色標準引起了現代恆星演化學家的關注，因為該星現在是一個紅巨星，它是在司馬遷之後才拋出氣體外殼，逐漸演化成今天這個樣子的。又書中將星分成大星、明星、一般星、若見若不見等類型，反映了當時人們對於星的亮度等級的認識。《天官書》在描述長沙星時，說其「星星不欲明，明與四星等」，就是在該星變亮時，其亮度與周圍軫宿四星差不多，這是對恆星亮度變化的正確認識。此外，《天官書》還有許多關於行星的科學認識，如「察日月之行以撰歲星順逆」，即用日月運行方向來考察木星是順行還是逆行，與日月運行同方向，謂之順行，否則為逆行；又如「其趨舍而前曰嬴，退舍曰縮」，指出行星觀測位置會超前或落後於預推位置，這實際上是當時使用的恆星週期不準確造成的，也與行星視運動有逆行有關，等等。書中還記錄了太陽系其他天體的現象，如彗星、流星、隕石、黃道光、火流星等，也記錄了極光、雲氣、交食、交食週期、突發變星等地球物理現象和天象，內容十分豐富，堪稱為當時的一部天文學辭典。

　　秦漢時期，對於天象記錄的趨於完備、精細還反映在其他一些典籍中。如班固所著的《漢書·五行志》中就對太陽黑子有準確的觀測記錄，書中記載：「成帝河平元年……三月己未，日出黃，有黑氣大如錢，居日中央。」漢成帝河平元年為西元前二十八年，這是世界上公認的最早的對太陽黑子的記錄。《漢書·天文志》記載：「元光元年六月，客星見於房。」漢武帝元光元年是西元前一百三十四年，這是中外歷史上都有記載的一顆新星，但西方的記錄沒有年月方位。《後漢書·天文志》記載：「中平二年十月癸亥，客星出南門中，大如半筵，五色喜怒稍小，至十六年六月消。」漢靈帝中平二年為西元一八五年，這是世界上最早的超新星記錄。又如《漢書·五行志》對於彗星的記載：「元延元年七月辛未，有星孛於東井，踐五諸侯，出河戌北，率行軒轅、太微、後日六度有餘，晨出東方。十三日夕見西方……鋒炎再貫紫宮中。……南逝度犯大角、攝提，至天市而按節徐行，炎入市中，旬而後西去，五十六日與蒼龍俱伏。」「孛星」就是

彗星。漢宣帝元延元年為西元前十二年。這裡對彗星的運動路線、視行快慢以及相應的時間都作了詳盡的記載，是一分難得的研究彗星運動規律的材料。

秦漢時期天文學的進步，天體觀測記錄的趨於完備、精細，是與天體觀測手段的改進、天文儀器的製作分不開的。中國古代的天體測量儀器，主要有渾儀、圭表、漏壺、渾象和星圖等。其中渾儀、圭表、漏壺，漢以前就有，至漢代有了改進；渾象為漢代的發明；戰國時有星表，到漢代發展成為星圖，使其成為天文觀測必不可少的工具。

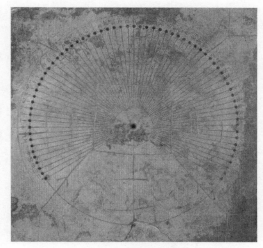

日晷

中國古代的渾儀與古希臘的不同，古希臘的渾儀以黃道座標為主，而中國的渾儀是以天赤道座標為主。在漢代，渾儀有幾次改進。武帝時制訂《太初曆》期間，落下閎改進了渾儀，用它測量了二十八宿距離等資料。到兩漢之際，渾儀已經有一個固定的赤道環和繞軸旋轉並附有窺管的赤經環組成，兩環上都刻有周天度數，可以測定天體的入宿度和去極度，所謂去極度就是天體距離天北極的度數，相當於赤緯的餘角。東漢前期，民間天文學家傅安第一次給渾儀添加了一個黃道環，這和赤道環成二十四度夾角。這一黃赤交角和理論值的差大約只有一分。利用黃道環可以觀測日月行度。在這一基礎上，東漢天文學家張衡又給渾儀添加了地平環和子午環。經過這一系列的改進，渾儀作為中國古代一種重要的天文觀測手段已基本趨於完善。

漏壺的製造，自東漢張衡開始，已經有兩級補償式漏壺的創製。兩級補償式漏壺就是有上下兩個漏壺，上一級漏壺的水漏滴到下一級漏壺，去補償下一級漏壺漏滴出去的水，使下一級漏壺的水基本上保持一定的水面高度，這樣下一級漏壺漏滴水的快慢可以基本保持不變。漏壺的改進，使時間的測量精度更加提高。

渾象是秦漢時期天文學上的一項重要發明。西漢宣帝時，耿壽昌首創了演示

天象的一種儀器，稱之為渾象，用銅鑄成，它跟現今的天球儀相似。到東漢時，張衡又在此基礎上，發明了水運渾象。他用一個直徑大約五尺的空心銅球表示天球，上面畫著列宿和互成二十四度交角的黃道赤道，球外有地平圈和子午圈，子午圈上支架著一根天軸，天軸跟地平圈大約成二十四度的交角，天球可以繞天軸轉動。天球轉動的時候，有一半露在地平圈之上和四時的天空星象相符；有一半隱在地平圈之下。張衡還利用漏壺流水的等時性，用漏水做動力，巧妙地通過齒輪系統的轉動，驅使天球每日均勻地繞天軸旋轉一周，這樣渾象也就自動地、近似正確地把天象的一日變化演示了

銅漏壺

出來。這是後世得到充分發展的水運渾象儀的鼻祖。渾象的發明，為人們觀測天體的運動變化提供了一個形象、直觀、簡便的途徑，為中國古代天文學的發展作出了重大貢獻。

星圖的製作是對恆星位置觀測成果的形象記錄，用來說明進行天文觀測。中國的星圖起源於所謂「蓋圖」，據《周髀算經》記載，它是用來演示蓋天說的。它是把在中國中原地區全天可見的星象畫在一張圓形的圖上，圓心是北天極，外面有幾個同心圓，最小的圓圈是恆顯圈，最外的圓圈是恆隱圈，中間的圓圈是天赤道。圖上還畫有表示黃道的圓圈。隨著對天象觀測結果的積累，星圖所記錄的星辰數目也逐漸增多。到東漢初年，星圖上載的恆星有一百一十八宮，計七百八十三顆。這一數目比《史記·天官書》所記載的又有了增加。由此也可以看出天文觀測手段的改進對於天文學發展的促進作用。

三、天體結構理論

　　天、地、日、月、星辰是怎樣產生的，它們之間的關係如何，又是怎樣運動的？這些是天文學發展中必然會遇到的問題，也是古代思想家和科學家們經常思索、研究的問題。世界上所有歷史悠久的民族對這些問題都作過自己的回答。早在先秦時期，中國古代的先哲們就對此作過比較深入的探討。秦漢時期的科學家們在前輩業已取得的成就的基礎上，提出了獨到的見解，並且初步奠定了中國古代傳統的天體結構理論。

張衡塑像

　　東漢時期著名的科學家張衡，不僅在天文曆算、儀器製作上卓有成就，而且在天文學理論上也頗有建樹。張衡（78-139 年）字平子，南陽郡西鄂城（今河南南陽北石橋鎮附近）人，曾任太史令等職。在他的科學名著《靈憲》中，對宇宙的生成和演化有詳細的描繪。他說，宇宙的生成和演化可以分為三個階段：第一階段為「太素之前」，其中只是一片空虛，其外什麼也沒有，故「不可為象」，但「道」的「根」卻含在裡面；第二階段為「太素始萌」，道根的存在使能「自無生有」，出現了「混沌不分」的狀態；第三階段為「元氣剖判」，此時「剛柔始分，清濁異位。天成於外，地定於內」。應該說，張衡的這一觀點與先秦時期道家的本體論以及漢代道家的觀點有某種直接的淵源關係。如戰國時期的宋、尹學派就已經有氣是宇宙萬物本原的思想。到了西漢，由淮南王劉安和他的門客編著、成書於漢武帝時代的《淮南子》一書，也認為天地日月星辰都是從元氣派生出來的，它們都有一個發生發展的歷史，是元氣在它發展的不同階段上的產物。這一關於宇宙演化的思想，是符合辯證法的。不過，其元氣是從虛無中產生的說法，無疑是唯心主義的。在《靈憲》一書中，張衡還提出了宇宙無限的看法。他說：「宇之表無極，宙之端無窮」，明確表述了宇宙在空間和時間上都是無窮無

盡的思想。這在當時是難能可貴的。此外,《靈憲》中還有不少對天體的精闢論述,如說「日譬就火」,「火則外光」,將太陽描述為一團火很有見地;又如說「目光生於日之所照,魄生於日之所蔽,當日則光盈,就日則光盡」,是關於朔、望日相變化的科學論斷,等等。總之,《靈憲》與司馬遷的《史記‧天官書》一樣,是一部不朽的古典天文學名著。

在中國古代,人們對於宇宙結構、日月星辰間的關係也作了廣泛的探討,並提出了各種不同的見解。到了漢代,逐步形成了言天之家三足鼎立的局面,即所謂「言天三家:一曰蓋天,二曰宣夜,三曰渾天」[1]。這也是中國古典天文學關於宇宙結構的基本看法。

早在西周時期,就已經有人提出了蓋天說,認為「天圓如張蓋,地平如棋局」[2],說的是天圓地方。戰國時期,有人對此提出懷疑,將其修改成為「天似蓋笠,地法覆槃」[3],認為天像蓋在上面的一頂斗笠,地像倒扣著的一個盤子,就是說地面不是平的而是拱形的。到了西漢,仍舊有人堅持這一說法。成書於西漢後期的《周髀算經》就是蓋天說的代表作。《周髀算經》的蓋天說,襲用了戰國時期的天形如笠說,認為天和地是兩個相互維持相同間距的弧面,天中央是極,與極相對應的地面位置謂之極下,「天離地八萬里」。太陽繞極旋轉,冬至時太陽處在最外道,故天弧面的外沿大圓即冬至日道叫「外衡」。外衡平面在極下高出地面兩萬里,距極則是六萬里。這一說法,克服了過去天圓地方說不能解釋天地四角不相合的漏洞,是對天地結構認識的進步。此外,《周髀算經》的蓋天說,還有了不同地理緯度處同一天正午表影長度不等的概念,解決了方位測量的理論根據和實測方法,並有了不同地域氣候不同與太陽相對位置有關的初步印象。但是,由於《周髀算經》蓋天說的數學模型及資料並不正確,其說法被越來越多的天文觀測事實所否定,因而到西漢末年在哲學家揚雄提出了難蓋天八事後,影響日漸縮小。

---

1 《晉書‧天文志》。
2 同上。
3 同上。

宣夜說的最早起源已不可考。據《晉書・天文志》記載：「宣夜之書亡，惟漢秘書郎郤萌記先師相傳云：『天了無質，仰而瞻之，高遠無極，眼瞀精絕，故蒼蒼然也。譬之旁望遠道之黃山而皆青，俯察千仞之深谷而窈黑，夫青非真色，而黑非有體也。日月眾星，自然浮生虛空之中，其行其止皆須氣焉。……』」郤萌生活於東漢前期，比張衡略早。宣夜說認為，並不存在一個有形質的天殼，人看到的天無邊無垠。日月星辰就在這無邊無際的虛空中飄浮，互不相關，絕無聯繫，或進或退，或遲或疾，聽其自然，無所根繫。這一學說比較接近現在所認識的宇宙。這比起古希臘的天文學家亞里斯多德和托勒密曾提出過的「天與地像一個同心水晶球」的觀點要先進得多。[4] 但是，由於這一學說僅停留於思辨性的論述上，對於天體的活動缺少具體的說明，因而在當時影響並不大。

　　相比之下，渾天說是「言天三家」中最具有影響的一家。渾天說產生的年代可以追溯到戰國時期。它是人們在使用儀器測量天體位置的基礎上產生的一種天體結構理論。人們在使用赤道式簡單儀器觀測時，就能發現各個天體都有圍繞北極的東升西落的視運動，運動速度均勻。由於對圓早有認識，不久這種運動軌跡就同圓聯繫起來而產生了天赤道、黃道等概念，從而為渾天說的產生創造了條件。到了漢代，由於渾儀的製作，這一學說日漸成熟。漢代許多著名的天文學家如落下閎、耿壽昌、鮮於妄人、張衡、蔡邕等人，都為渾天說的發展和完善作出了貢獻。渾天說的代表作是張衡的《渾天儀圖注》。它指出：「渾天如雞子，天體圓如彈丸，地如雞中黃，孤居於內，天大而地小。」這就是說，天是一個渾圓的殼，而地則是居於天殼中間的一個圓球。渾天說還認為，日月星辰都是綴於天殼之上，隨天殼繞著過南北極的軸而運動的。這是一種以地球作為中心的宇宙結構理論。由於這一理論比較近似地說明了天體運行的有關現象，同時又為渾儀的製作提供了理論依據，因而長期成為中國古代居於主導地位的一種宇宙理論。當然，渾天說作為一種宇宙構造學說也不是沒有缺陷，隨著生產力的發展和科學技術水準的提高，渾天說逐漸被新的宇宙理論所取代。

4　［英］李約瑟：《中國科學技術史》第 4 卷，第 1 分冊，北京，科學出版社，1976。

四、《周髀算經》中的數學運算

中國傳統數學自古就受到天文曆法的推動，在古代的天文、曆法著作中，往往有豐富而又深刻的數學內容。《周髀算經》雖然主要是一部天文著作，是「蓋天說」的代表作，但其中包含了許多數學內容，反映了當時人們所取得的數學研究成就，也可以說是流傳至今的中國最早的數學著作。

關於《周髀算經》的成書年代，學者們向來有不同的意見。一般認為，書中有春秋以前遺留下來的文字，主要為第一部分，由漢人補綴而成，補綴成書的時間大約在西漢成帝與東漢桓帝之間的百餘年中，成書後繼續由後人修飾、注解和增補，才有了二卷本和各家注本，因第一部分只有二百六十五字左右，所以該書主要是由漢人寫成的。

《周髀算經》的第一部分主要闡發了畢氏定理，即直角三角形的三條邊之間存在勾方加股方等於弦方的關係（勾為底邊，股為高，弦為斜邊）。書中說：「商高曰：故折矩以為勾廣三，股修四，徑隅五，既方其外，半之一矩，環而其盤，得成三、四、五。兩矩共長二十有五，是謂積矩。」這是畢氏定理中的特殊情況。接著，書中又記載了榮方與陳子的對話，其中包括中國古代蓋天家測日之高遠的方法。假定大地是一平面，太陽在 A 點，測望者在 B 點，由太陽向地面作垂線，垂足為 C，稱 AC 為日高，BC 為日下，「陳子曰：……若求斜至日者，以日下為勾，日高為股。勾、股各自乘，並而開方除之，得斜至日」，即 $AB=\sqrt{BC^2+AC^2}$。此為畢氏定理的一般形式。在西方，畢氏定理的證明是由古希臘數學家、哲學家畢達哥拉斯完成的。畢氏生活於西元前六世紀，相當於中國的春秋中晚期。由於《周髀算經》第一部分的成書時間不會晚於春秋，而定理又必在成書以前就已出現，所以至少可以說，中國古代勞動人民對畢氏定理的認識不在西方之後。

以表測天的理論基礎，除畢氏定理外，就是相似三角形邊角之間的比例關係。在《周髀算經》中就有關於相似三角形的應用。書中的第二部分在談到測日徑大小時，其中說在距日十萬里的地方（如圖）用一支長八尺，徑一寸的竹筒

（OAB）觀日（A′B′），從竹筒的一端（AB）正巧能看到日（A′B′）的全部輪廓。因為 OD′ 等於十萬里，竹筒徑（AB）一寸，長八尺，所以書中說道：「由此觀之，率八十寸而得徑一寸」，「以率率之，八十里得徑一里，十萬里得徑二百五十里，故曰日晷徑二百五十里。這裡所說的『率』，實際是△AOB 與△A′OB 之間對應邊的比率，即 $\frac{A'B'}{AB}=\frac{OD'}{OD}$ 或者 $\frac{AB}{OD}=\frac{A'B'}{OD'}$。這個關係的存在是由於△AOB—△A′OB」的緣故。

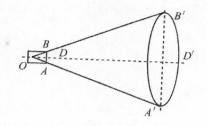

在《周髀算經》中，還出現了許多複雜的分數運算。例如，在計算小歲、大歲、經歲、小月、大月、經月末月球對其故捨過不及的度數（均稱「不及故捨」）時，用到如下運算：

小歲：$354\frac{348}{940}\times13\frac{7}{19}\div365\frac{1}{4}$；

大歲：$383\frac{847}{940}\times13\frac{7}{19}\div365\frac{1}{4}$；

經歲：$365\frac{235}{940}\times13\frac{7}{19}\div365\frac{1}{4}$；

小月：$29\times13\frac{7}{19}\div365\frac{1}{4}$；

大月：$30\times13\frac{7}{19}\div365\frac{1}{4}$；

經月：$29\frac{499}{940}\times13\frac{7}{19}\div365\frac{1}{4}$。

《周髀算經》在論及蓋天說時，曾給出了一個「七衡圖」，即以北極為中心的七個等距離的同心圓，由內而外分別稱為「內一衡」、「次二衡」，直至「次七衡」，構成一個「蓋天圖」。其中各衡之間的距離關係，實際上是一個等差數列。已知內一衡直徑為二十三萬八千里裡，衡間距為一萬九千八百三十三又三分之一里，根據書中的方法，設衡間距為 d，n 衡直徑為 D_n，周長為 C_n，則 $D_n=2d+D_{n-1}$ $C_n=\pi\cdot D_n=2\pi_d+C_{n-1}$ n＝2，3，4，…，7 均為等差數列。書中有八尺標桿二十四節氣正午時的影長表，冬至、夏至影長為實測值，其餘均按等間距一次內插法計算，也構成等差數列。設冬至、夏至影長分別為 $f(b)$，$f(a)$，$f(n)$

是夏至到冬至的第 n 個節氣影長，$\Delta \frac{1}{12}=[f（b）-f（a）]$ 稱為損益數，則 $f（n）$ $=f（a）+n\Delta$，n=1，2，…，11 從冬至到夏至的第 n 個節氣影長為 $g（n）=f（b）$ $+n\Delta$，n=1，2，…，11。以上均為等差數列，而且關於 $f（a）$ 與 $f（b）$ 是對稱的。

此外，《周髀算經》中還有許多重要的數學概念，如關於規矩方圓、方向線、分數的四則運算、開方法的論述，等等。這裡限於篇幅，不再作詳細的介紹。

五、中國最早的數學專著——《九章算術》

在流傳至今的中國古代數學著作中，《九章算術》是最早的一部數學專著。關於該書的作者及成書年代，史書缺乏明確的記載。一般認為，它不是一時一人的著作，而是在漫長的歲月裡，經過很多人修改補充而逐漸發展、完備起來的。我們現在只知道西漢初年的張蒼、耿壽昌等人曾經對此書作過增補。據研究，它最後成書至遲在東漢前期（1 世紀），但是它的基本內容卻在西漢後期（前 1 世紀中葉）已經大體定型。《九章算術》是中國古代數學的經典著作。它既包含有古代早已解決了的數學問題，也有西漢中期人們新獲得的數學知識，是秦漢時期中國數學方面的集大成之作。它的出現，標誌著中國古代數學體系的形成。

今本《九章算術》是從《永樂大典》中輯出的劉徽注本，全書收有二百四十六個數學問題，分為九類，就是「九章」。每題有答案，一題或若干題後有解法。《九章算術》的分類，不是按計算方法來分的，而是根據題目的內容劃分的。就計算方法而論，各章不能不常常異同互見。概略而論，方田章中所述的分數計算法，粟米、均輸、衰分等章中的比例問題，以及盈不足章中的盈虧問題，是屬於算術內容的；方田、少廣章中的面積計算，商功章中的體積計算以及勾股章中的直角三角形的有關計算，屬於幾何問題；少廣章中的開方術（開平方和開立方），方程章中的方程及正負數問題有人把它們歸入代數問題；還有一些題

目，涉及等差級數、等比級數、矩陣等問題。其內容之豐富多彩，由此可見一斑。

　　《九章算術》的第一章名為「方田」。這一章的主要內容是對各種田畝面積的計算，其中涉及分數的四則運算法以及為此必須使用的約分、通分法。在書中，分數的加法稱為「合分」，運算的步驟是：「母互乘子，並以為實，母相乘為法，實如法而一，不滿法者，以法命之；其母同者，直相從之。」就是將某一分數的分子依次同其餘各分數的分母相乘作為新分子，所有分數的分母相乘作為新分母，這叫做通分；各新分子相加作為和之分子，新分母作為和之分母，就得到了諸分數之和。分數的減法叫做「減分」，其演算法略。分數的乘法有兩種：真分數相乘名為「乘分」；代分數相乘名為「大廣」，其演算法與今相同。分數的除法名為「經分」，運算的法則是先通分，使有相同的分母，然後按整數除法進行。例如《經分》第二題為：「有三人三分人之一，分六錢三分錢之一，四分錢之三，問人得幾何。」其演算法是：

$$(6\frac{1}{3}+\frac{3}{4})\div3\frac{1}{3}=(\frac{19}{3}+\frac{3}{4})\div\frac{10}{3}$$

$$=\frac{85}{12}\div\frac{10}{3}=\frac{85}{12}\div\frac{40}{12}=\frac{85}{40}=2\frac{1}{8}。$$

　　關於約分的方法，《九章算術》也有明確的記載：「可半者半之，不可半者副置分母子之數，以少減多，更相減損，求其等也，以等數約之」。「可半者半之」，就是首先看分母、子能否用二約簡，因為這最容易判斷。不能被二除時再用求等法約簡，求等的方法是「副置分母子之數，以少減多，更相減損」。「副置分母、子之數」，就是把分母、子之數分別布在籌算板上；「以少減多」，是從多中減去少，即從大數中減去小數；「更相減損」即輾轉相減，如果分母大於分子，先用分母減分子，減一次或若干次之後，就會出現分母小於分子的情況，這時再用分子減分母，等減到小於分母時，又重新以分母減分子。這樣一直進行下去，直至分母與分子相等，這個等數就是分子分母的最大公約數。所以，中國古代算書把約分叫做求等法。現代算術中，求二整數的最大公約數方法有二，一是輾轉相除法，一是求分母子的公因數法。前者正是《九章算術》中「更相減損」法的演變，不過更為簡單。但在當時人們就能解決這樣一些較為複雜的數學問

題，還是十分難得的。

在中國古代勞動人民的生產和生活實踐中，經常遇到大量的面積和體積的計算問題。對此，《九章算術》中也多有反映。如根據測算田畝的需要，方田章就有關於方田（長方形田）、圭田（三角形田）、邪田（梯形田）、箕田（等腰梯田）、圓田（圓形田）、宛田（圓形凸田）、弧田（弓形田）、環田（兩不等徑的同心圓之間的部分）等形狀的面積計算公式。其中除弧田、宛田的面積計算是近似公式外，其他形狀的面積計算公式都是正確的。又如為了土木建築的需要，商功章中給出了大量的體積計算方法。在正方體、長方體體積演算法的基礎上，《九章算術》中論述城、垣、堤、溝、塹、渠（底為等腰梯形之直棱渠）的體積演算法，還論述了方堡壔（正四棱柱）、圓堡壔（正圓柱）、方亭（四棱臺）、圓亭（正圓臺）、方錐（正四棱錐）、圓錐（正圓錐）的體積演算法，又論述了塹堵（底為直角三角形之直棱柱）、陽馬（底為正方形、一側棱與底垂直之棱錐）、鱉臑（側面為直角三角形之四面體）、羨除（兩側面為直角三角形、三側面為等腰梯形之五面體）、芻薨（上底為一線段、下底為矩形的擬柱體）等體積演算法。對於一個較為複雜的多面體的體積計算，則採用將複雜形體當作幾個簡單形體計算、然後相加的方法。這種在基本形體研究的基礎上，由個體求整體的方法，邏輯學稱為歸納法，有人稱之為「出入相補原理」，是中國古代數學的主要方法之一。

值得一提的是，自《周髀算經》出現畢氏定理以後，《九章算術》又將其應用範圍大大擴展了。在《九章算術》中，不但應用畢氏定理由直角三角形的兩邊求第三邊，還進一步推求勾、股、弦及其和與差共九個量之間的關係，已知其中任意二個量，就可以求出其餘各量。又如，它還給出了直角三角形內切圓、內接正方形的求法，即所謂勾股容圓、勾股容方問題。對於一般三角形相似的條件，書中雖沒有專門論述，但凡是某一直角三角形的任一條直角邊和絃為另一直角三角形的一條邊和絃的延長線或部分重合，就認為它們是相似的，直接應用對應邊的關係相互求證，即所謂：「旁要雲者，不必實有是形，可自旁假設要取之。」這些，都說明比起《周髀算經》來，《九章算術》在數學研究領域又有了很大的提高。

開平方術、開立方術以及線性方程組的解法，是中國古代數學的重要內容，它們之間又存在著非常密切的關係。通過開平方術、開立方術，不但可以求解二元二次方程、二項三次方程，而且可以解一般的二次數值方程和三次數值方程。它也是中國古代解高次數值方程的基礎。在《九章算術》中，對這些演算法記載十分詳盡。開平方的根據是由正方形的面積求邊長。求面積時，正方形田的面積是一邊自乘，那麼已知面積求正方形邊長時就導致了開平方的提出。在《周髀算經》中就已經有了開平方法，其中給出了一些數字的平方根，但直到《九章算術》才詳細敘述了開方的方法。開立方法是在計算立方體邊長的要求下產生的。《九章算術》中開方法有很高的數學水準。到十一世紀中葉的宋代，在九章闡發的開立方術的基礎上又產生了開任何次冪法，即所謂「增乘開方法」，還創造了天元術及高次方程的解法，使中國的開方術在世界上一直處於領先的地位。歐洲直到十七世紀開立方法仍很落後，只相當於中國《九章算術》的水準。此外，《九章算術》中還介紹了許多方程組的解法。方程章中共記載了十八題，其中最高的是五元一次方程組，解法同現代數學中聯立方程組的解法一樣，採用的是消元法。其中用算籌解聯立方程組時在籌算盤上布算只布各項係數，而且縱列，形式與現代數學中的行列式完全相同，其計算法在行列式中也是成立的。這項成就也比歐洲數學發展水準早，歐洲直到十六世紀才有人研究三元一次方程組，有關線性方程組的理論及其解法直到十七世紀末才建立。

另外，《九章算術》在解聯立方程組時，為了消去某一項，很容易出現其他項減數大於被減數的現象，這就導致了負數的出現。《九章算術》中用赤籌表正數，用黑籌表負數，正負數的加減法稱為正負術。內容是「同名相除，異名相益，正無入負之，負無入正之；其異名相除，同名相益，正無入正之，負無入負之」。其中前四句是減法法則，後四句是加法法則；「除」表示減掉，「益」表示相加。這裡不僅提出了正負數的概念，而且還給出了加減運算法則。正負數的提出，是中國數學發展史上的一大成就，對數學的發展有著十分重大的意義。在世界上，其他國家最早是印度人於七世紀才最先提出負數；而在歐洲，直到十七世紀才出現了第一次較為圓滿地論述負數的著作。

以上只是對《九章算術》內容作了一個較為粗略的介紹，既不夠系統，也不

夠全面。但是，僅憑這些，就足以說明它在中國古代數學發展史、乃至世界數學發展史上的重要地位。也正因為如此，所以在《九章算術》出現後，歷代數學家有不少人曾經對它進行多次注釋，並被封建政府規定作為進行數學教育的教科書，名列於「算經十書」之中。此書還流傳到朝鮮和日本，對朝鮮和日本古代數學的發展也起了積極的推動作用。現在，此書已被譯成俄、德、日等多種文字出版，受到了各國學者的重視。

第二節 ·
地理學的新發展

秦漢時期，國家的統一，疆域的拓展，政治的穩定，經濟的繁榮和四通八達的交通網的形成，為人們提供了更廣闊的視野，同時也為地理學的發展提供了極為有利的條件。這一時期，無論在地圖的製作，地理學知識的豐富，還是在地理學著述方面，都比前代有了很大的提高。

一、地圖的製作

地圖是地理學知識的形象表述的畫圖，也是地理學發展水準的一面鏡子。中國具有悠久的地圖製作的歷史。但是，究竟何時中國才有地圖，卻是一個難以斷言的問題。因為中國的文字是由圖畫而來，有一些文字本身就是一幅地形圖，如「山」字寫成「⩕」等。大概原始的地圖是依據傳聞而繪成的表示不同地區特有的山川、草木、禽獸等的示意圖，或在目視所及的地區包含有某些地物的平面

圖。中國古代文獻對於地圖的記載很早。如《周禮・地官》中就記載：大司徒「掌建邦之土地之圖」，遂人「掌邦之野，以土地之圖經田野」，土訓「掌道地圖以詔地事」等。一般認為，至遲到戰國時期，中國古代的地圖就已經包含有山川河流、陵陸丘阜、植被狀況、城郭道路等內容，而且對於它們之間的方位、距離、大小等要素都有了一定的表示方法，地圖的製作手法已經相當成熟。

秦始皇統一六國後，為了加強對全國的控制，實施有效的管理，十分重視地圖的繪製與收集工作。據估計，在當時不僅備有六國地圖，而且還可能有了天下一統的綜合輿圖。《史記・蕭相國世家》記載，劉邦軍攻入秦都咸陽後，「諸將爭趨金帛財物之府分之，（兼）何獨先入秦丞相御史律令圖書藏之」。劉邦因而得以知道「天下阨塞、戶口多少，強弱之處」，它對於劉邦戰勝項羽、建立漢朝起了很大作用。由此也可以看出當時地圖已具有了一定的準確性和豐富的內容。可惜，由於地圖不易保存，秦代的地圖一幅也沒能流傳下來。

漢代的地圖製作有了更大的發展。漢代的地圖又稱為「輿地圖」。從一些史書記載看，漢代的地圖是比較精確的。如《史記・淮南王劉安列傳》記載，淮南王劉安想要謀反，「日夜與伍被、左吳等案輿地圖，部署兵所從入」。可見劉安等人是從地圖上研究部署進軍關中的路線，說明當時的地圖已相當精確、可靠。又如《漢書・嚴助傳》記載漢武帝曾打算攻擊閩越，「以其地圖察其山川要塞，相去不過數寸，而閩獨數百里」。這是說閩越地區已有了小比例尺的地圖，從圖上看只有幾寸，而實際上卻有數百千里遠。《後漢書・張衡傳》還記載張衡曾撰《算罔論》，唐李賢注為「蓋罔絡天地而算之，因名焉」。從「罔絡天地而算之」一語看，當時似已有了罔絡天地的地圖。英國科技史家李約瑟將其稱為方格圖。若果如其言，則是漢代地圖製作上相當大的改進。

絕大部分漢代地圖已蕩然無存。所幸的是，一九七三年在長沙馬王堆漢墓中發現了三幅繪在帛上的地圖，有地形圖、駐軍圖、城邑圖各一幅，是距今二千一百年前西漢初年繪製的。這三幅地圖的發現，使我們窺知當時地圖測繪的精度、技術、形制等問題，為研究古代地圖提供了珍貴的實物資料。下面對這幾幅地圖的基本情況作一介紹。

地形圖長寬各九十六釐米，圖的地形範圍在湖南省南部的瀟水流域一帶，瀟水是湘江第一大支流。圖上繪有山脈、河流、居民點和道路等。山脈用閉合曲線表示，閉合曲線裡還附加暈線，使山脈的輪廓和走向躍然紙上。圖上的九嶷山除用比較粗的閉合曲線勾出山體外，又用細線畫成魚鱗狀，表示峰巒起伏的特徵，很像現代的等高線畫法。河流用上游細、下游漸次變粗的曲線表示，生動地反映了河流的自然特徵；它的注記有一定的位置，深水（就是現在的瀟水）和冷水還注明了水源。居民點中，縣治用方框表示，鄉里用圓圈標出，注記都在框裡。道路用細線表示。整幅地圖繁而不亂，井然有序。

　　駐軍圖長九十八釐米，寬七十八釐米，它的範圍只是在地形圖的東南部地區，內容除山脈、河流、居民點和道路外，還表明了駐軍的布防、防區界線和指揮城堡等，反映了軍事守備部的特點。它是一幅彩色地圖，河流、湖泊用田青色，軍事駐地用黑底套紅勾框，居民點用紅圈或黑圈，有的還在旁邊注上戶數，道路用紅色虛線，等等。整幅圖給人一目了然的感覺。此外，該圖還將難以用符號標記的軍事要素加以文字說明，有關的作戰思想和戰鬥決心也有文字說明。

　　城邑圖是一個縣城的平面圖，繪有城垣和房屋等。

　　從以上三幅地圖看，漢代的地圖已具有以下幾個明顯的特徵：第一，圖裡的內容已具備了現代地形圖的基本要素，而且已經採用了統一的圖例。這些圖都有固定的方位和比例尺，方位是下北、上南、左為東、右為西，與現代地圖的方位正好相反。地形圖在中心部位的比例尺為十八萬分之一，周圍治外部要小一些。駐軍圖比例尺為八萬到十萬分之一。這些圖對於山脈、河流、居民點和道路等，都有一定的標記。第二，繪製技術熟練高超，精確度高。從這三幅出土的地圖看，漢代的清繪技術已相當熟練，如河流粗細變化均勻，河口處沒有通常容易繪錯的倒流現象等。從繪製的精度看，專家們曾把這份地形圖與現代南嶺地區的地形簡圖比較，深水（今瀟水）河道已與今日相彷彿，縣城中的營鋪（今湖南道縣）、南平（今藍山縣）、春陵（今新田縣）等位置準確，九嶷山和都龐嶺迂曲盤繞，也與今天位置大體相當。第三，這些地圖是經過實測而繪製的，因而也必然涉及測繪技術。要繪製具有一定精確度的地圖，不經過實地勘測是不行的。把高低不平的地形繪成平面圖形，需要進行計算，這時期雖有勾股重差法能夠勝任

這項計算，但對這樣大面積的地區進行全面測量、逐處計算卻絕非易事。從地圖上看，九嶷山的高度顯然是經過測量的，其餘的高度和坡度可能是估計的。但是，考慮到它們是距今兩千多年以前的漢代人的作品，其科學的態度與高超的製圖水準仍令人嘆服。

二、《史記》、《漢書》的地理學成就

早在先秦時期，中國就有了一些重要的地理學著作，如《山海經》、《禹貢》等。到了漢代，中國地理學著作方面又呈現出了新的氣象，取得了令人矚目的成就。《史記》和《漢書》，不僅是兩部重要的史學著作，而且也是具有劃時代意義的地理學著作，代表了當時地理學發展的最高水準。

在司馬遷所撰寫的《史記》一書中，豐富而又翔實的地理學知識在多方面得到體現，並給人一種耳目一新的感受。如其中的《河渠書》，是中國古代第一部專論水瀆的地理學著作。《禹貢》記載了人們的治河治水活動，但其中講到水瀆的部分不及全篇的三分之一。《河渠書》在一定意義上可以說是對《禹貢》導水部分的繼承和發揮。全篇共分為三個部分。第一部分敘禹跡，但並不囿於《禹貢》的記述，而是在親自勘探、考察的基礎上，提出了一些新的、發人深省的問題。如對於大禹治水為什麼要導河北行、至碣石入海，而不順流東經徐州入海這一問題，司馬遷經過自己的實地考察，得出了這樣的結論，即：「禹以為河所從來者高（指龍門—朔方一段地勢高、落差大），水湍悍，難以行平地，數為敗」，因而於下游「廝二渠以引其河，北載之高地」，「入於渤海」。這不僅是前人之所未發，而且也體現了司馬遷「事必實際考察，深入思考」的作風。書的第二部分記述了漢以前的水利工程，重點講了在秦國蜀守李冰主持下，對岷江的治理工程，以及秦鄭國渠的修築。第三部分則是對漢代水利工程的記載，這是全篇的重點。漢代治水有三個目的，即治水害、通漕運、溉農田。在司馬遷所生活的漢代，黃河已發生兩次決口，一次是在文帝十二年（前 168 年），另一次是在武帝元光三年（前 132 年）。這兩次水害都給人們的生產和生活造成了很大的破壞。《河渠書》就記載了這兩次治河的過程。漕渠的主要工程是引渭水，自長安東行

三百餘里至於河，以代替渭水漕運，三年而成。渠旁又可以之溉田，其利甚博。此外，書中還記載了關中的龍首渠、關東地區的引淮引汶、河西走廊的開渠灌田等工程。

從某種意義上說，《史記・貨殖列傳》也是一部很有價值的地理學著作。它記載了當時中國各地的地理條件、自然資源和物產，指出了區域特點和相互間的聯繫，描繪出了兩千年前中國經濟地理的概貌，可以說是中國古代經濟地理的一部代表作。它不僅對於拓展人們的視野，而且對於指導人們的經濟活動、加強各地區間的經濟往來也有著直接的指導意義。

此外，在《史記》一書中，還有大量對於中國邊遠地區和周圍國家風土人情的記載。如《匈奴列傳》、《南越列傳》、《東越列傳》、《朝鮮列傳》、《西南夷列傳》、《大宛列傳》等，保存了大量中國邊遠地區及域外地理資料。《大宛列傳》是根據張騫通西域的第一手材料寫成的。其中對當時大宛、康居、奄蔡、大月氏、大夏、安息、條枝、身毒等國和地區的人口、兵力、物產、城鎮、交通、河流、湖泊、氣候以及彼此間的相對位置和距離等，都作了不同程度的介紹，可以說是中國古代有關中亞、西亞和南亞一些國家經濟地理的最早文獻。

與《史記》一樣，《漢書》也是一部頗具影響的地理學著作。其中最值得稱道的，當推《地理志》。《漢書・地理志》是中國歷史上第一部以「地理」命名的地學著作。此前的《山海經》、《禹貢》等，雖為地理學方面的重要著作，卻都沒有「地理」之名。《漢書・地理志》由三部分組成。第一和第三部分分別收錄了前人的地理著述，如《禹貢》和《職方》等。第二部分是全篇的主體，由班固首創，為中國古代地理學著作開創了一種新的體制，這就是以記述疆域政區的建置為主的疆域地理志。這種體制，為以後中國歷代正史中《地理志》的撰寫提供了寶貴的範例。而《漢書》作為一部重要的地理學著作，其價值也主要體現在這方面。

《漢書・地理志》以西漢平帝元始二年（2年）的建置為基礎，以疆域政區為綱，依次敘述了全國一百零三個郡（國）和所管轄的一千五百八十七個縣（道、邑、侯國）的建置沿革情況。在每一個郡（國）項中，都記有當地的戶口

數，部分郡（國）還記有某些重要的自然和經濟情況。在縣（道、邑、侯國）下還簡要記載了有關山川、水泊、特產、官營工礦、關塞、祠廟、古蹟等情況。據統計，該志所記的山脈共一百三十四座，各具名稱，而且大多記有方位；所記水道和陂澤湖池等三百多處，在水道發源地所在縣項下注明它的源頭、流向，對比較大的河流還記有所納支流和經行里數等內容；所記鹽官三十六處，鐵官四十八處。毫無疑問，這些記載具有十分重要的經濟和研究價值，是很寶貴的地理文獻資料。它對於全國及各郡國人口數位的記載，是中國最早的人口統計資料。

不僅如此，《漢書・地理志》中還記載了不少礦藏及其分布情況，因而對於中國科技史的研究具有廣泛的參考價值。志中除了記載鹽、鐵、銅、金、銀等常見的礦產外，還記載了鉛、錫、文石（又叫霰石，是碳酸鈣的一種晶體礦物）、石油和天然氣等情況。如在上郡高奴縣（今陝西延安）項下，記有「有洧水，可燃」，洧水就是今延河。那時有石油浮在延河水面，所以可以燃燒。這是中國關於石油資源的最早記載。又如在西河郡鴻門縣（今陝西神木）下，記有「有天封苑火井祠，火從地出也」。這是中國關於天然氣的早期記載。

總之，《漢書・地理志》是中國地理學發展史上一部具有劃時代意義的不朽之作。它不僅包含有豐富的自然地理知識，而且也有大量人文地理的內容。它開創了中國古代特有的地理學模式。從《漢書・地理志》開始，中國正史中有三分之二都撰有「地理志」，並且都以其為範本。而中國的地理學著作中，有相當大的篇幅也為這類作品。從某種意義上說，《漢書・地理志》的出現，標誌著中國古代地理學的走向成熟；同時，它也是漢代社會政治穩定、經濟繁榮的一個縮影。

三、氣象與農業生產

對於大氣現象的觀察與研究，是人們認識自身生存空間——地球的一個有機組成部分。人類在地球上生存、活動，時刻也離不開一定的氣候現象，並根據氣象狀況來安排自己的生產與生活。在古代，氣象和氣候知識的積累與應用在農業

生產中占有十分重要的地位。中國自古以農立國，無論是政府機構還是民間，都非常重視對各種氣象現象的觀察、記錄與研究。

大約在戰國末期，中國就已有了比較系統的二十四節氣的概念。秦漢時期，人們在對氣候週期進行長期的觀測、研究的基礎上，二十四節氣的概念已臻於完善。在《淮南子》一書中，有與現在完全一致的二十四節氣名稱的記載。對於二十四節氣的認識，是中國古代勞動人民的一項創造，它集科學性與客觀性於一體，一直為後世所沿用，並流傳到鄰近一些國家。一九二八年，在國際氣象臺臺長會議上，英國著名氣象學家蕭伯納還呼籲歐美等國採用中國的二十四節氣。這足以證明中國古代這項科技成就的深遠影響。

二十四節氣之所以從提出到現在一直為人們所採用，具有如此廣泛而深遠的影響，主要是因為它巧妙地將自然現象的有規律的變化與人們的生產、生活有機地結合在一起。二十四節氣中的每一個節氣，都有它特定的意義。有的是反映季節變化，如立春、立夏、立秋、立冬、春分、夏至、秋分、冬至；有的是反映氣溫變化，如小暑、大暑、處暑、小寒、大寒；有的是反映降水和水凝物情況，如雨水、穀雨、白露、寒露、霜降、小雪、大雪；有的是反映物候和作物生長情況，如驚蟄、清明、小滿、芒種。如果把二十四個節氣聯繫起來看，就能看出一年中冷、熱、雨、雪的變化和物候變化，並掌握一年中春夏秋冬寒來暑往的變化規律，以此來安排生產和生活。

水利是農業的命脈。而一年中的降雨情況與農業生產、水利工程有著密切的關係。中國幅員遼闊，各地降水分布極不均勻，但對於降水情況的觀察與記錄卻是同樣地重視。中國古代對於降水情況的記載，早在先秦文獻中就比比皆是。秦漢時期也是如此。在湖北雲夢出土的秦簡中，就有這樣的記載：「稼已生而後雨，亦輒言雨水多，所利頃數。」據研究，秦代可能有一項法令，要求各地報告莊稼生長時降水情況，可見當時政府對氣象的關心。《後漢書·禮儀志》載：「自立春至立夏盡立秋，郡國上雨澤。」這是漢代政府要求各地向中央報告春、夏、秋三季的降雨情況。為了上報雨量情況，當時必定有一種計量降雨量的器具，可惜至今未發現秦漢時代有關的記載和文物。

春夏之際，在中國的江淮流域常存在著較長時間的陰雨天氣，因時值江南梅子成熟，又稱「梅雨」。據東漢應劭《風俗通》記載：「五月落梅風，江淮以為信風；又有霖霪，號為梅雨，沾衣皆敗黬。」這說明至少在漢代人們已注意到了梅雨這種氣候。由於梅雨季節，正是當地作物生長時節，因此雨水狀況對農作物的生長及當年的收成影響重大。若雨水調和，則極有利於作物生長；若雨水持續時間過長或過短，雨量過多或過少，入梅過早或過晚，則都會引起旱澇災害，從而影響到農業收成。所以江淮一帶對於梅雨現象十分重視是很自然的。

　　除雨以外，風也是影響人們的生產與生活的一種重要的自然現象。中國對於風的觀測與研究，起源很早。在殷墟出土的甲骨卜辭中，就有一個「倪」字，據研究它是一種在長杆上繫以帛條或鳥羽而成的簡單的測風器。《淮南子·齊俗訓》也記載：「倪之見風也，無須臾之閑定矣。」這是說倪在風的作用下，隨時轉動，沒有靜止的時候。古代以倪測風向，主要用於農業、軍事等活動。在漢代，對於測風的儀器有不少記載。如把倪稱為「綄」，並對之作了較大的改進。《爾雅·釋言》說：「又船上候風羽，謂之綄，楚謂之五兩。」這是說給綄規定了統一的標準，不僅可以測風向，而且還可以測定風力的大小。直到今天，中國民間船桅上還掛著風幡、風旗一類的東西。到東漢時，有人又製造出了更為先進的測風儀器。據《三輔黃圖》記載：「漢靈臺，在長安西北八里。……郭延生《述征記》曰：長安宮南有靈臺，高十五仞，上有渾儀，張衡所製。又有相風銅烏，遇風乃動」，「上下有轉樞，向風若翔」。這種風向標記為烏鴉形狀，頭小尾大，遇風轉動，烏鴉頭指向風來的方向。一九七一年，中國考古工作者在河北安平逮家莊一座東漢古墓中，出土了一幅東漢建築群鳥瞰圖，在其後的一座鐘樓上立有相風烏，從而證明當時相風烏的確存在。此外，《淮南子·天文訓》中還把風分為八種，指出了它們的季節性，這是中國早期的風向變化規律與風力分級標準的認識。

　　據《淮南子·說山訓》記載，中國西漢時期還發明了一種測量空氣濕度的天平式濕度計，名為「懸土炭」法。其方法是在衡（類似天平）的一端懸土，另一端懸炭，「使輕重等，懸空中。天時雨，則炭重；天時晴，則炭輕」。由於炭能吸收水分，「燥故炭輕，濕故炭重」。所以能使天平傾斜發生變化。人們根據這

種變化，還能推測晴雨的變化，所謂「懸炭識雨」，起到晴雨計的作用。這是中國古代最早關於濕度計的記載，它反映了中國古代勞動人民的高度智慧。歐洲直到一千多年以後才出現了濕度計。

第三節 ·
漢代醫藥學

　　中國醫學的歷史源遠流長。早在戰國時期，就出現了以《黃帝內經》為代表的醫學理論著作，並湧現了以扁鵲為代表的一大批卓有成就的醫學大師，初步建立了中國的醫學體系。到秦漢時期，中國的醫學有了長足的發展，在藥物學、內科與外科諸領域，都取得了輝煌的成就，從而基本形成了中國古代中醫體系。當然，這一時期的醫學發展本身也經歷了一個由恢復到創新的過程。大約成書於西漢時期的《難經》，可以說是對先秦時期遺留下來的豐富而又零散的醫療經驗的概括、總結與發展。《難經》舊稱秦越人（扁鵲）撰，但顯係偽託。這是一本釋難之作，書中以問答的形式，討論了八十一個醫學中的疑難問題，對於脈學、經絡、臟腑、針法、病證等均有涉及。書中發展了《黃帝內經》的寸口脈法，提出了對中醫經絡臟腑理論具有重要意義的「奇經八脈」和「右腎命門」學說，並探討了人體的結構，提出了「七衝門」和「三焦無形」說，可以說是西漢時期中醫理論方面的代表作。同時，西漢初期還出現了一位傑出的、有影響的名醫，即淳于意。據《史記·扁鵲倉公列傳》載，淳于意是臨菑（今山東臨淄）人，因曾做過齊國太倉長，所以被稱為「太倉公」。他曾受過漢文帝的召見，並對文帝提出

的醫學問題作了詳細的回答，其答辭載於《史記》一書。這也是中國現存的最早的病案資料。由於其「診籍」詳細地記載了患者的姓名、性別、職業、裡居、病因、病機、症狀、治療和預後等內容，並且涉及內、外、婦產、口齒等科，因而成為我們了解和研究西漢初年醫學發展水準的十分珍貴的第一手資料。不過，一般認為，西漢時期的醫學主要還是對於先秦醫學的繼承，屬於醫學發展的恢復和積蓄階段；到了東漢時期，才有了實質性的發展。其主要表現是：在中醫著作方面，出現了中醫藥專著《神農本草經》，它與戰國時期《黃帝內經》並稱為中醫兩大醫典。此後，歷代醫學雖都有自己獨特的創造，但都未能擺脫這時奠定的中醫基本理論與方法。

一、《神農本草經》

中醫理論體系的發展與成熟，離不開藥物學的進步；事實上，後者本身就是古代中醫體系的有機組成部分。中國的先民們在長期的醫療和生活實踐中，積累了豐富的藥物學知識，成為中醫發展不可或缺的條件。如成書於戰國時期的《山海經》，就記載了一百二十六種藥物的名稱，並對一些藥物的產地和效用作了記述。據《史記·扁鵲倉公列傳》記載，淳於意以藥物治病，他從公乘陽慶那裡繼承了諸種醫學書籍，其中就有《藥論》一書，說明在西漢初年已經有了藥物學專著。《漢書·游俠傳》記載樓護能「誦醫經、本草、方術數十萬言」，說明這時的「本草」（即藥物學著作）已經頗具規模。而從一九七三年長沙馬王堆漢墓出土的一些醫學書籍看，西漢時期人們的藥物學知識已經相當豐富。漢代藥物學的發展，除了漢族人民自己的不斷積累之外，還得益於與周邊少數民族地區與國家的經濟、文化交流。

中國現存的最早的藥物學專著是《神農本草經》。因為大部分中藥是植物藥，所以古代徑稱藥物為「本草」，這部藥物學專著也被冠以「本草經」之名。之所以託名「神農」，大概是因為古代有神農嘗百草而發現藥物的傳說。關於此書的作者及成書年代，歷來眾說紛紜，莫衷一是。一般認為它與《黃帝內經》一樣，也不是出自一時一人之手，而是經過秦漢時期很多醫學家的總結、搜集、整

理，最後在東漢早期編輯成書的。《神農本草經》對戰國以來的藥學知識和用藥經驗進行了系統而全面的總結，反映了漢代藥物學的發展水準。

《神農本草經》全書三卷（或作四卷），共收錄藥物三百六十五種，其中植物藥二百五十二種，動物藥六十七種，礦物藥四十六種。書中根據藥物的不同性能和使用目的，將藥物分成上、中、下三品，這是中國藥物學早期的一種分類法。上品大都是補養藥物，一般說是沒有毒或毒性較小的，共一百二十種。中品多是兼有攻治某些疾病和滋補作用的藥物，有些是有毒的，也有一百二十種。下品多是有毒而專門用以攻治疾病的藥物，共一百二十五種。對於每一種藥物，書中都作了比較詳細的說明，包括藥物的性能功效、主治病症、出產地域、採集時節、入藥部位、炮製和儲藏方法以及異名等內容。其中提到的主治病症名稱達一百七十多種，涉及內科、外科、婦科、五官科等方面的疾病。

長期臨床實踐和科學研究證明，書裡所記載的藥物絕大部分是正確的。如《神農本草經》記載黃連「治腸澼，腹痛下利」，歷代醫家皆遵其說，把黃連當作治痢要藥，並取得明顯療效。現代化學研究表明，黃連中所含的小檗城對傷寒桿菌、大腸桿菌、鏈球菌，特別是各種痢疾桿菌，都有較強的抑制作用，現在臨床上仍把黃連或小檗城廣泛用於菌痢、腸炎、腸傷寒等感染性疾病。又如書中記載麻黃「治中風傷寒、頭痛，發表出汗，止咳逆上氣，除寒熱」，這些功效都被古今醫學家的醫療實踐和現代科學實驗所證實。書中指出，水銀可以「治疥瘙痂瘍白禿，殺皮膚中蟲虱」，臨床證實，用水銀治療皮膚疾患確有良好療效。這是世界醫藥史上用汞劑治療皮膚病的較早記載。此外，書中還有許多被實踐或實驗所證實了的科學記載，如常山截瘧、大黃瀉下、人參補虛、甘草解毒、海藻療癭、雷丸殺蟲等等，不勝枚舉。在一九七七年出版的《中華人民共和國藥典》中，其中就收入了《神農本草經》所記載的藥物一百五十八種。這也從一個側面反映了《神農本草經》在古代乃至今天不失為一部具有重要參考價值的醫藥學工具書。

《神農本草經》還對一些藥物學理論作了有益的探討，提出了不少真知灼見。在《神農本草經》的序文中，就簡要地記述了當時關於藥物配伍的原則，並首次提出了醫方裡主藥和輔助藥之間「君臣佐使」的方劑理論，指出「合和宜用

一君、二臣、三佐，又可一君、三臣、九佐」。這種「君臣佐使」的概念，一直為後世方劑學所沿用。書中還把藥物的配伍情況歸納為「單行」、「相須」、「相使」、「相畏」、「相惡」、「相反」、「相殺」七種，稱為「七情」，並指出，使用複方時，「當用相須相使者良，勿用相惡相反者。若有毒宜制，可用相畏相殺者，不爾勿用也」。這就是說，並不是所有藥物都可以隨便拿來配合使用，而應當根據藥物的不同性能採用不同的劑型。書中還指出藥物的劑型會影響療效，有的宜製成丸劑，有的宜製成散劑，有的宜水煮，有的宜酒漬，有的宜膏煎。總之，應當根據病情的不同而採用不同的治療方法，以取得最佳的治療效果。所有這些，都足以說明《神農本草經》的藥物學知識確已達到比較高的水準。

由於歷史條件的限制，《神農本草經》也存在某些缺點和不足。如漢代流行的天人合一思想、神仙不死的觀念在書中也有所反映；書中記載的某些藥物性能有誤或不夠全面，藥物的種類比起後來的藥學著作也顯得有限。儘管《神農本草經》在許多方面存在不足之處，它仍不失為中國東漢以前藥學知識的集大成之作，包含了許多具有科學價值的內容，因而被歷代醫家尊為藥物學的經典著作。《神農本草經》原書在唐代已失傳，但其內容由梁代《本草經集注》、唐代《新修本草》、宋代《證類本草》、明代《本草綱目》等書保存了下來。其輯佚本有明代盧復輯本、清代孫星衍、顧觀光輯本及日人森立之的輯本。

二、張仲景與《傷寒雜病論》

中國古代一般把疾病分為外感病和內傷雜病兩類。所謂外感病，是指外界邪氣侵入體內導致的急性病症，多表現為發熱症狀，其病因以「傷寒」為主，故又稱「傷寒」；所謂雜病，則指外感病之外的其他內傷病症，包括內科、外科、婦科等多種疾病。對於這兩類疾病，中國古代許多醫家都作過不同程度的探討，並提出過許多精闢的見解。但是，直到東漢以前，一直沒有人對此進行系統的理論概括，提出能適合於各科疾病治療的指導性原則。這項工作，是由東漢末年中國著名的醫學大師張仲景所完成的。他所著的《傷寒雜病論》，正是這樣一部能指

導各中醫學科發展的集大成的理論著作。

　　張仲景，名機，南陽郡（今河南南陽）人，生活年代約在二世紀中葉至三世紀初。據《名醫錄》記載，他曾做過長沙太守，故被人稱為「張長沙。」在《傷寒雜病論‧自序》中，張仲景曾對他所處的時代和其著述的緣由作過一定的敘述。在他所處的東漢末年，由於封建中央政府的腐敗無能，天災人禍連年不斷，社會動亂，戰火頻仍，經濟凋敝，疫病流行，人民傷亡不計其數。僅以張仲景一家為例，其家族原有二百餘人，自建安元年（196 年）之後，不到十年時間就死去了三分之二，其中百分之七十死於傷寒。在這樣的時代，人們除了需要政治上的安定與經濟的恢復之外，也迫切需要提高對疾病的防治水準。然而，當時的士大夫大多是利祿之徒，忙於攀附權貴，追名逐利，而不肯用心醫學；一幫庸醫們則安於「各承家技，終始順舊」，不肯認真鑽研醫術，馬虎從事，貽害民眾。百姓的疾苦，家族的災難，以及當時的醫界現狀，這些都促使張仲景精研醫術，「勤求古訓，博採眾方」，努力學習和繼承前人的醫藥學成果，並力求創新。在刻苦鑽研古代醫典的基礎上，結合自己的親身實踐，廣泛吸取民間有益的醫學經驗，張仲景完成了他的劃時代的醫學巨著——《傷寒雜病論》。

　　《傷寒雜病論》原書為十六卷，但成書後很快散失於戰亂之中。西晉名醫王叔和重新搜集、整理編次，才使此書內容得以保存下來。不過，此書在宋代之前流傳並不廣泛。北宋林億等人對其作了校訂，並將其整理成《傷寒論》和《金匱要略》兩書，前者專論傷寒，後者專論雜病。兩書雖不是張仲景的原著，但其中多數仍是張氏的遺文。從兩書的內容看，張仲景確實對傳統的中醫理論有許多重大的突破，代表了漢代醫學的最高水準。

　　在《傷寒論》一書中，張仲景明確提出了「六經辨證」的原則。所謂「六經」，即太陽、陽明、少陽、太陰、少陰、厥陰六經。關於六經辨證的方法，始見於《黃帝內經》。《內經》指出傷寒一曰太陽受病，二曰陽明受病，三曰少陽受病，四曰太陰受病，五曰少陰受病，六曰厥陰受病；並根據熱病出現與經絡循行部位的臨床症狀，來確定病在何經。《傷寒論》繼承了《內經》的理論，但在具體的六經辨證方法上有了很大的發展，其三陽三陰不再單指六條經絡，而且還包含了與經絡連屬的臟腑。首先，張仲景根據急性熱病共有的和特殊的、初期的

和晚期的、治療有效的和誤治惡化的等各種不同情況所反映出來的不同症狀和體征，將各種病情歸納成為六大症候群，即太陽病、陽明病、少陽病、太陰病、少陰病、厥陰病。前三種稱為三陽病，後三種稱為三陰病。每一症候群又用一組突出的臨床症狀、體徵和脈象作為辨證的主要依據，還探究了具體的病症轉變過程，來正確地辨認病理變化。在這方面，張仲景突破了《內經》中的有關論述，不再機械地強調日傳一經，提出了傳經不拘時日，傳受既可以順經傳，也可以越經傳、逆經傳，還可以兩經合病、並病，或者直中陰經而成陰證，判斷證屬何經，必須以臨床表現為依據。這一論斷，為準確地掌握病候實質，分清疾病的主次、輕重、緩急和作出比較切合實際的診斷提出了客觀的依據。所以直到現在，《傷寒論》的六經辨證原則仍被廣泛應用於臨床醫學。

在提出六經辨證原則的基礎上，張仲景還根據臨床上出現的各種錯綜複雜的徵候，概括成為陰、陽、表、裡、寒、熱、虛、實八類，並以此來判別病症的屬性、病位的深淺、人體的抗病能力及病情的不同表現，使病情的診治有一個綱領性的認識。這就是人們所說的「八綱。」他把脈分為陰陽兩類，浮、數、洪、大、滑、靈等屬於陽，沉、退、細、微、澀、弱等屬於陰。「證」也分為陰陽兩類，如「發熱惡寒」為陽，「無熱惡寒」為陰等。「治」法也分為陰陽兩類以確定處方，如病在三陽多現陽脈，病機向上向表，屬熱屬實，表者以麻黃湯發汗，上者以瓜蒂散催吐，熱者以白虎湯清理，實者以承氣湯發瀉。反之，病在三陰，多為陰證，病機向下向裡，屬寒屬虛，應用區別於三陽病的不同處方治理。「八綱」的提出，為人們準確地確定疾病的部位，決定疾病的性質，並進而達到有效的治療效果提供了科學的保障。

在對具體疾病的治療上，張仲景也突破了前人的學說，大膽提出了自己的見解。如《黃帝內經》認為：「其未滿三日者，可汗而已；其滿三日者，可泄而已。」即是說，初病三日，病在三陽，用汗法治療；三日之後，病入三陰，轉用下法。這在臨床實踐中是很受侷限的。對此，張仲景首先確立了自己的施治原則，即對三陽病以「驅邪」即消除病邪為主，對三陰病以「扶正」即恢復機體的抗病能力為主。而在具體的實踐中，又有相當大的靈活性，強調應根據病情的不同及其變化，採用「隨症施治」的方法。後人將其多種治療方法歸納為「八

法」，即：邪在肌表用汗法，邪壅於上用吐法，邪實於裡用下法，邪在半表半裡用和法，寒症用溫法，熱症用清法，虛症用補法，屬於積滯、腫塊一類的病症用消法。根據病情的不同，可以單用一法，也可以幾法互相配合使用，這就大大地豐富和發展了中醫的辨證論治思想。此外，張仲景還總結了針刺、灸、烙、溫熨、藥摩、洗浴、潤導、浸足、灌耳、吹耳、舌下含藥等具體療法，根據不同的病症分別選用，從而使中醫的治療手段趨於完備。

《金匱要略》本是《傷寒雜病論》的雜病部分，論述了內科、外科、婦科等雜病的辨證論治，其中又以內科病症為主。該書以中醫整體觀念為指導，以臟腑經絡學說為理論依據，認為疾病的產生都是整體功能失調、臟腑經絡病理變化的反映，從而提出了臟腑經絡病機和陰陽表裡虛實寒熱「八綱」相結合，病與證相結合的辨證方法。對於疾病的產生原因，他分析說：「千般災難，不越三條：一者，經絡受邪入臟腑，為內所因也；二者，四肢九竅，血脈相傳，壅塞不通，為外皮膚所中也；三者，房室、金刃、蟲獸所傷。以此詳之，病由都盡。」這是總的原則。但對於某一具體的病症，則又需根據不同情況區別對待。如中風病，病因是內因為主，但在臨床表現上，又有在經、在絡、入腑、入髒等不同症型。由於他採取了比較進步的辨證方法，因而其治療用藥每每取得良好的療效。在《金匱要略》一書中，記載了二百四十五個處方；這些與《傷寒論》所載的一百一十三個處方相加，去掉重複部分，共三百二十三個，基本上包括了臨床各科的常用方劑，被後世稱為「經方」，多所引用。

在《傷寒雜病論》一書中，我們可以隨處見到張仲景辨證施治的成功範例。如在內科疾病方面，他對黃疸、腸癰、腫癰、痢疾等的治療，直到今天仍有很高的實用價值和療效。如對黃疸病，他根據病因和症候特點，將其分為酒疸、穀疸、女勞疸、黑疸等，認為其病機多與脾胃濕熱有關，主張以清熱利濕為治療原則，其偏於熱者，以清熱為主，用茵陳蒿湯，梔子柏皮湯；偏於濕者，以利尿為主，用五苓散；濕熱並重者，則清熱利濕，用茵陳五苓散之類。現在中醫治黃疸仍沿用上述法則。又如對腸癰（大致相當於現代醫學的闌尾炎），他選用的兩個代表性方劑是「大黃牡丹皮湯」和「薏苡附子敗醬散」，療效也很明顯，至今仍是治療闌尾炎的基本方法之一。在外科疾病治療上，張仲景創造了豬膽汁灌湯

法，抬高患肢以治療「大腿腫痛，堅硬如石，痛苦異常」等方法。在婦科疾病治療上，他對癥病、閉經、漏下、妊娠惡阻、產後病以及瘤腫在內的腹腫塊等，都作了詳盡的辨證並提出了行之有效的治療方法。另外，在急症救護上，他對搶救自縊初死者的方法也作了詳細、生動的記載。

總之，張仲景的《傷寒雜病論》一書，不僅提出了以「六經」、「八綱」、「八法」為主體的包括外感熱病和內傷雜病在內的完整的辨證論治理論，而且提供了許多臨床醫學實踐的有效方法與成功範例，從而確立了中醫學的辨證論治法則，為中國醫學的進一步發展奠定了堅實的基礎。他不愧為一代「醫聖」。

第四節 ·
地震觀測及
其他自然科學知識

秦漢時期，中國勞動人民在長期的生產和生活實踐中，對自然界的興趣和認識漸趨廣泛，視野更加開闊。在自然科學領域，不僅如天文、數學、地學和醫學等傳統學科較之前代有了較大的進步，而且也獲取了地震、電磁、化學等許多新的知識。

一、張衡與地動儀

中國是一個地震較多的國家。在古代，由於人們缺乏對地球運動的了解，更

由於缺乏對地震的預知和必要的防震措施，因而一次較大的地震常給生活在那裡的人們帶來很大的損失。從漢代開始，人們就把地震作為「災異」記入各朝代史的《五行志》中。據研究，中國兩漢時期共發生了二十八次較大的地震，所記錄下來的各次地震破壞情況有「地坼湧水」、「敗壞城廓」、「山谷坼裂」、「傷害人物」、「壓殺人」等。其中西漢宣帝本始四年（前 70 年）發生於中原地區的一次地震，造成六千餘人死亡。正是由於這一嚴峻的現實，促使人們對地震加以關注、研究。在漢代，對中國地震學發展作出最大貢獻的是張衡。

關於張衡在自然科學方面所取得的成就，前文已幾次提及。這裡，僅介紹他於東漢順帝陽嘉元年（132 年）發明的「候風地動儀」。這是世界上第一臺觀測地震方位的儀器。《後漢書・張衡傳》對這臺儀器有較具體的描述。據記載，地動儀「以精銅鑄成，圓徑八尺，合蓋隆起，形似酒尊」。裡面的結構，主要有立於中央部位的「都柱」（相當於一種倒立型的振擺）和它周圍的「八道」（振擺周圍的八組機械裝置），外面相應地設置八條口含小銅丸的龍，每個龍頭下有一隻張口向上的蟾蜍。一旦發生比較強烈的地震，「都柱」因震波的衝擊失去平衡，震波從哪一個方向來，「八道」中哪一個方向的一道就被觸動，使相應的龍口張開，小銅丸就落入下面蟾蜍口裡，觀測的人就知道在什麼時間、什麼方向發生了地震。地動儀製成後，安置於當時的都城洛陽靈臺。

據記載，漢順帝永和三年（138 年）二月初三日，地動儀西側一條龍突然吐出銅丸。當時京城的人們沒有感到有地震發生，於是便議論紛紛，認為張衡發明的地動儀不靈。但是不久，隴西（今甘肅東南部）有人飛馬來報，說那裡二月初三日的確發生了地震。這說明張衡的地動儀是比較準確的。在《續漢書・五行志》中，對於隴西發生的這次地震有如下記載：「金城、隴西地震，裂城廓，室屋多壞，壓殺人。」據分析，這次地震的震級在六級以上。這也是人類歷史上第一次用儀器來觀測地震。在國外，直到十三世紀，在波斯馬拉哈天文臺才有了類似的儀器。到十八世紀，歐洲才出現了利用水銀溢流來記錄地震的儀器。

值得一提的是，張衡設計的地動儀，也體現了他的自然哲學。地動儀形似酒樽（卵形），直徑和渾象一樣大，象徵渾天說的天；立有都柱的平底，表示大

地，籠罩在天內；儀體上雕刻的山龜鳥獸等可能象徵山巒和青龍、白虎、朱雀、玄武等二十八宿，所刻篆文大約是乾坤震巽坎離艮兌，表示八方之氣；八龍在上象徵陽，蟾蜍居下象徵陰，構成陰陽上下的動靜辯證關係；都柱象徵天柱，居於頂天立地的地位。如果結合當時的天體理論與哲學思想，以及張衡本人對天文學的研究成就，不難發現地動儀的思想因由。

地動儀模型

二、對電和磁性的認識

雷電是自然界中常見的現象。關於雷電的記載，中國古代文獻很早就有。如「雷電相薄」[5]、「雷雨作而百果草木皆甲柝」[6]、「雷不發而震」[7]、「雷電擊伯夷之廟」[8]、「三月癸酉大雨震電。震，雷也；電，霆也」[9]。但是，由於受到當時生產力和科技發展水準的限制，人們對於雷電這樣的自然現象一時還難以作出正確的解釋。秦漢時期，人們對於雷電的性質及其原因也作了初步的探索。《淮南子·墜形訓》記載：「陰陽相薄為雷，激揚為電。」這是用陰陽學說來解釋雷電。東漢時期的王充也說：「盛夏之時，太陽用事，陰氣乘之。陰陽分爭，則相較軫，較軫則激射。」他基本上繼承了《淮南子》的觀點。從科學的角度講，這種對於雷電的性質及其起因的解釋是欠深刻的，主要還是對這一現象的描述。但是，這種用陰陽學說解釋雷電產生原因的觀點，卻是中國古代在這方面最流行的一種見解。

在漢代，人們常將摩擦起電的現象同磁石的吸鐵性聯繫在一起。如王充《論衡·亂龍》記載：「頓牟掇芥，磁石引針。」頓牟即玳瑁，其甲殼經摩擦後會產生靜電，可以吸引芥一類的輕小物體。關於磁石吸鐵的認識，中國在先秦時期就有記載。如《管子·地數篇》說：「上有慈石，下有銅金。」這裡所說的慈石即磁石。據說，秦始皇時曾利用磁石的吸鐵性建造阿房宮的北闕門，為的是使「懷刃者止之」[10]。到漢代，人們對磁性有了新的認識，即磁石不能吸鐵以外的物體。如《淮南子》記載：「若慈石之能連鐵也，而求其引瓦則難矣。」[11]又云：「慈石能引鐵，及其於銅則不行也。」[12]這是對磁石能吸引鐵屬物質而不能吸引非鐵屬物質的真實描寫。

5　《易·說卦》。
6　《易·解》。
7　《左傳》昭公四年。
8　《公羊傳》僖公十九年。
9　《穀梁傳》隱公九年。
10　《史記·秦始皇本紀》注引《三輔舊事》。
11　《淮南子·覽冥訓》。
12　《淮南子·說山訓》。

又《淮南萬畢術》云：「磁石拒棋。」注：「取雞血與針磨擣之，以和磁石，用塗棋頭，曝乾之，置局上，即相拒不休。」棋頭塗以磁石，便賦磁性。相拒不休，是指磁石同性相斥、異性相吸現象。這與其說是一種遊戲，倒不如說是一種磁性實驗。由此，人們對於磁性的認識加深了。

對磁性的了解和掌握，有多方面的用途。利用磁石的指極性，製造出司南，可以指示方向。這在先秦時期就已出現。如《韓非子‧有度》記載：「故先王立司南，以端朝夕。」東漢時，王充《論衡‧星應》還記載了一種司南的形狀：「司南之杓，投之於地，其柢指南。」據近人王振鐸研究，司南是天然磁石琢磨而成的勺狀物，底部呈球形，放在地盤上，可以自由旋轉，旋定，其柄指南。這裡所說的地盤，是用銅或漆木製成的，呈正方形的物體，四周標有八干[13]、十二支和四維（乾坤巽艮），合為二十四個方向。中間天盤呈圓形，作投轉司南之用。整個地盤是採天圓地方之制。這種司南可以看成是後世指南針的前身。

磁性還可以應用於醫學方面。中國最早用磁石作為藥物治病的記載，見於《史記‧倉公列傳》。該傳記載：「齊王侍醫遂病，自煉五石服之。」五石指的是磁石、丹砂、雄黃、礜石和曾青五種礦物性藥物。《神農本草經》所列舉的四十六種礦物藥中，也有磁石。書中說：「慈石味辛酸寒，主周痹風濕，肢節中痛，不可持物，洗之酸疼。除大熱煩滿及耳聾。」這裡對磁石的藥療作用也作了說明。

此外，磁石還可以應用於建築、軍事等領域。

三、煉丹術的興起

煉丹術是中國古人為追求「長生」而煉製丹藥的方術。大體說來，它包括以下三個方面：第一，用各種無機物，包括金屬和礦物，經過化學處理製作「長生

---

13 八干為甲、乙、丙、丁、庚、辛、壬、癸。

藥」的研究；第二，為了研製「藥用」的人造黃金或白銀而進行的冶金研究；第三，為了尋求植物性「長生藥」而進行的藥用植物研究。所以說，儘管煉丹術的目的是荒誕的，所依據的理論大部分是唯心主義的，但由於這種煉丹實踐給煉丹家們提供了許多對自然現象進行觀察研究的機會，客觀上對中國古代的化學、冶金學、藥物學及生理學作出了突出貢獻，它被認為是中國近代化學的先驅。

早在戰國時期，人們就開始尋求「長生」之方。《戰國策》中已有方士向荊王獻「不死之藥」的記載。齊威王、齊宣王、燕昭王都曾使人入海求藥尋仙。秦始皇統一中國後，即遣徐市（福）等人入海求仙，又派「燕人盧生求羨門、高誓」，「使韓終、侯公、石生求仙人不死之藥」。據研究，秦代已有煉丹活動。當時的煉丹，主要是提煉丹砂；丹砂，就是紅色硫化汞。紅色硫化汞一經加熱，就會分解出水銀（汞），水銀和硫黃化合生成黑色硫化汞，再加熱使它昇華，又恢復到紅色硫化汞的形成。所生成的水銀，是金屬物質卻呈液體狀態，圓轉流動，容易揮發，與尋常物質不同。古人對這些現象感到神奇，遂用這些物質製作「神丹」，作為「長生」之藥。據說，當時有「韓終丹法」、「羨門子丹法」，都是以蜜或酒拌和丹砂而服食。

到漢代，煉丹術有了很大的發展。西漢時，漢武帝劉徹為了「長生久視」，曾經在民間廣求丹藥，並且招致方士親自煉丹。據史書記載，先是「齊人之上疏言神仙奇方者以萬數，然無驗者」，武帝「乃益發船，令言海中神山者數千人求蓬萊神人」。在眾多的方士中，李少君是最重要的人物。他曾向漢武帝提出：「祠灶則致物，致物而丹砂可化為黃金，黃金成，以為飲食器則益壽，益壽而海中蓬萊仙者乃可見，見之以封禪則不死，黃帝是也。」於是，漢武帝「始親祠灶，遣方士入海求蓬萊安期生之屬，而事化丹砂諸藥齊為黃金矣」[14]。與漢武帝同時代的淮南王劉安也「招致賓客之士數千人……言神仙黃白之術，亦二十餘萬言」。此外，「有枕中鴻寶苑秘書，書言神仙使鬼物為金之術，及鄒衍重道延命方，世人莫見」[15]。這裡提到的黃金，是煉丹家用丹砂製作的黃金，其物理性質與黃金

---

14 《史記·封禪書》。
15 《漢書·劉向傳》。

相似，是一種仿黃金或偽黃金。這種黃金，就其用途而言，是一種藥金。從史書記載看，當時製作偽金的人不在少數。《漢書・景帝紀》中元六年（前 144 年）十二月條記載：「定鑄錢、偽黃金棄市律。」作「偽黃金」者就是指煉藥金的道士，因作者之多，故不得不以律禁之。不過，由於漢代許多帝王將相、貴族豪強的提倡，這一法律實際上也是徒具形式，各種各樣的煉丹之術不僅沒有因此消失，反而日益發展起來。

中國古代煉丹的方法可分為火法和水法兩種。這兩種煉丹的方法在秦漢時期均已出現。前文所提到的最早的煉丹材料丹砂即紅色硫化汞，其研製方法用的就是火法。所謂火法，主要是帶有冶金性質的無水加熱法。在現存的漢代丹經中，對這一方法的運用有大量的記載。成書於西漢末或東漢初的《黃帝七鼎神丹經訣》一書，記載了九種神丹大藥的藥方和煉法，其中的「神符」、「柔丹」、「伏丹」都是在土釜中加熱汞製得，用的是火法。如該書對於鉛汞還丹的煉法是這樣記載的：「取汞三斤，納土釜中，復以玄黃覆其上，厚二寸許。以一土釜合之，封以六一泥，外內固濟，無令泄。置日中暴，令大乾，乃火之。濕者不可，得火則拆破。如調丹華法，以馬通若糠火，火之九日夜，寒一日。發之，藥皆飛著上釜，狀若霜雪，紫紅朱綠，五色光華，厚二分寸餘，以羽掃除之。」[16]玄黃一名黃芽，即「仙經塗丹釜所須」的黃丹（鉛丹）。因為鉛丹在攝氏五百度以上能分解放出氧氣，氧氣又能與汞結合生成氧化汞而凝結在溫度較低的上釜內壁，所以上述升煉產物為氧化汞（HgO）。這是用火法，以黃芽製汞為丹的還丹煉法。

在大量的煉丹實踐中，秦漢時期的煉丹家們還能用火法製成各種汞合金，即汞齊，如錫、金、銀、鉛等金屬的汞齊。西漢淮南王劉安所著的《淮南子・天文訓》說，「明鏡」要「粉之以玄錫」，「玄錫」就是鉛汞齊，是古時用作製銅鏡時候的拋光劑。東漢末年著名的煉丹家魏伯陽在其所著的《周易參同契》一書中，也介紹了鉛丹的製作方法，並說：「胡粉投火中，色壞還為鉛。」就是說，經炭火的作用，胡粉（城式碳酸鉛）不但色變，而且質也變了，還原為鉛。這表明中

---

16 《黃帝九鼎神丹經訣》卷一。

國古代煉丹家對於鉛粉與鉛的互變關係有一定的認識。與魏伯陽大致同時或稍後的東漢煉丹家狐剛子，可以說是用火法煉丹的專家。在他所著的《五金粉圖訣》一書中，記載了他的「九轉鉛丹法。」所謂「九轉」，是指先以鉛製備鉛丹作為原料，再從鉛丹出發用炭火還原出鉛，接著以所得鉛復煉為丹，如此反覆九次。由於鉛丹在攝氏五百度以上會發生分解，所以狐剛子又特別強調，製鉛時不得用「猛火」。從這裡不難看出，當時人們雖然是為了尋求長生不老之方而煉丹，但客觀上卻把中國古代的冶金水準推進到了一個新的高度。

　　秦漢時，人們除用火法煉丹外，還採用水法煉丹。他們在溶解金石藥的長期實踐中，對水溶液中的複雜反應取得了相當豐富的經驗性認識。中國古代用水法煉丹處理藥物的方法，大致有以下幾種：化（溶解，有時也用熔化）、淋（用水溶解出固體物的一部分）、封（封閉反應物質，長期靜置或埋於地下）、煮（在大量水中加熱）、熬（有水的長時期高溫加熱）、養（長時間低溫加熱）、釀（長時間靜置在潮濕或含有碳酸氣的空氣中）、點（用少量藥劑使大量物質發生變化）、澆（傾出溶液、讓它冷卻）、漬（用冷水從容器外部降溫），以及過濾、再結晶等。用水法製備藥物，首先要準備華池，就是盛有濃醋的溶解槽（有時用缸、盆代替），醋中投入硝石和其他藥物。硝石在酸性溶液中能提供硝酸根離子，起到類似稀硝酸的作用，所以許多金屬和礦物能被它溶解。中國古代煉丹家有意識地在醋酸中加入硝石，用近代化學觀點來說，就是將酸城反應和氧化還原反應統一起來加以應用，這在化學史上是一種創造。而這一方法，至少在西漢時人們就已發現。在迄今所知的世界上現存的最早的煉丹術著作、淮南王劉安時就已行世的《三十六水法》一書中，保存了古代煉丹家溶解三十四種礦物和二種非礦物的五十四個方子。如該節第一方為「礬石水」方，書中說：礬石水（含有銅鹽）「以華池和，塗鐵，鐵即如銅」。另一本書《淮南萬畢術》也說：「曾青得鐵則化為銅。」曾青難溶於水，需要在酸性條件下才能較快地進行置換反應，而醋酸則是水法煉丹中常用的溶劑。這說明西漢時的煉丹家在用水法煉丹過程中，已掌握了鐵對銅鹽的置換反應的知識。這一反應的發現，奠定了唐宋時代水法煉銅——膽銅法的基礎。當然，由於受到時代條件的限制，他們還不能對水溶液中的金屬置換反應作出正確的解釋。

值得一提的是，水法煉丹並不是千篇一律地都使用醋和硝石，方法是多種多樣的。如《黃帝九鼎神丹經訣》介紹了製取硫酸鉀的方法：用熱水溶化樸硝和硝石，取澄清的混合溶液加熱蒸發，使它濃縮，然後在小盆中用冷水從外部降溫，經過一宿的時間，溶液中生成的硫酸鉀就慢慢結晶出來。這是利用溶解度的不同製取藥物的方法，也是化學史上的一項創造。

總之，秦漢時期煉丹術的產生與發展，不僅直接推動了藥物學、冶金技術的發展，而且也出現了不少與化學有關的創造與發明。在中國現存的最早的藥物學專著《神農本草經》中，把煉丹常用的四十多味金石藥分別列入上、中、下三品，其中丹砂還被列為上品第一，即是醫藥學吸取煉丹術成就的一個明證。至於煉丹所用的一些方法與技術，則在冶金技術中得到廣泛的應用，並且一直影響到後世，同時對中國古代化學的發展起了積極的促進作用。因此，可以說，煉丹術是中國古代科學技術上一個特殊的領域，一門獨立的學問，其豐富的內容仍有待於我們作進一步的開發和利用。

四、生物學知識的豐富

中國古代的生物學是與農學和醫學的發展緊密地聯繫在一起的。秦漢時期，隨著農業和醫藥衛生事業的不斷發展，人們對動植物的接觸和利用的範圍日益擴大，生物學知識也日漸豐富。這一時期，人們不僅有了較為準確的生物分類知識，而且對於各種生物的屬性、形態有了更為精確的了解，並在農業和醫學諸方面加以廣泛的應用。

對於生物的分類，是生物學的基本要素，也是人類認識和利用生物的重要手段。從秦漢時期留下的各種典籍中，可以看出當時人們已對各種動植物有了相當的認識。成書於西漢時期的《爾雅》一書，提供了較為完整的中國古代生物分類知識。《爾雅》是中國最早的一部詞典，是一部專門解釋古代詞語的著作。在這本書中，涉及生物分類的，有釋草、釋木、釋蟲、釋魚、釋鳥、釋獸、釋畜等篇，其中前六篇主要包括野生的植物和動物，最後一篇主要講家養動物。從它的

篇名排列次序來看，反映了當時人們對於動植物的分類認識，就是分植物為草、木二類，分動物為蟲、魚、鳥、獸四類。這是中國古代勞動人民對動植物分類的樸素的、自然的認識。

在《爾雅》一書中，記載了許多動植物的名稱，反映了當時人們較為豐富的生物學知識。如在《釋草》篇中，記載了一百多種植物名稱，都是草本植物；《釋木》篇記載了幾十種木本植物名稱。《釋蟲》篇載有八十多種動物名稱，其中絕大多數為節肢動物，其餘為軟體動物，因此，蟲類大致相當於現代生物分類學上的無脊椎動物。《釋魚》篇列舉了七十多種動物，以魚類為主，還有兩栖類、爬行類、節肢動物、扁蟲類和軟體動物。《釋鳥》列舉了九十多種動物，除蝙蝠、鼺鼠應列入獸類外，其餘均屬鳥類。《釋獸》列舉了六十多種動物，均屬獸類。由此可見，《爾雅》不僅對於動植物的分類基本上是正確的，而且也反映出當時人們對每一類生物的認識是相當明確的。

從《爾雅》中給出的一些生物的定義看，也可以看出當時人們已對生物形態的基本特徵有了正確的認識。如書中說：「二足而羽謂之禽」、「四足而毛謂之獸」[17]，既簡明扼要，又恰如其分。對於同一種生物，書中也往往能根據其不同的特性而加以區別。如書中所記載的棗，就有「壺棗、白棗、酸棗、羊棗、大棗、無實棗」等；蠶則有「桑蠶、樗蠶、肖蠶」；鼠則有「鼵鼠、鼶鼠（黃鼠）、鼬鼠（旱獺）、鼫鼠（花鼠）」等，這是一種認識的深化。這些名稱相當於將物種的屬名與種名結合起來，蘊含有用「二名法」來定種名的思想。又如《爾雅》中對植物的莖的描述，相當有代表性地反映出當時人們對於生物的形態與特性的認識程度。書中將「莖」解釋為「草木幹」，並進一步稱草本植物的莖為「莖」，稱木本植物的莖為「幹」。從莖派生出的枝條為「枝」。莖的上部、表皮等都有專名。《釋草》中還提道：「莽，數節，桃枝四寸有節，鄰、簡，堅中，筊中。」說明已注意到莖有「中實」和「中空」的不同，並已有了「節」和「節間」的概念。類似這樣的記載還有許多。由此可以得出結論，即到秦漢時期，中國古代勞

---

17 《爾雅·釋鳥》。

動人民在大量的生產和生活實踐中，不僅掌握了對生物的基本分類知識，而且對於日常所見的每一類、每一種動植物都有了較為深入的認識。

《神農本草經》是中國兩漢時期一部最重要的藥物學著作。該書共收錄植物及植物性藥物二百五十二種，動物及動物性藥物六十七種，基本上包括了現代中醫的常用藥物。書中還根據藥物的性能和使用目的的不同，將藥物分為上、中、下三品。上品藥一般是毒性小或無毒的，大都是「主養命以應天」的補養藥物；中品藥有的有毒，有的無毒，多兼有攻治疾病作用並能滋補虛弱的藥物；下品藥多是有毒而專用於攻治疾病的藥物。這是中國藥物學最早的分類法，也是生物學領域的一種分類學說。雖然從動植物分類上看，它較之先秦時期的《禮記》及兩漢時的《爾雅》不同，更傾向於人為的分類而不是自然的分類，但是，由於書中不僅記述了藥物的名稱，還深入地記載了各種藥物的性味、藥效、主治乃至產地，因此，就其對動、植物的認識而言，不論從廣度或深度上看，都比先秦時期大大地發展了。

人們在從事農業生產時，也大量地接觸到各種生物。從現有的文獻記載看，兩漢時期人們已對作物的栽培與農作物病蟲害的防治有了相當的了解。如《氾勝之書》指出，種豆時要灌水，「臨種沃之，坎三升水」，種麻時遇「天旱，以流水澆之，樹五升」，說明要根據天氣、土壤等環境情況，進行合理灌溉，以保持植物體的水分平衡。該書還介紹了利用雪水處理種子使稻麥耐寒多實，利用灌溉水控制田間溫度促進稻麻生長，用手摩果實控制瓠定向生長，以及獨特的施用種肥的溲種法等一系列方法。這些方法都是改善農作物或園藝作物生態環境的增產措施。《漢書》中還記載了當時人們在蔬菜栽培上的「溫室栽培法」。當時太官園中，冬天能種植「蔥韭菜茹」。其辦法是「覆以屋廡，晝夜熬（燃）蘊火，待溫氣乃生」[18]。這種方法，雖然只是在個別地方採用，尚未普及，且其技術水準也不及現代農業，但在當時無疑是一項了不起的發明。

在古代，農作物的生長常受到各種病蟲害的威脅。因此，對於各種昆蟲及其

---

18 《漢書・召信臣傳》。

習性的了解十分必要。兩漢時期，一些進步的思想家針對當時流行的「天罰說」，將害蟲的繁殖與人事相聯繫的錯誤觀點，進行了有力的駁斥，提出了唯物主義的有說服力的見解。如東漢時期著名思想家王充認為，害蟲的繁衍與人事無關，它們與其他的生物一樣，也需要一定的食物和氣候條件：「甘香渥味之物，蟲常生多」，「然夫蟲之生也，必依溫濕，溫濕之氣，常在春夏，秋冬之氣，寒而乾燥，蟲未曾生」。他還注意到昆蟲各有自己的生活史，「出生有日、死極有月，期盡變化，不常為蟲」[19]，進而談到用乾暴麥種、煮馬糞汁浸種和驅趕蝗蟲入溝內加以殺滅等方法，就能防治蟲害。這種用理性的方法去研究和處理病蟲害，無疑具有重要的思想價值。

　　遺傳與變異，是生物學中兩個十分重要的概念，也是自然界中廣泛存在的現象。兩漢時期，人們在大量的生產和生活實踐中，對於生物間的遺傳與變異現象也有了一定的認識。如王充在《論衡》中說：萬物「因氣而生，種類相產」[20]，「物生自類本種」[21]。這裡說的就是物種的遺傳性。他還進一步指出：「萬物生天地之間皆一實也。」[22]即萬物的生殖和種類的各種特性遺傳給後代，都是通過種子「實」來實現的。如「草木生於實核，出土為栽蘗，稍生莖葉，成為長短巨細，皆由實核」[23]。這就是說，植物的個體發育是從種子開始的，親代的特徵可以通過生殖而由種子留傳給後代。但不同種類的生物卻不能交配和繁殖，因而也不可能有什麼遺傳。他說：「若夫牡馬見牝牛，雌雀見雄雞，不相與合者，異類故也。」[24]對於生物的變異現象，史書也多有記載。如《爾雅》中就記載了多種馬以及它們之間的差異。王充《論衡》中還清楚地論述了生物的變異。他指出：「種類無常」，「同類而有奇，奇為不世，不世難審」[25]，並舉出許多例子加以說明。如「越常獻白雉。白雉，雉生而白色耳，非有白雉之種也」[26]。就是說，白

19 王充：《論衡‧商蟲》。
20 王充：《論衡‧物勢》。
21 王充：《論衡‧奇怪》。
22 王充：《論衡‧物勢》。
23 王充：《論衡‧初稟》。
24 王充：《論衡‧奇怪》。
25 王充：《論衡‧講瑞》。
26 同上。

雉與平常的雉一樣，只是毛色出現了白色的變異，並非特別的種類。在《氾勝之書》中，對多種農作物的選種提出了具體的要求，這顯然是當時人們利用業已掌握的生物遺傳與變異知識以提高農業生產的一個例證。

第五節·
農業科學技術
與水利工程

　　秦漢時期，隨著農業生產的恢復和發展，生產工具的改進，新的耕作方法的推廣應用，各地農業生產經驗的相互交流，以及封建政府對農業的重視，一些重要水利工程的興修，使這一時期的農業科學技術比先秦時期有了明顯的進步。同時，這一時期農業科學技術的發展還由於統治階級中一部分知識分子直接參加農業生產的經營，提高了農業經營者的文化素質。戰國以來隱士階層的不斷擴大，孔子時代有楚狂、接輿和荷篠丈人。漢朝更多，著名的如《後漢書》中所記載的徐穉，《東觀漢記》中舉案齊眉、夫妻相敬如賓的孟光和梁鴻，《史記·蕭相國世家》中種瓜長安東的東陵侯召平，等等。由於他們加入到農業經營者的行列，使參加農業生產的隊伍成分有了變化。他們在經營之餘，有可能把勞動人民積累的生產經驗整理記錄下來，流傳下去；也有可能根據自己的經驗、體會，把舊有的技術水準提高一步。也正因為如此，漢代在農業科學技術方面，給我們留下了寶貴的經驗和思想財富。

一、農學理論的發展

早在先秦時期，中國就已出現了專門總結農業生產經驗的著作——農書。秦始皇下令焚書時，還特別提到：「所不去者，醫藥卜筮種樹之書。」這裡所說的「種樹之書」，就是農書。班固的《漢書·藝文志》記載了當時的農書計九種，一百一十四篇。其中除了兩種（《神農》、《野老》）是戰國時期的著作，四種（《尹都尉》、《宰氏》、《趙氏》、《王氏》）不知出於何世，另三種（《董安國》、《蔡癸》、《氾勝之書》）均為漢代著作。可惜，所有提到的這些作品，除了《氾勝之書》的一部分在後代的農書《齊民要術》中得到保留外，已全部不存。因此，《氾勝之書》是中國現存的個人專著農書中最早的一種，具有極其珍貴的史料價值。

關於《氾勝之書》的作者，我們現在所知甚少。氾勝之，或者稱氾勝。《玉海》說：「漢時農書有數家，氾勝為上。」又引皇甫謐語，說他「本凡氏，遭秦亂，避地於氾水，因改焉。」以其子「輯為敦煌太守」，皇甫謐以為氾氏望出敦煌。《漢書·藝文志》說他成帝時為議郎，徙為御史。《劉向別錄》說他曾「教田三輔，有好田者師之」。《晉書·食貨志》也有類似記載，說「漢遣輕車使者氾勝之督三輔種麥，而關中遂穰」。綜合以上史料可知，氾勝之大概是西漢成帝時一位有豐富農業知識的官員，所著《氾勝之書》是已知的漢代幾家農書中最好的一部。

據《漢書·藝文志》介紹，《氾勝之書》為十八篇。但是，原書在唐、宋之時已佚失，我們已很難知道書的全貌。不過從《齊民要術》等書所輯錄的部分看（後人輯錄成書，共二卷，3500 餘字），《氾勝之書》確實反映了漢代勞動人民具有的豐富農業生產知識。首先，《氾勝之書》總結了當時中國北方、特別是關中地區的耕作經驗，提出了一套耕作基本原則。該書把整個農作物的栽培過程當作一個有機整體加以研究，指出：「凡耕之本，在於趨時、和土、務糞澤、早鋤獲。」[27] 所謂「趨時」，就是耕地要不失時機。春冰解，地氣生，應耕；夏至、秋

---

27 一說「早鋤早獲」，鋤獲宜求適時，恐是校勘者之誤。

分、草生、小雨後都要抓緊時機耕地。「和土」是指通過耕、鋤等使土地疏鬆，「勿令結塊」，「弱土使強」，強土弱之。「務糞澤」即務求肥、水合適。濕鋤易結塊，《呂氏春秋》所謂「人耨必以旱」。獲只以生熟為度，旱、濕不妨，但旱獲易存放，故曰「旱鋤獲」。可見，《氾勝之書》不僅吸取了《呂氏春秋》中《任地》、《辨土》、《審時》三篇內容的精華，而且更為準確和豐富。

《氾勝之書》還對禾（穀子）、黍、麥、稻、豆、麻（大麻）和桑等十數種農作物的種植過程作了詳盡的經驗性總結，指出了每一個生產環節的關鍵性問題。書中第一次提出麥穀的穗選法，如選取麥種：「候熟可獲，擇穗大強者，稈束立場中之高燥處，曝使極燥，天令有白魚（即麥稗），有輒揚治之。取乾艾雜藏之。麥一石，艾一把，藏以瓦器、竹器。順時種之，則收常倍。」又如對於種稻，書中提出了選擇稻區的大小、掌握水的深度，以及通過控制水流速度而調節水溫的方法，等等。這些記載，由於直接來自於農業生產的經驗，因而具有很強的應用和推廣價值，為中國傳統農作物栽培理論的豐富與發展作出了重要的貢獻。

在《氾勝之書》中，還有許多對耕作方法的介紹。如書中在前人分期施用基肥、追肥等技術的基礎上，總結出了施用種肥的方法──「溲種法」。它在種子外面裹上一層以蠶矢、羊糞為主要原料的糞殼，這樣幼苗可以及時取得足夠的養料，使根系迅速生長，幼苗得到良好的發育，從而增強植株的抗旱、抗蟲能力。又如，書中還提出了一系列「保澤」（即保墒）的方法，認為要視雪情、雨情、旱情、季節早晚、土壤結構等不同情況，而採取或「藺」（鎮壓）、或「掩」（拖壓）、或「平摩」（摩平）等合乎科學原則的不同方法。這些方法是農民根據中國北方黃河流域氣候乾燥、雨水稀少，特別是「春旱多風」的自然環境特點，通過長期生產實踐創造出來的，因而一直為後世所沿用。這也從一個側面反映中國漢代農業科技確已達到了相當高的水準。

東漢時期，中國也出現了一部有影響的農書──《四民月令》。作者崔寔，出身於東漢時冀州安平（今河北安平）一個世家地主家庭。他是個政治家，著述鴻富，其中《政論》為他的代表作。《四民月令》內容反映的是東漢時期豪族地

主莊園經濟的生產、生活情況。所謂「四民」，就是指士、農、工、商。該書大致分為十二個部分，對應一年十二個月的生產、生活安排。具體內容按現存材料和出現次序分為：（1）祭祀、家禮、教育以及改進家庭和社會上的新舊關係；（2）按照時令氣候，安排耕種、收穫糧食、油料、蔬菜；（3）養蠶、紡織、織染、漂練、裁製、浣洗、改制等「女紅」；（4）食品加工及釀造；（5）修治住宅及農田水利工程；（6）收采野生植物，主要是藥材，並配製法藥；（7）保存收藏家中大小各項用具；（8）糶糴；（9）其他雜事，包括「保養衛生」等。由此可見，《四民月令》所包含的內容，並非全是有關農業生產方面，而是整個地主莊園經濟的生產、生活全貌。但是，《四民月令》作為一部農書也有它不可替代的價值，這就是它填補了從《氾勝之書》到《齊民要術》的出現這五百年間中國有關農業生產系統記載的空白；並且，書中還最早地提出了有關水稻移栽與樹木壓條繁殖的技術，且書中所反映出的重視「農時」的思想也值得人們重視。它是中國農家月令書的首創之作。可惜，與《氾勝之書》一樣，《四民月令》大概到宋元時期也失傳了。現存的《四民月令》輯本，是後代學者從《齊民要術》等書中輯出的。

二、農具的改良

秦漢時期農業的發展、農業生產力的提高，是與農業科技的進步和農具的改良密不可分的。這一時期，農具已完全鐵器化，先後出現了許多新型農具，特別是鐵犁和牛耕法的推廣改進，把農業生產力向前大大推進了一步。

在漢代，鐵農具已成為農具中的主力。而作為最重要的起土工具——犁，與以前相比，也有了明顯的改進。從現有的考古資料看，這時的犁鏵均為鐵製，並且具有較高的品質。西漢中期以後，出土的犁鏵較多，其形制也較為複雜，且有不同的用途。大體而言，這時的犁鏵可分為以下幾類：一是舌形大鏵，一般重在七點五公斤左右，底下板平，上面高起，前低後高，前端為鈍尖，形如舌，後面有等腰三角形銎，主要用於翻耕土地；二是小鏵，一般也是舌形，是一種小型無

壁的犁鏵，用以中耕除草壅苗、開淺溝；三是巨型犁鏵，犁面和銎部斷面均呈等腰三角形，一般重在九至十五公斤，由「數牛挽行」，用以開大溝或興修水利。

值得一提的是，在陝西、河南等地出土的犁鏵中，還往往伴有 V 字形的犁冠，形狀與戰國時的鐵口犁相似。犁冠的作用在於保護犁鏵，延長其使用壽命。由於犁冠器形小，用料省，便於製造和更換。從出土的實物看，其鐵質常優於犁鏵，體現了「鋼」用在刀刃上的道理。這從一個側面也反映了漢代鐵農具的進步。

根據考古資料，漢代已廣泛地使用犁壁。犁鏵上安上犁壁，有引導垡條逐漸上移，並進而使其碎斷、翻轉，達到預定方向的功能，這對提高鬆土、碎土、翻土的品質有重要作用。近幾十年來在陝西、河南、山東等地發現的犁壁，主要有以下幾類：菱形壁、板瓦形壁、方形缺角壁和馬鞍形壁。其中前三類是向一側翻土的，後一種壁可向兩側翻土。這說明當時對犁壁的設計和使用均已達到了相當高的水準。

從漢代犁的整個結構看，已具備了框形犁的雛形。這是中國古代傳統犁的基本形狀。除了我們前面已提到的犁鏵、犁壁外，還有犁轅、犁梢和犁底、犁衡等，這些部件一般為木製，是畜力型的主體部件。漢代耕犁的特點是犁底較長，多為直轅犁，牽引裝置靠犁衡，有的犁梢和犁底尚未分開，整個犁架裝置也較為簡單。漢代犁的優點是具有搖擺性和速耕性，缺點是不易深耕。因此，從犁本身的發展來看，漢代犁還是一種較為原始的耕作工具。

漢代犁在農業生產中的廣泛使用，是與牛耕聯繫在一起的。漢武帝末年，任用趙過為搜粟都尉，推行「代田法」。與代田法相配合，「用耦犁，二牛三人」[28]的耕作方法也得到了普及。所謂「用耦犁，二牛三人」，就是用二牛挽一犁，由三人操作，他們分別掌握牽牛、按轅和扶犁等工作。這與解放前雲南寧蒗納西族地區還殘留著的二牛三人的牛耕法相似。這種方法雖然需要用較多的人力，但在

---

28 《漢書·食貨志》。

駕馭耕牛的技術不夠熟練、鐵犁構件及其功能尚不完備的條件下，還不失為一種較好的方法。因為它通過三人的通力合作，可以較好地掌握方向，保證壟溝整齊和調節深淺，從而達到深耕細作的目的。隨著馭牛技術的日益提高和活動式犁箭的發明，牛耕原需三人逐漸成為二人乃至一人，從目前所見的牛耕圖看，至遲在西漢末年已有了一牛一人的犁耕法。這是雙轅犁的使用和犁鏵形式改進的結果。一牛一人犁耕法的推廣，大大地提高了勞動生產力。

除犁以外，漢代其他農具也有很大發展，並且其種類已趨於完備。從整地、播種、中耕除草、灌溉、收穫脫粒到農產品加工的石製、鐵製或木製的農具計有三十多種，其中不少是新出現的新型農具，對提高勞動生產力具有重要的意義。茲擇要作一簡介：

耬車，這是趙過推廣的一種重要新農具。據東漢崔寔《政論》說：「其法三犁共一牛，一人將之，下種挽耬，皆取備焉。日種一頃，至今三輔猶賴其利。」這裡所說的「三犁」實際上是指三個耬腳。從山西平陸棗園西漢晚期墓室的壁畫看，有一人在挽耬下種，其耬正是三腳耬。播種時，一人牽耬，一人扶耬，種子盛在耬斗中，耬斗通空心的耬腳，且行且搖，種乃自下。它能同時完成開溝、下種、覆土三道工序，一次能播種三行，而且行距一致，下種均勻，大大提高了播種效率和品質。據《齊民要術》記載，東漢時耬車傳到敦煌，使用後「所省傭力過半，得穀加五」，即勞動力節省了一半多，而產量卻增加了五成。

風車。這是一種在穀物脫粒後，清理籽粒，分出糠秕的工具。它把葉片轉動生風以及籽粒重則沉、糠秕輕則颺的經驗巧妙地結合起來，應用於一個機械之中，的確是一種新穎的創造。一九七三年，在河南濟源縣西漢晚期墓葬中出土一件風扇車明器。一九八七年，山西芮城東漢墓群中，出土了四件帶有風扇車的釉陶磨場明器。因此，風車至遲在西漢晚期即已發明，並一直在後代得到應用。

水碓。水碓是由杵臼發展而來，為槓桿原理的實際應用。其功用是舂米、舂麵等。所用動力，首先是勞動者的體力和一部分重力，其次是畜力，再次是水力。正如桓譚《新論》所說：「因延力借身重以踐碓，而利十倍。杵舂又復設機關，用驢騾牛及役水而舂，其利乃且百倍。」即腳碓的功效十倍於杵舂，裝設機

械，用驢騾馬牛和流水來作動力，功效可增至百倍。水碓的發明，說明漢代人對自然力的利用和機械技術的重大進步。

在其他一些小型農具方面，漢代勞動人民也多有改進。如耒、钁、鋤、鐮等比戰國時期一般加寬加大，提高了工作效率。更重要的是，方銎寬刃钁、雙齒钁、三齒耙和鉤鐮等較先進的鐵農具也先後出現。新式钁適於深挖土地，三齒耙適於打碎土塊，鉤鐮比戰國時的矩鑊更適於收割稻、麥等農作物。東漢時期較重要的小農具有鐵製的曲柄鋤和鐵鐮等，前者便於中耕除草，後者則是收穫的利器。

總之，農具和牛耕技術的發展，對於漢代農業生產的發展起了十分重要的作用。

三、耕作技術的進步

秦漢時期，農業耕作技術有了很大的進步。其中最突出的成就，當數漢代出現的兩種先進的耕作法，即「代田法」和「區種法」。前者是一種大面積土地利用並使之增產的方法，後者是對小面積農田精耕細作奪高產的方法。它們都是戰國時期「畎種法」的重大發展。

「代田法」是漢武帝時期由搜粟都尉趙過大力推廣的一種適應乾旱地區的耕作方法。對此，《漢書‧食貨志》是這樣記載的：「過能為代田，一畮（同畝）三甽（顏師古注：甽同畎，『壟也』）。歲代處（師古注：『代，易也。』），故曰代田，古法也。後稷始甽田，以二耜為耦，廣尺深尺曰甽，長終畮。一畮三甽，一夫三百甽，而播種於甽中，苗生葉以上，稍耨隴草，因隤其土以附苗根。……比盛暑隴盡而根深，能風與旱……」就是說，在地裡開溝作壟，把農作物種子播在溝裡，等到苗長起來後，進行中耕除草，並將壟上的土推到溝裡，培壅苗的根部。第二年再以壟處作溝，溝處作壟，如此輪番利用。此法能保證幼苗得到較多的水分而健壯成長，使植株扎深，不畏風旱，不易倒伏，土地輪番使用，地力可

得到恢復的機會。

據史書記載，趙過推行代田法，是有組織、有步驟地進行的。他首先進行了試驗，「試以離宮（皇帝不常住的宮殿）卒田其宮壖地（空閒地），課得穀皆多其旁田畮一斛以上」。然後再在三輔地區推行，「令長、三老、力田及里父老善田者受田器，學耕種養苗狀」[29]。取得成效後，再作進一步推廣。據記載，當時推行代田法的地區，武帝以後，「邊城、河東、弘農、三輔太常民皆便代田」[30]，在今天的甘肅省西北部、陝西、山西、河南、遼東等地區出現了「田多墾闢」的局面。

由於代田法的推行，使當時農作物的單位面積產量也有了很大的提高。在代田法得到推廣後，再加上精細的田間管理以及新農具的使用，可以達到「用力少而得穀多」、「一歲之收，常過縵田畮一斛以上，善者倍之」[31]的成效。當時「縵田法」（不作壟溝撒種的播種法）每畮產量大約是三斛，採用代田法後，每畮產量可提高三分之一到三分之二。這在中國古代農業科技還不很發達的情況下，確實是一項了不起的成就。

「區田法」，又稱「區種法」，是漢代勞動人民創造的另一整套抗旱高產栽培技術。這一耕作方法，最早見於漢成帝時「議郎」氾勝之所著的農書《氾勝之書》中。氾書中所記載的區田法，有兩種田間布置形式，一種是寬幅區田法，一種是方形區田法。前者適用於平原地區，後者適於斜坡丘陵地。書中介紹，「區田不耕旁地，庶盡地力。」它的基本原理就是「深挖作區」（在特定的土地上深耕），密植、集中而有效地利用水和肥料，加強管理，即在小面積土地上，保證充分供給農作物生長發育所必需的生活條件，使農作物充分發揮其最大的生產能力，以取得單位面積的高產。區田法的優點是，它「以糞氣為美，非必須良田，除平地外諸山陵近邑高危傾阪及丘城上，皆可為區田」，因而對於擴大耕地面積具有積極的作用。由於這一耕作方法比較適用於中國古代小農經濟，因此它的推

---

29 《漢書·食貨志》。
30 同上。
31 同上。

行時間要比「代田法」持久得多，直到明、清時期仍有人在試驗和提倡。而代田法則在西漢末期已基本上消失了。

當然，代田法之所以沒能長久留傳，還與其對牛力與農具的要求較高，以及後來能防風抗旱的耕、耙、耢耕作技術體系的形成，從而使中國北方春旱問題得到較大程度的緩解有關。先進的總要取代較為落後的，這是事物發展的必然規律。

從《氾勝之書》的記載看，漢代中國北方勞動人民已掌握了間作套種技術。該書中有瓜、薤、小豆之間作套種和黍、桑間作套種的記載。間作套種的出現，反映了栽培技術的提高，因為兩種或兩種以上的作物在同一塊地上，隔株、隔行或隔畦同時種植，可以充分利用光能，以提高單位面積的產量。

秦漢時，人們對於土壤肥力高低與作物的生長發育與產量的關係也已有了明確的認識。東漢時著名思想家王充在《論衡‧率性》中，不僅指出了土壤在自然狀態下有美與惡、肥沃與貧瘠的區別，而且提出用「深耕細鋤，厚加糞壤，勉致人工」可以改良土壤的自然特性。根據《氾勝之書》的記載，當時作為肥料使用的物質，有「溷中熟糞」（可能是腐熟的人糞尿和牲畜糞溺等的混合物）、蠶矢（屎）、羊矢、麋鹿矢以及馬、牛、羊、麋鹿等骨汁和繰蛹汁。另外，也已開始採用漚製野生綠肥的方法。施肥的方法，有種肥和追肥兩種技術。當時施用基肥的作物較多，對追肥的施用還不普遍，僅用於種麻。歐洲人積肥和在農田中施肥較晚。法國和德國中部地區到十一世紀才知施肥，而英國到十三世紀農田施肥還不普遍。直到十八世紀末，歐洲人對施肥才較重視。而中國在二千多年以前的農書中就有了明確的有關積肥和肥料種類的記載。

這一時期，大田作物的栽培管理技術也有了明顯的進步。首先，當時人們已有了作物栽培的整體觀念。《氾勝之書》說：「凡耕之本，在於趣時，和土，務糞、澤，早鋤獲。」書中認為，這幾個環節，相互制約，相互聯繫，是密不可分的。上述幾個環節，基本上反映了農作物從耕作、播種到收穫全過程的生產規律以及和它相適應的技術措施。其次，這時人們已廣泛地利用了看物候定播種時節的方法，並總結了定播期時要看地力的經驗。《四民月令》中說：「凡種大、小

麥，得白露節可種薄田，秋分種中田，後十日種美田。」在決定播種量與播種深度時，也已注意到因土地和作物種類的不同而不同。《睡虎地秦墓竹簡·倉律》中對主要作物的每畝播種量都作了規定。《氾勝之書》和《四民月令》則根據地力高低、整地好壞確定不同的播種量，如種大豆「土和無塊，畝五升；土不和，則益之」。種禾（穀子）「美田欲稠，薄田欲稀」；大、小豆和稻則「美田欲稀，薄田欲稠」。關於播種深度，也要因作物而異，「區種麥……覆土厚兩寸（4.5 釐米）」；「種禾、黍，令上有一寸（約 2 釐米）土，不可令過一寸，亦不可令減一寸」；「大豆、生，戴甲而出，種土不可厚，厚則折頂不能上達，屈於土中而死」。此外，當時人們還普遍認識到了中耕除草、防治農作物病蟲害的道理。由此可見，漢代農作物的栽培技術確實已達到了相當高的水準。

水稻作為一種重要的農作物，當時主要在南方得到種植。據史書記載，東漢時南方有些地區已有了雙季稻的種植。如楊孚《異物志》記載：「稻，交趾冬又熟，農者一歲再種。」這裡的交趾，包括今兩廣和越南北部。在水稻的栽培技術上，這時有兩項重大的成就：一是稻田灌溉調節水溫的方法的出現。據《氾勝之書》記載：「始種稻欲溫，溫者缺其塍，令水道相直；夏至後大熱，令水道錯。」所謂「水道相直」，就是使田塍上所開的進水口和出水口安排在田邊的同一側，使過水道在田的一邊。這樣，溫度較低的灌溉水流從田的一邊流過，對稻田裡原有被日光輻射溫度較高的水影響較小，便於保持水溫。到盛夏時節，正好相反，為降低水溫，就要使田塍上開的進水口和出水口錯開，即「令水道錯」。在二千多年以前中國勞動人民就能巧妙地設計出這種調節稻田水溫的方法，確實是難能可貴的。二是水稻移栽技術的出現。據《四民月令》記載：「是月（五月）也，可別稻及藍，盡至（夏至）後二十日止。」所謂「別稻」，就是水稻移栽。而《四民月令》所記載的是東漢時中國黃河流域的生產情況。從考古出土文物看，當時長江以南的一些地區已普遍使用水稻移栽技術。水稻育秧移栽的一個重要目的，是為了適應水稻一年兩熟連作的需要。

園林和蔬菜的栽培也是農業生產的一個重要組成部分。秦漢時期，果樹的栽培和蔬菜的生產均有了較大的發展。果樹的種類較前有了明顯的增加。據《上林賦》、《西京雜記》和《三輔黃圖》等文獻記載，當時果品中除了以前已見於文

獻的梨、棗、栗、桃、李、杏、梅、柑等十多種外，新出現了盧橘（枇杷）、楊梅、蒲陶（葡萄）、荔枝、龍眼、林檎、安石榴、檳榔、留求子、千歲子、橄欖等。各種果樹還各有自己的優良品種。在果樹的栽培方面，則普遍採用了壓條繁殖技術。據《四民月令》記載：「二月盡三月，可掩樹枝。」賈思勰注：「埋樹枝土中，令生，二歲已止，可移種矣。」由此可見，「掩樹枝」就是無性繁殖的「壓條」。這種技術可使成苗快，提早結果。另外，當時人們還較為普遍地掌握了修剪樹枝的方法。《四民月令》說：「正月盡二月，可剝樹枝」。「剝」就是修剪樹枝。通過修剪整枝，可使果樹保持合理的樹體結構和理想的樹形，以利於通風透光，促進果樹生長發育。並且，從漢代已將生長於熱帶和亞熱帶的荔枝、龍眼、橄欖、柑橘等移栽中原，並將西域所產的葡萄、苜蓿等帶回中原種植看，漢代在果樹的移植方面已積累了豐富的經驗。

這一時期，蔬菜栽培技術也有了較大的進步。除了前文已提到過的「溫室栽培」技術在少數地方已經出現外，人們還掌握了蔬菜滲灌方法。據《氾勝之書》記載：「區種瓜，一畝為二十四科。……以三斗甕埋著科中央，令甕口與地平，盛水甕中，令滿。種瓜，甕四面各一子，以瓦蓋甕口。水或減，輒增，常令水滿。」這種灌溉方法係利用粗陶甕的滲透作用，既能經常保持瓜田濕潤，又能減少水分蒸發節約用水。這種方法在黃河流域乾旱和半乾旱地區較為適用。蔬菜的播種，一般一年多熟。《四民月令》中提到的二十多種蔬菜，其中瓜、芥、葵、蕪菁、大蔥、小蒜、苜蓿等，一年內出現兩次甚至兩次以上，有的在相鄰兩、三月中都提到同一蔬菜的播種。而蔬菜的種類也較以前明顯增多，僅據《氾勝之書》、《四民月令》、《南都賦》等書的統計，在提到的二十多種蔬菜中，漢代新見的就有一半以上。這是漢代耕作技術進步的又一重要例證。

四、農田水利工程

秦漢時期的水利工程繼春秋戰國之後，在規模、技術和類型上都有很大的發展。當時，水利工程的分布以關中地區為中心，遍及全國各地，並以各地自然條

件的不同，呈現出各自的特點。

　　黃河流域是當時中國經濟發展的重心，也是農田水利基本建設的重點地區。由於這裡地勢高，雨量較少，地面積水少，湖泊、陂池不多，因而修建的多是灌溉渠系。漢武帝時期，由於農業生產發展的需要，在這裡修建了許多大型的水利工程，奠定了兩漢時期水利工程建設的基本格局。

　　元光年間（前 134-前 129 年），漢武帝採納了鄭當時的意見，下令引渭水從長安向東開渠直通黃河，渠長三百餘里，既節省了漕運糧食的時間（原來從潼關運糧食到長安，是沿渭水上溯，大約是沿渠漕運時間的兩倍），又可灌溉民田萬餘頃。管道開鑿的成功，表明了漢代勞動人民在複雜的地形中選線及測量技術的巨大成就。

　　其後不久，漢武帝又發卒萬人，開鑿了引洛河水灌溉重泉（今陝西蒲城縣東南 40 里）的一條大型管道——龍首渠。龍首渠是中國歷史上開發洛河水利史的首創工程，為今洛惠渠的前身。渠成以後使萬餘頃鹽鹼地得到灌溉。由於修建這條管道必須經過商顏山（今鐵鐮山），施工時為避免沿山腳明挖河渠造成塌方現象，人們發明了開鑿豎井、「令井下相通行水」[32]的「井渠法」，使龍首渠從地下穿過七里寬的商顏山。「井渠法」的發明，是中國農田水利建設史上的一項重大發明。由於井渠可以減少渠水的蒸發，因而這項技術在中國北方乾旱或半乾旱地區很快得到借鑒、推廣。

　　漢武帝元鼎六年（前 111 年），又開鑿了六輔渠，以灌溉鄭國渠灌溉不到的高地。元封二年（前 109 年），又派人堵塞了二十餘年前黃河在瓠子口（今河南濮陽西南）的決口，使農業生產遭到嚴重破壞的黃淮之間大片洪泛地區恢復了生產。

　　太始二年（前 95 年），在趙中大夫白公的提議下，漢武帝又命人開鑿了一條引涇水東南流入渭水、長約二百里、能澆地四萬五千多頃的白渠。史書記載這

---

32 《史記·河渠書》。

項水利工程說，勞動人民「舉臿為雲，決渠為雨」，引渠水「且灌且糞，長我禾黍」[33]。白渠的興修成功，使關中地區農業生產得到了更大的發展。當時，在關中地區還有專職官員管理水利工程。據《漢書‧息夫躬傳》記載，哀帝時息夫躬曾「持節行護三輔都水」。

根據《史記‧河渠書》、《漢書‧溝洫志》等記載，這時黃河流域較大的水利工程還有鄭國渠、靈軹渠、成國渠、樊惠渠、蒙蘢渠、湋渠等。這些河渠灌溉面積均在萬頃以上。此外，在今內蒙古、甘肅和山西引黃河和汾水灌溉農田，使黃河流域水澆面積空前發展。其中寧夏平原引黃灌溉，在秦代修建的水利設施的基礎上，使這一地區河渠縱橫，田疇蒼翠。至於各地興修的小型管道和山區興修的蓄水陂塘，更是不可勝計。正是由於大量的農田水利工程的興修，才保障了漢代黃河流域農業生產的發展和繁榮。

在比較乾旱的北方地區，如甘肅、新疆等地，也有不少水利設施。據《史記‧河渠書》記載：「朔方、西河、河西、酒泉皆引河及川谷（水）以溉田。」這是漢武帝時候的情形。東漢時期，這裡也有不少水利工程，「激河浚渠為屯田」[34]。當時，在新疆的屯田區也多有灌溉工程，在今沙雅縣東仍可看到紅土所築長達一百多公里的管道遺跡，渠寬約八米，深約三米，當地人稱之為「漢人渠」。在若羌縣的一個漢代灌溉系統，幹支渠上都設有閘門。新疆特殊的水利工程坎兒井，有人認為就是西漢時人們借鑒修建龍首渠時所採用的井渠法而發明創造的。

秦漢時期，中國的江淮、江漢地區也是重要的農業區。這一地區由於湖泊、沼澤、天然陂池較多，因而農田水利建設主要是為天然陂池修埋作堰、開設閘門、修理水路，或攔蓄山間溝谷水，使之成為人工陂池，以灌溉農田。這種水利工程各地都有，但具體形式又有所不同，分別稱壩、堰、陂、池、塘等。西漢時召信臣在南陽地區興修了數十處工程，最著名的六門堨，又稱六門陂，「溉穰、

---

33 《漢書‧溝洫志》。
34 《後漢書‧西羌傳》。

新野、昆陽三縣五千餘頃」[35]。東漢時，杜詩任南陽太守，也大力提倡「修治陂池，廣拓田土，郡內比室殷足」[36]。杜詩還發明了「水排」，是中國早期水力利用的重大成就。由於召信臣、杜詩等人的大力提倡，南陽地區水利事業十分發達，從而為當地農業生產發展、進而使南陽成為當時全國的一大都市起到了巨大的推動作用。

東南沿海地區，由於陸地海拔很低，且易受海潮侵襲，因而這裡的農田水利工程建設也與其他地區不同。其農田水利主要在於排除內澇積水，將下濕沮洳地改造成良田。工程措施主要是治理陂塘，為天然湖泊築堤，治理塘浦和興建海塘等。東漢時，會稽太守馬臻還在今浙江紹興境內修建了鑒湖水利工程，這是長江以南最古老的大型水利工程之一。該工程就是在一些分散的湖泊下緣修築一道長圍堤，使之形成蓄水湖泊。

總之，秦漢時期各地水利工程的興修，對於促進當地經濟的開發和農業生產的發展，起到了十分重要的作用。這些水利工程凝集著中國各族人民的智慧和汗水，是秦漢文明的重要組成部分。

第六節 ·
手工業技術
的蓬勃發展

---

35 《水經·淯水注》。
36 《後漢書·杜詩傳》。

秦漢時期，隨著社會經濟的恢復和發展，各地經濟文化交流的日趨頻繁，手工業技術得到了蓬勃的發展。東漢時期蔡倫發明的造紙術，是中國對世界文化發展的一項重大貢獻。此外，在冶煉、紡織、印染、陶瓷、釀酒和機械製作方面，生產技術也有了全面的提高，取得了前所未有的成就。

一、造紙術的發明

在造紙術沒有發明以前，中國古代曾先後使用龜骨、獸骨、金石、木牘、縑帛等材料記事。直到西漢時期，簡牘、縑帛依然是十分重要的書寫材料。但是，這些材料或因書寫、刻畫不易，或因使用、保存不便，或因價格昂貴，均不能滿足社會經濟、文化進一步發展的需要。於是，尋求廉價、方便易得的新型書寫材料，便成為人們的迫切要求。經過長期的實踐和探索，人們終於發明了用麻繩頭、破布、舊漁網等廢舊材料製成植物纖維紙的方法，從而引起了書寫材料史上的一場革命，進而影響了整個世界文明史的發展。

造紙術的發明，是秦漢時期手工業技術中取得的一項最重大的成就。

秦漢之際以次繭作絲棉的手工業已十分普及，如韓信未發跡前遇到的漂母，大概就是以此為生的。這一手工業包括反覆捶打，以搗碎蠶衣和置水中漂洗等工藝。而在漂洗時，留在器物上的殘絮，晾乾後自然形成一層薄薄的絲棉片。這可能給造紙技術的發明以直接的啟示。當然，最初的造紙術，還不能一下子產生用於書寫的紙張，但新的道路既已開闢，迫切的社會要求又在催促著技術的改進，可以用於書寫的紙張的產生也就為期不遠了。

烽燧

從現代考古學的發現看，中國造紙術的產生，並不是始於傳統所認為的東漢時宦官蔡倫的發明。自一九三三年至今，中國先後發現了六批西漢古紙，它們有的顯得細薄均勻，有的卻十分粗糙原始，但都在不同程度上反映了中國古紙發明的痕跡及其工藝特徵。這就是說，中國早在西漢時期就已發明了新的書寫材料——植物纖維紙。

一九三三年，考古學家黃文弼先生在新疆羅布淖爾漢烽燧遺址中發現了一張西漢麻紙，白色，作方塊薄片，四周不完整，長約四十釐米，寬約十釐米，質甚粗糙，不勻淨，紙面尚存麻筋。同時出土的還有一些漢宣帝黃龍元年（前49年）的木簡，由此可知它是西元前一世紀的古物。黃文弼先生還判斷說，因為是「初造紙時所做，故不精細也」。

一九五七年，在陝西西安市東郊的灞橋出土了一些紙片，原疊放在銅鏡下面。紙呈泛黃色，已裂成碎片，最大的長寬約十釐米，最小的也有長三釐米寬四釐米。經鑒定，它是以大麻和少量苧麻的纖維為原料的，其製作技術較原始，質地粗糙，還不便書寫。據推測，其年代不會晚於漢武帝元狩五年（前118年）。

一九七三至一九七四年，考古工作者在甘肅居延肩水金關西漢烽塞遺址的發掘中，也發現了麻紙二件。其中一件與宣帝甘露二年（前52年）木簡共存，出土時已揉成一團。展開後，最大一塊長寬約分別為二十一釐米和十九釐米，顏色白淨，細薄均勻，一面平整，一面稍起毛，質地細密而堅韌。另一件出土於西漢晚期平帝以前的地層，長寬約分別為十一點五釐米和九釐米，暗黃色，尚含麻筋、線頭和碎布頭，結構較為鬆弛。由於這兩件西漢古紙發現於邊塞地區，故內地紙的出現應更早一些。

一九七八年，陝西扶風縣中顏村西漢窖藏的銅泡中也發現了一些紙片。一九七九年，敦煌馬圈灣漢代烽燧遺址中也發現了古紙五件八片，麻質，大多為西漢中期的遺物。一九八六年，考古學者又在甘肅天水放馬灘發掘出土了紙質地圖一幅，此圖原置於死者胸部，紙薄而柔軟，色黃，圖的畫法與長沙馬王堆漢墓出土的帛圖接近。據推斷，該物為西漢文景時期作品。

由此可見，中國在西漢時期確實已發明了植物纖維紙。但是，為什麼在整個西漢時代書寫紙的用量很少，而沒有得到流行呢？這可能是因為：（1）蔡倫以前的植物纖維紙都比較粗糙，不便於書寫，到了蔡倫才造出質地優良的堪作書寫用的植物纖維紙。這可能正是我們至今沒有發現書寫有文字的西漢紙的一個原因。（2）在蔡倫對造紙術進行改革前，造紙的原料受到較大的限制，到蔡倫時才變得真正普及了。經過蔡倫的改革，不但用麻、破布、漁網，而且可用樹皮為原料，從而大大降低了紙的成本。據《後漢書》記載，在蔡倫將所造的紙獻給皇帝，並受到皇帝的稱讚以後，「自是莫不從焉」[37]。因此，說西漢時期就已發明了紙，絲毫不減蔡倫對於造紙術所作的巨大貢獻。

　　據《後漢書・蔡倫傳》記載，蔡倫字敬仲，桂陽（今湖南郴州）人。東漢明帝永平末年入宮為宦者，章帝建初年間升為小黃門。和帝即位（89年），轉為中常侍，復加位尚方令，主管製造御用器物。他有才學，敢於諫諍。每當假日，往往閉門不接客，或親歷田野考察。永元九年（97年），由他監製秘劍及各種器械，莫不「精工堅密，為後世法」。與此同時，他又主持了造紙技術的改革和推廣。《後漢書・蔡倫傳》中說：「縑貴而簡重，並不便於人，倫乃造意用樹膚、麻頭及敝布、漁網以為紙。元興元年（105年）奏上之，帝善其能，自是莫不用焉，故天下咸稱蔡侯紙。」因此後世傳說蔡倫是造紙術的發明人。

蔡倫墓

　　有必要說明的是，蔡倫對造紙術的改革，並不是單純地擴大了紙的原料範圍，而且對造紙技術也作了改進。如用破漁網作為造紙原料，要把小而硬的網結搗碎，不用石灰水蒸煮是十分困難的。

　　人們一般將蔡倫用漁網做成的紙叫作

---

37 《後漢書・蔡倫傳》。

網紙，用破布做成的「絲綖如麻」的紙稱為麻紙，以樹皮做成的紙名為穀紙。蔡倫造紙的工藝，據現代學者研究，已基本與現代的造紙程式相接近。其方法是：先將麻頭、破布等原料用水浸透，使之潤脹，再用斧頭剁碎，用水洗淨，浸入石灰水，加熱蒸煮，除去原料中的木素、果膠、色素、油脂等雜質後，用清水漂洗，入臼搗碎，放入水中形成懸浮的漿液，即「紙漿」。然後用多孔而緻密的紙模撈取紙漿，瀝水後，留下一薄層紙料，將其取下，經乾燥、砑光，就成了紙。這個過程的關鍵有兩步：一是入石灰水蒸煮，這是現代城法化學制漿過程的濫觴；二是紙模的設計，要能使它的孔與紙漿中的纖維尺寸相適合，既能很快地使水漏下，又能使紙漿纖維留在上面形成均勻薄層。現代用的紙模叫作抄紙器，是長網造紙機或圓網造紙機的主要部件，而古代手工造紙用的抄紙工具則是一副精細織就的竹簾。

西漢時期已發明紙，經過蔡倫對造紙術的改革與推廣，紙才逐漸取代了其他所有的書寫材料，成為書寫材料中的佼佼者，並對世界文化的發展產生了巨大的影響。紙是中國古代著名的四大發明之一。

造紙術發明後，逐漸流傳到世界各地。大概在七世紀時，中國的造紙技術就已傳到了朝鮮和日本。印度可能也在此時由中國的求法僧人傳入了這一技術。往西，則是先通過絲綢之路，傳到西域，再傳到阿拉伯，並由阿拉伯人將這一技術傳入埃及和摩洛哥，後至歐洲。西方人一直誤以為造紙術是阿拉伯人的發明，直到二十世紀初英國人斯坦因在中國西北古長城的一座烽燧中找到幾封用粟特文寫成的信紙，並斷定這些用破布襤褸製成的「襤褸紙」是中國古代勞動人民的發明，紙的發明權屬於中國才為世界大多數人所公認。

二、冶煉業的成熟

秦漢時期，中國的冶煉技術有了突飛猛進的發展。主要表現是：豎爐煉鐵術有了很大提高，生鐵品種及其用途有了擴展，發明了炒鋼、灌鋼和百煉鋼，銅及其他有色金屬的煉製技術有了較大提高，鑄造技術也有了進一步發展。與此同

時，黃金和白銀的使用也更加廣泛。

（一）冶鐵技術

在古代世界，冶鐵技術的發展程度，往往直接反映並影響著一個國家的農業、手工業的發展，並進而制約其軍事的強盛與否。它是一個國家經濟及科技發達程度的重要標誌。秦漢時期，中國的冶鐵技術有了很大發展，在冶鑄和生鐵加工等方面都進入成熟階段。

迄今為止，已發掘的兩漢時期的冶鑄鐵遺址有二十多處。其中規模較大的有河南鞏縣鐵生溝遺址，河南鶴壁、南陽瓦房莊、鄭州古滎鎮等處遺址。從這些考古發掘材料看，中國兩漢時期的冶鐵業不僅頗具規模，而且煉鐵技術已達到相當高的水準。

由於生產規模的擴大和生產技術的提高，這一時期，豎爐煉鐵得到了進一步的發展。具體表現在：第一，豎爐容積不斷增大。在河南鶴壁發現的十三座漢代冶鐵爐遺址中，最大的一座爐缸長軸為三點一米，短軸二點四米，橫截面積五點八平方米。在鄭州古滎鎮發現的一座高爐，復原後，高度也有五至六米。第二，築爐技術有了提高。從考古資料可知，漢代煉鐵豎爐中，有的爐缸已採用橢圓形狀，並在與長軸垂直的方向加裝鼓風口。這樣做，既擴大了爐缸面積，又不至於影響爐缸的溫度。這是高爐煉鐵的一項重要改革。美國直到一八五〇年才建成這種高爐。第三，為了克服爐渣中由於 SiO_2 含量高、黏度大，給操作造成的困難，漢代已經懂得在爐料中加入石灰石作溶劑，這也是冶金史上的一大發明。第四，為了改善爐內透氣性能，漢代人已經懂得按比例配料及對礦石進行「整粒」。第五，漢代煉鐵高爐的燃料主要是硬質木炭，但從一些鑄鐵成分的分析看，漢代有一些煉鐵爐已用煤作燃料。在鞏縣鐵生溝和鄭州古滎遺址均發現了煤餅。第六，鼓風設備有了改善。東漢人杜詩發明的「水排」，不但節省了人力、畜力，而且也提高了鼓風量。在歐洲，水力鼓風裝置直到十二世紀才發明出來。

漢代的生鐵的品種也有了增加。戰國時期，生鐵主要是白口鐵，麻口鐵較

少，灰口鐵更少。秦漢時期，灰口鐵有了明顯的增加。在河北滿城出土的西漢中期鐵鐗、南陽瓦房莊出土的東漢鐵釜澆口等，都屬於灰口鐵。灰口鐵的硬度雖不及白口鐵，但由於灰口鐵中含有片狀石墨，因而具有良好的耐磨性和潤滑性，宜於作軸承和犁鏵等，故具有更好的應用前景。

此外，漢代還出現了球墨鑄鐵。在國際上，球墨鑄鐵是二十世紀四〇年代才發展起來的生鐵優良品種，生產方法是用灰口生鐵加入金屬鎂、釔或稀土金屬作為球化劑得到的。但是，中國河南鞏縣鐵生溝出土的一件鐵钁，經專家檢驗，其球墨結構與現行球墨鑄鐵國家標準一類 A 級球墨相當。在現代技術條件下，要取得這樣的球墨也不容易，而該產品卻為西漢中期的遺物。在澠池漢魏窖藏的鐵器中有一種二百五十七號「陵石」鈸也具有這樣的結構。

與此同時，生鐵的使用範圍也有了擴展。戰國時期，生鐵主要用於直接鑄器。到漢代，生鐵有了兩種新用途：一是作為炒鋼原料；二是直接作脫碳退火，生產某種熟鐵和低碳鋼的半成品。在鄭州古滎鎮、南陽瓦房莊、魯山望城崗等冶鑄遺址中，均發現有長方形、梯形小鐵板，從外形看是鑄鐵件，但經檢驗都為熟鐵或低碳鋼，是脫碳退火所致。這種半成品可以加工成各種不同的器物。

（二）煉鋼技術

兩漢時期，中國不僅冶鐵技術已發展到了很高的水準，而且還發明了新的煉鋼技術。在古代世界，除了印度等少數地區之外，大部分地區早期製鋼都是在固態下進行的，中國也是這樣。這種工藝的缺點是：滲碳過程進行得十分緩慢，產品含碳量往往較低，夾雜較多，從而限制了鋼的數量及範圍。隨著生產力水準的進一步提高，漢代先後發明了炒鋼、灌鋼、百煉鋼和坩堝鋼技術，從而使鋼的品質有了很大的提高。

炒鋼技術大約產生於西漢中晚期。炒鋼以生鐵為原料，將生鐵在空氣中加熱到攝氏一千二百度左右，使其達到半熔化狀態，然後攪拌，增加與空氣的接觸面積，生鐵中的部分碳氧化，使鐵的溫度增高。由於碳的不斷氧化，最終生成熟

鐵，倘若控制失碳程度，適時終止攪拌，就能得到中碳鋼或高碳鋼。由於炒煉過程是在液態半液態下進行，氧化脫碳較為迅速，生產率較高，成分可適當控制，產品品質也較好，因而它能較大程度地滿足社會對可鍛鐵的需求。從考古發現情況看，鞏縣鐵生溝、南陽瓦房莊、新安孤燈村等冶鑄鐵遺址中均有炒鋼爐，鐵生溝出土的鐵塊、殘鐵鋤、鐵錛等為炒鋼製品。不過，炒鋼法也有一個缺點，就是攪拌的時間不易控制，因而鋼的品質不易保證。

灌鋼技術大約出現於東漢晚期。王粲《刀銘》云：「和諸色劑，考諸濁清，灌襞已數，質象已呈，附反載穎，舒中錯形。」這裡的「襞」，是指「熟鐵」之多層積疊、多次折疊；「灌」指生鐵水向「熟鐵」灌煉，「灌襞已數」是整個灌鋼工藝。具體說來，灌鋼是以生鐵和「熟鐵」為原料，把它們加熱到生鐵熔點以上，利用生鐵含碳量較高，熔點較低，「熟鐵」含氧化夾雜較多的特點，進行混合冶煉，最後取出加錘，以排除夾雜，均勻成分。灌鋼工藝亦屬半液態下冶煉，其優點是氧化反應進行得較為劇烈，去渣能力較強，成分也較易控制，因而使產品品質得到提高。這一方法主要用以製作刀劍器的刃部。

百煉鋼是在塊煉滲碳鋼的基礎上發展起來的。由於反覆鍛打，金屬內部夾雜物細化，組織漸趨均勻，從而提高了鍛件的性能。同時，由於多次在碳火中加熱，起到了滲碳作用，金屬件慢慢鋼化，成為百煉鋼。這一工藝至遲在東漢早期就已發明。一九七四年在山東蒼山漢墓出土的三十煉環首鋼刀，一九六一年在日本奈良櫟本東大寺古墓出土的中平（184-189 年）紀年的百煉清剛刀，均為百煉鋼。由於百煉鋼製作較為困難，勞動量較大，因而主要用於寶刀、寶劍一類較為名貴器物的製作，很少用於製造生產工具。

一九七九年，在洛陽吉利區一座東漢古墓中出土了十一個坩堝，其中一個的內壁上附著一塊金屬，經鑑定為過共析鋼，金屬基體為珠光體，晶粒間界上分布有許多網狀滲碳體、磷共晶和部分氧化物。碳分布較為均勻，碳含量為百分之一點二一。這是迄今為止中國古代唯一被發現的坩堝鋼，在世界上也是較早的。據研究，這一坩堝鋼是以鐵礦石為原料，以某種含碳物質為還原劑，在高溫下一次冶煉得到的。由此也可以看出中國漢代煉鋼技術的發展水準。

（三）煉銅技術

銅是中國古代生產和生活中十分重要的金屬材料。銅不僅可以用來製作許多生產工具，而且還可以製成多種容器、銅鏡，以及製成錢幣，廣泛用於流通領域。秦漢時期，中國的煉銅技術較之戰國時期又有了新的發展。

從文獻記載和考古發掘看，秦漢時期中國的銅主要有三大產地：一是漢丹陽郡，《漢書・吳王濞傳》及大量銅器銘文都可說明丹陽產銅。二是湖北大冶銅綠山，該處古銅礦井內還發現過河南漢代冶鑄作坊生產的鐵斧。三是今四川、雲南一帶，《史記・貨殖列傳》、《漢書・地理志》顏師古注、《後漢書・西南夷傳》等都曾言及。此外，在各地也發現了不少冶銅遺址，出土的銅製器物及錢幣也較前大量增加。

在煉銅技術上，漢代在以下三個方面有了新的發展：一是在火法冶煉中使用了硫化礦。人類早期冶銅所用的主要是自然和氧化礦。一九五八年，在山西運城東漢礦冶遺址中出土了一些黃銅礦 $CuFeS_2$，品位為百分之五，這是中國古代使用硫化礦煉銅的重要證據。二是對鐵與膽水中的銅的置換作用有了初步認識。《淮南萬畢術》云：「曾青得鐵則為銅。」「曾青」即天然硫酸銅。這是中國古代關於金屬置換作用的最早記載。三是發明了一種叫「偽黃金」的新型銅的合金。據《淮南子》記載：「餌丹陽之偽金。」《漢書・景帝紀》載：中元元年（前144年），「定鑄錢、偽黃金棄市律」。從字面上看，此「偽黃金」當為顏色等物理性能與黃金相似的銅合金。這一技術的出現，是煉銅技術的一大進步。

（四）鑄造和熱處理技術

秦漢時期中國冶煉技術的進步，還體現在鑄造和熱處理等方面。

先秦時期，青銅禮器、兵器、生產工具等，絕大多數都是泥型鑄造的。秦漢時，除了鑄造一般性銅鐵器外，還較多地澆鑄了銅範和鐵範。從泥範發掘資料看，漢代製範是需要模、範本和邊框的。先將模放在範本上，套上邊框，再把和

好的泥料放入框內，邊放邊壓實。泥範成形後，經陰乾，再刷上銀灰色滑石粉塗料，即可合範。漢代泥範也有背料和面料之分，且較以前有了改進。其具體作法是：先用背料製成了範塊，在其表面打出許多夯窩，然後再塗上面料。這樣做，既提高了製範效率，又節省了細料。

在漢代，層疊鑄造技術也得到了進一步的推廣。層疊鑄造始見於春秋戰國時期。到漢代，它已得到廣泛應用。從考古發掘情況看，在陝西咸陽、西安，河南南陽、溫縣以及山東臨淄等地均發現了漢代疊鑄實物。如河南溫縣發掘的一處漢代烘範窯，出土有五百多套疊鑄範，有十六種鑄件，三十六種規格，其總澆口直徑為八至十毫米，內澆口，薄僅二毫米左右，一套範有四至十四層不等，每層有一至六個鑄件，最多的一次可鑄八十四件。這一鑄造技術的推廣，極大地提高了生產效率。

古代鑄造用的金屬型如銅範、鐵範，雖然先秦時期就已出現，但直到漢代才有了較大的發展。漢代用鐵範鑄造的產品種類較戰國時代大為增加，除一般農具和軸承外，還澆鑄了一種四方形鐵材。漢代鐵範大都符合操作方便、產品性能良好的原則，範的外形與型腔較為吻合，範壁厚薄均勻，使鑄件能均勻冷卻而獲得良好的結晶組織，因而有利於鑄件品質的提高。目前在河南南陽、鄭州、山東萊蕪、滕縣等地均發現了漢代的鐵範。

在熱處理技術方面，鑄鐵可鍛化退火在戰國時期業已取得的成就的基礎上，有了新的發展。主要表現在：一是石墨化退火件。脫碳退火件與其他冶煉產品在使用上的分工更為明顯。從考古發掘情況看，石墨化退火主要用於農具的钁、鏟、鋤等；脫碳退火多用於斧、剪、鑷等；長刀、利箭主要是炒鋼鍛製的。二是可鍛化退火處理更為完善，往往整個斷面都呈現可鍛鑄鐵組織，器件中很少或不再有萊氏體殘餘。由於這一工藝的改進，使鐵或其他製品的品質有了進一步的提高。

秦漢時期，由於製鋼術以及刀劍工藝的迅速發展，鋼的淬火技術也較以前更成熟。滿城出土的鋼劍、鋼戟、錯金書刀，遼陽三道壕出土的鋼劍等，都進行了局部淬火。因此，這些刀劍既具有鋒利的刃部，又有柔韌的脊部，獲得了既鋒利

又不易折斷的優良性能。從文獻記載看，這一時期關於鋼的淬火始見於西漢宣帝時期。

此外，這一時期金屬表面的鍍錫、鍍金銀、鑲嵌、錯磨、拋光、表面滲碳等加工處理技術也有了較大的發展，有的甚至已達到了很高的水準。

三、紡織業的發展

紡織業在中國起源很早。早在先秦時期，中國的紡織業就有了一定程度的發展。秦漢時期，隨著社會經濟的進一步發展和科技水準的日益提高，紡織業又有了新的發展。具體表現在：各種紡織品的數量和品質有了很大的提高，紡織技術日趨成熟，紡織機械有了改進，染、印工藝也有了進一步發展，紡織技術被傳播到全國各地。

（一）紡織品的種類與品質

秦漢時期，各種紡織品的數量和品質均比以前有了增加與提高。據文獻記載，漢武帝元封元年（前110年）政府就從民間徵集綢帛達五百萬匹，可見當時紡織業的興盛。而長沙馬王堆出土的大量紡織品，更清楚地反映了漢代紡織業所達到的水準。

馬王堆出土的紡織品十分豐富，包括絹、紗、羅、綺、錦、起毛錦、麻布以及刺繡品、印染品等共二百多件。其絲織物絲縷均勻，單絲的縱面表面光滑，橫斷面呈三角形，與現代家蠶絲極為相似，這說明養蠶、繅絲水準已經很高。織法有平紋、紗、羅、斜紋和起絨等形式。由於蠶絲品質高，故能織出「薄如蟬翼」、「輕若煙霧」的紗羅來。如出土的素紗禪衣長一百六十釐米，兩袖通長一百九十釐米，袖邊和領寬有五點六釐米的夾層絹緣，而總重量僅為四十八克，即不到一市兩，紗的細韌是可想而知的。

在馬王堆出土的漢代絲織物中，數量最多的是平紋織物——絹，其經線密度大都在每釐米八十至一百根之間，最密的達一百六十四根，緯線密度一般在經線密度的三分之一到二分之一之間。這不僅要有高超的紡織技術，還需要有先進的織機。

在眾多的紡織品中，斜紋錦是漢代的一大發明。這在馬王堆漢墓出土的紡織品中就有。還有一種起毛錦，例如有一種紺地紅矩紋起毛錦，以紺色經線織地，用紅色粗絨經線織成有高有低的絨圈組成的小矩紋，立體感很強，是一種屬於重經提花的起絨織物。過去人們以為中國元、明時期生產的漳絨、織金絨、天鵝絨等起絨織物是從外國傳入的，長沙馬王堆漢墓中出土的起毛錦，證明這項技術為中國傳統技術。

（二）紡織技術

秦漢時期，中國的紡織技術有了較大的發展。當時，紡織的原料主要有蠶絲、葛、麻、羊毛和棉花等。而紡織技術的提高，也體現在原料加工技術方面。以蠶絲為例。先秦時期，人們一直用鮮繭繰絲，這就要求在數日內繰完，否則蠶蛹化蛾。秦漢之後，採用陰攤降溫法來拖延化蛾時間，或用日曬法將蛹殺死，從而減輕了繰絲的緊張程度，又有利於提高生絲品質。在葛、麻類纖維的初加工上，漢代可能已出現了生物脫膠和化學脫膠法。據《氾勝之書》記載：「夏至後二十日漚枲，枲和如絲。」這是生物脫膠，利用自然氣溫來加速微生物繁殖，以提高脫膠速度和品質。又從江陵一百六十七號漢墓出土的苧麻絮看，其纖維表面附有大量的鎂離子和鈣離子，與今化學脫膠的苧麻絨分析結果極為相似，說明當時很可能用石灰水一類物質進行了化學脫膠。羊毛和棉花在紡織業的應用，主要在邊遠地區。

繰紡技術也有了較大的進步。早在先秦時期，中國就已出現了熱水煮繭繰絲法，秦漢時這一技術得到了推廣。《淮南子・泰族訓》說：「繭之性為絲，然非得女工煮以熱湯，而抽其統紀，則不能成絲。」《春秋繁露・實性篇》也說：「繭待繰以綰湯而後能為絲。」可見，熱水繰絲工藝在西漢時期就已普遍施用。用熱

水繰絲，可以加速繭的膨潤軟化和絲膠的溶化，既有利於絲的逐層舒解，又有利於絲的撚合。

　　同時，這一時期繰絲技術的改進還與先進的紡織機械的發明和推廣密切相關。關於漢代紡織機械較早的文獻記載是劉向的《列女傳》。但是，由於該書不是專門的紡織文獻，故言之不詳，難以讓人看清全貌。東漢許慎的《說文解字》將紡車稱作軒。書中云：「軒，紡車也。」紡車的具體形態，近年來在山東滕縣龍陽店、宏道院，以及江蘇銅山洪樓等地出土的漢畫像石上均可看到。山東臨沂銀雀山西漢墓出土的帛畫上也有紡車圖。從所繪紡織情況看，它們都是用來合併、加撚絲縷的。這些紡車均為手搖紡車。手搖紡車在先秦時就已出現，到了漢代更為普及。紡車的發明和推廣，使絲麻產品的品質和數量大為提高。

紡織畫像石

　　值得一提的是，漢代還發明了一種腳踏紡車。一九七四年，在江蘇泗洪縣曹莊出土的東漢畫像石上刻有一幅腳踏紡車圖，這是迄今所見的最早的腳踏紡車資

料。腳踏紡車的使用，不但將右手解放了出來，使雙手都能從事紡紗或並線，而且輪的牽引力也提高了。歐洲直到六世紀才出現腳踏織機，十三世紀才被廣泛應用。

織造技術也有了進一步的發展。秦漢時期的織機，主要有斜織機、多蹤多躡花織機、束綜提花機、羅織機和立織機等。此外，梭和筘也是重要的引緯和打緯工具。先秦時期出現的平紋及其變化、斜紋及其變化、絞經、經二重、緯二重、雙層、提花等織物組織和品種，這時仍廣為應用，同時又有了新的發展。由於多種織機的使用和整個織造技術的發展，使這一時期生產出了許多紗、縠、羅、綺、綾、錦等色澤豔麗、圖紋華茂的作品，體現了漢代紡織技術的高度發展水準。

（三）染印技術

秦漢時期，染印技術也有了進一步發展。從長沙馬王堆漢墓出土的紡織品看，其印染織品的色彩十分鮮豔富麗，色相達到三十六種之多。不但使用了植物染料，而且還使用了礦物染料，並使用了媒染劑礬。有的布面十分光滑，說明印染後經過漿碾加工。根據《說文解字》所列，當時的染料和顏料品種已達三十九種。

在印花工藝上，長沙馬王堆出土的印花織物有兩種，即印花和印花敷彩。兩者均十分精細，工藝手法是板印、繪畫相結合。板印部分為圖案的主幹，起定位作用；而絕大多數線條為繪製而成。圖案線條多細媚流暢，紋樣多係卷枝、卷草、卷雲或雲紋，大概為當時的時尚。

引人注意的是，這時出現了套色型板印花技術。在此之前，織物花紋主要是靠畫繪。一九八三年，在廣州南越王墓出土了兩件銅質印花凸版以及部分印花織品，這是中國漢代印花技術進步的有力證明。其中一件印花版呈扁薄板狀，正面花紋近似松樹形，有旋曲的火焰狀紋凸起，均在同一水準面上，印版大部分厚度僅零點一五毫米左右，其上可見因使用而磨損的痕跡。同時，在長沙馬王堆一號

漢墓也出土了一種金銀色印紋織品，圖案與南越王墓印花版的十分相似。

（四）紡織技術的推廣

秦漢時期，紡織技術不僅在中原漢族地區廣為流傳並取得了長足的進步，而且在邊遠少數民族地區也已發展了具有各自地方和民族特色的紡織業。

據《後漢書・地理志》和《哀牢傳》記載，中國海南島的黎族和西南哀牢山一帶的拉祜族、傈僳族等，在漢代也有了自己的紡織技術。黎族主要用木棉織廣幅布。木棉是一種木本植物。織法是在一個圓泥餅上插一根細竹棍，或者用一枚大銅錢代替泥餅，做成紡輪。將木棉梳理成條，在腿上搓撚成線形，然後在紡輪上加撚成紗，並卷在紡輪的竹棍上形成紗錠，在腰機上織成布匹。這種用木棉織成的廣幅布，一般幅長為一百八十釐米，寬三十五釐米，合四幅成被，寬一百四十釐米。哀牢夷地區少數民族的織物，《後漢書》稱之為「桐花布」，說是用「梧桐木花」做成。實際上也是木棉布。

在西北的新疆地區，漢代出土的文物表明，當地不僅有毛紡織品，而且還有棉織品。如一九五九年在新疆民豐縣以北的大沙漠中發現一座東漢合葬墓，出土了大量的織物，其中就有棉織品。

廣東、福建一帶還生產一種草棉，名吉貝。用草棉也可以織成布，稱為吉貝或白氈。

四、釀酒及其他製作行業的技術進步

秦漢時期，中國手工業技術得到了全面的發展。除了我們上面提到的幾個行業以外，在釀酒、陶瓷、漆器、機械製造等方面也有了明顯的進步。

（一）釀酒業

中國釀酒的歷史十分悠久。秦漢時期，隨著農業經濟的發展，糧食產量的大量增加，酒業生產的規模達到了前所未有的程度，酒肆作坊遍布全國的都市和鄉鎮。西漢中期，封建統治者為了擴大中央政府的財政收入，在推行鹽鐵官營、均輸平准等政策的同時，一度「榷酒酤」[38]，對酒實行專賣，這也足以說明當時釀酒業在社會經濟生活中的重要地位。

在繼承前代生產經驗的基礎上，這一時期釀酒技術有了明顯的進步。具體說來，主要表現在以下幾個方面：

一是造麴技術的發展。酒是碳水化合物經發酵形成的。根據釀造原理，在使用穀物釀酒時，必須經過糖化和酒化兩個主要過程。早在先秦時期，中國勞動人民就已掌握了這一原理，使用麴糵釀酒。曲是發黴長毛的穀物，充當「酒母」；糵則是充當酒原料的發芽穀物。到漢代，這種釀酒方法有了改進。有關漢代釀酒的記載，都是直接以未經發芽糖化的穀物作為原料，只用麴而不用糵。由此可知，這種麴當含有大量黴菌和酵母菌，兼有糖化和酒化兩種作用，可使釀酒的兩個主要過程同時進行。這是釀酒史上一項重要的發明。據《漢書‧食貨志》記載：西漢末年，「一釀用粗米二斛，麴一斛，得成酒六斛六斗」。另據記載，東漢末年，九斛米成十斛米的釀酒原料，只需用麴三十斤[39]，兩相比較，後者用麴量大為下降，這是麴中黴菌和酵母菌純度得到提高之故。

二是成酒度數（酒精含量）的提高。在中國古代，酒的度數一般都較低。酒的度數低，酒中水分含量高，則酒容易酸敗變質。西漢末年，粗米二斛可得成酒六斛六斗。出酒量如此之高，說明酒的度數很低。東漢以後，開始出現了一些度數較高的酒。《漢書‧平當傳》有如淳注云：「稻米一斗得酒一斗為上尊，稷米一斗得酒一斗為中尊，粟米一斗得酒一斗為下尊。」如淳是三國時人，他所說的出酒量，較西漢末年粗米二斛得酒六斛六斗的比例，有了明顯的下降。東漢哲學家王充也說：「美酒為毒，酒難多飲」，「過於三觴，醉酗生亂」[40]。這也是當時

---

38 《漢書‧武帝紀》。
39 曹操：《奏上九醞酒法》，《全三國文》卷一。
40 王充：《論衡》之《言毒篇》、《語增篇》。

酒度數提高的又一證明。

三是釀造工藝的改進。秦漢時，人們在釀酒時，不僅重視原料與酒麴之間的比例關係，而且在釀造工藝和方法上也有了新的改進。約在東漢時，出現了一種被稱為「九醞」的新釀造法。所謂「九醞酒法」，就是在釀造過程中，採取連續投料的方法，分批追加原料，以保持一定濃度的糖分，造成酵母菌充分發酵的有利條件，使釀成的酒更為醇厚。這一方法對於提高酒的度數起了很大的推動作用，並對後世的釀酒方法產生了一定的影響。北魏賈思勰在《齊民要術》卷七中說，用這種方法釀成的酒，「香美勢力，倍勝常酒」。

釀酒畫像磚

四是酒類的品種大量增加。秦漢以前，見之於史籍的酒名很少。秦漢以後，酒名開始大量出現。從文獻所載的酒名看，當時的酒大致可以分為以下幾類：（1）以酒的原料分類。秦漢時釀酒的原料有穀物和果物兩類，而以穀物為主。以穀物冠名的酒，有「稻酒」、「黍酒」、「秫酒」、「米酒」等。果物酒有葡萄酒和甘蔗酒。（2）以釀酒所用的配料命名。當時釀酒所用的配料主要為香料或草藥。這類酒如「椒酒」、「柏酒」、「桂酒」、「蘭芙酒」、「菊花酒」等。（3）以釀造的時間分。如「春醴」、「春酒」、「冬釀」、「冬酒」、「秋釀」、「醇酒」（指

釀造時間較長的酒）等。（4）以釀造的方法命名。如「酎酒」、「醞酒」，指採用連續投料法釀成的酒。（5）以酒的色味分類。如「黃酒」、「白酒」、「金漿醪」、「恬酒」、「甘醴」、「甘酒」、「旨酒」、「香酒」等。

此外，葡萄酒之由西域傳入中原，也從一個側面反映當時釀酒業發展的盛況。

（二）陶瓷業的新發展

春秋戰國時期，中國的陶瓷業已有了較大的發展，而且由於原料及其他自然條件的不同，形成了不同的地方特色。一般來說，那時在東南沿海印紋硬陶和原始瓷的使用較為普遍，北方如三晉、兩周地區則以灰陶和夾砂陶為主，而南方的製作工藝略高於北方。秦漢時期，各地在繼承傳統陶瓷製造技術的基礎上又有了新的發展，主要表現在：西漢時發明了鉛釉陶，東漢晚期發明了真瓷。這兩項技術奠定了中國陶瓷兩大宗的格局。

中國古代的鉛釉陶始見於西漢武帝時。在此以前的陶製品，主要是板瓦、瓦當、空心磚等建築用陶。從考古資料看，鉛釉陶首先在關中（陝西、甘肅東南）地區出現，而後擴散到關東、河南、兩湖等地區。鉛釉的主要溶劑是 PbO，主要著色劑是銅和鐵，在氧化性氣氛中燒成。銅使釉呈翠綠色，鐵使之呈褐色和棕紅色。鉛有降低熔點、增加流動性的作用。鉛釉與商周時的石灰釉不同：一是成分，石灰釉的主要成分是 CaO，主要著色元素是鐵；二是熔融溫度，石灰釉屬高溫釉，鉛釉則為低溫釉，大約在攝氏七百度開始熔化。從現代生產實踐看，低溫釉的配料甚為簡單，用鉛粉、石英粉和少量著色劑（銅花、赭石）加水磨細，調和便成，然後施於胎上，在攝氏七百至九百度的氧化性氣氛中就可燒成。不過，這一技術在古代卻是一項了不起的成就。鉛釉的出現，是中國陶瓷業發展史上一個重要的階段，絢麗多彩的唐三彩就是在此基礎上發展而成的。

在漢代，鉛釉主要用作明器，迄今尚未發現實用器物。這可能與其燒成溫度較低有關。所見器物有鼎、盒、壺、倉、灶、井、家畜圈舍，以及水碓、陶磨、

作坊、樓閣、池塘、碉樓等各種明器模型。大約到四世紀，這項技術才用於建築業中，如做琉璃瓦等。

東漢時，中國出現了瓷器。這是中國陶瓷業發展史上一項重要的成就。關於中國古代瓷器出現的時間，學術界曾有過不少的爭論。按「瓷」字最早見於晉人呂忱撰的《字林》，故近代較早的研究者認為晉始有瓷。這主要是由於瓷器容易破碎，實物難以久存，人們只能靠文字資料推證的緣故。近年來學術界較一致把東漢末年視作中國瓷器的發明期，把商周到西漢的青釉器歸入原始瓷的範圍。

學術界之所以對中國瓷器出現的時間問題存在爭議，除了因實物資料較少以外，還由於對「什麼是瓷」這一問題意見不一。一般認為，瓷的標準應該主要有以下幾個特徵：一是瓷胎的原料必須含 SiO_2 和 Al_2O_3 較高的瓷石和高嶺土，其釉料必須是高溫的；二是燒結溫度必須在攝氏一千二百度以上；三是吸水率很低（小於 1%）或不吸水，胎體堅強，叩之能發出清脆悅耳的「金屬聲」，胎色潔白，呈透明或半透明狀。隨著考古工作的進展，中國新出土的東漢時期瓷器已達到了上述標準，屬真瓷無疑。

浙江是中國漢代瓷器的主要產地。近些年來，人們在浙江上虞、寧波、慈溪、永嘉等地發現了許多東漢瓷窯窯址。此外，在河南洛陽中州路和燒溝，河北安平逯家莊、安徽亳縣、湖南益陽、湖北當陽劉家塚子等東漢晚期墓葬和江蘇高郵邵家溝漢代遺址中也都發現過瓷器，其中有的出於延熹七年（164 年）、熹平四年（175 年）等紀年墓中。一九七八年，李家治先生和凌志達先生分別對浙江上虞出土的東漢越窯青釉瓷和黑釉瓷瓷片標本作了測試和分析，證明瓷胎的顯微結構與近代瓷基本相似，瓷釉在外貌和結構上均已擺脫了原始瓷的原始性，具備了瓷的各種條件。瓷器的出現，是中國陶瓷行業發展的一大轉折。

東漢時期之所以能發明瓷器，絕不是偶然的。它是戰國以來印紋硬陶技術、原始瓷技術長期發展的結果。首先是陶瓷工藝不斷改善，手法日趨細膩。人們在原料的選擇和加工、釉料配製、築窯和燒造技術等方面，都達到了較高的水準。選擇和加工好原料，是製瓷的基礎；配好釉料，控制好燒造過程，則是製瓷的條件。其次是燒製溫度的不斷提高。隨著築窯技術的改進，窯溫不再成為提高陶瓷

品質的障礙。由於這些技術的出現與完善，加上兩漢相對穩定的社會發展環境，終於使中國的陶瓷行業結出了豐碩的成果。

（三）髹漆技術

中國髹漆技術有著十分悠久的歷史。據《韓非子・十過》記載：「堯禪天下，虞舜受之，作為食器⋯⋯流漆墨其上⋯⋯舜禪天下而傳入禹。禹作為祭器，墨染其外，而朱畫其內。」這說明很早以前，人們已使用漆中加入紅或黑色顏料的色漆修飾食器或祭器了。一九六○年前後，在江蘇吳江新石器時代晚期遺址中就出土了繪漆黑陶罐。春秋戰國時期，漆器日見興盛，髹漆技術也有了很大的提高，為後世漆器的發展打下了基礎。

秦漢時，中國的漆器技術進入了一個繁榮期。不但考古發掘的實物較多，分布較廣，而且手工業規模較大，工藝水準又有了新的提高。漢代髹漆技術的主要成就是：夾紵胎、釦器技術在戰國基礎上有了較大發展，金銀平脫得到普遍使用，同時還創造了堆漆、戧金等技法。

從漢代漆器出土的情況看，西漢前期，漆器出土的地點主要在南方。每每都有大批量的發現。近年來，在湖北雲夢睡虎地、大墳頭、江陵鳳凰山、宜昌，湖南長沙馬王堆、象鼻嘴、陡壁山和砂子塘，安徽阜陽雙古堆，廣州西村石頭崗、三元里，廣西貴縣羅泊灣，四川成都、廣元，以及山東臨沂，陝西咸陽等地，均發現有秦漢之際和西漢前期的漆器。其中長沙馬王堆三座軑侯家族墓中就出土了七百餘件漆器，器形有鼎、盒、壺、鈁、勺、耳環、盤、匜、奩、案等。漆器以木胎為主，有少量的為夾紵胎，釦器也不多。西漢後期，漆器的出土量雖不像前期那樣每見大宗，但出土地點更廣，甚至在漆器保存較難的黃河流域也有不少發現。不過出土量較大且保存較好仍在江淮一帶。從出土漆器看，以飲食器、妝奩器為主，但夾紵胎、釦器的比例明顯有了增加，金銀平脫的使用也較廣泛。東漢時期漆器發現不多，這可能與青瓷的崛起改變了人們的生活習俗有關。

從有關文獻看，秦漢時期的漆器手工業已達到了一定規模。當時，設有漆器

工官的就有十個郡縣，其中以蜀郡和廣漢郡的金銀飾漆器最為著名。「蜀、廣漢主金銀器，歲各用五百萬」[41]，可見規模之大。又據《史記・貨殖列傳》記載，「陳、夏千畝漆」，其富「與千戶侯等」，更有「木器髤者千枚」，「漆千斗」的「通都大邑」，足見漆器業的發達。大量的考古發現更是有力地證明了這一點。

秦漢時，漆器的製作還有了相當細緻的分工。「一杯卷用百人之力，一屏風就萬人之功」[42]，說的就是這種情形。從漢代漆器的銘文中，我們可以了解當時油漆技術的工序有：素工（作內胎）、髤工和上工（上油漆）、黃塗工（在銅製附飾上鎏金）、畫工（描繪油彩紋飾）、汩工（雕刻銘文等）、清工（最後修整等）。此外，還有供工（負責供料）、造工（管全面的工師）以及護工卒史、長、丞、掾、令史、佐、嗇夫等監造工官，組織十分嚴密。正是由於多道工藝的有機配合，才使漆器生產工藝日臻完善，不斷發展。

中國的漆器和髤漆技術先後傳到朝鮮、日本、東南亞，以及中亞、西亞各國，並傳到歐洲，受到世界各國人民的重視和歡迎，成為世界文明的一個重要組成部分。

（四）機械技術

秦漢時，中國古代機械製造技術有了全面的發展。人們發明和發展了各種機械技術，在生產、生活、科研和軍事等領域得到廣泛的應用。如西漢時期發明的水碓，東漢時杜詩發明的水排，是用於糧食加工和冶鑄鼓風的器械。東漢張衡發明的渾天儀，是一種水力推動的天體模型。在紡織業中，人們發明了各種紡織機械，以提高勞動生產率。在武器裝備上，漢代弩機有了較大的發展，不僅提高了強度，也增大了射程和瞄準度，從而使弩的威力大增。

這裡擇要介紹幾種漢代機械技術方面的發明創造。

---

41 《漢書・貢禹傳》。
42 《鹽鐵論・散不足》。

記道車。又稱記里鼓車、司里車。它是利用車輪的轉動，自動把車行的里數記錄下來的一種機械。其功能與現在的汽車里程表相當。西漢時就已有了記道車。據《西京雜記》卷五載：「漢朝輿駕祠甘泉汾陰……記道車駕四中道。」不過，由於缺乏資料，當時記道車的具體形制已不得而知。

指南車。指南車在古文獻中也稱為司南。不過，它與一般的指南針不同，是一種純機械結構。據說，指南車的出現很早。沈約《宋書‧禮志》記載：「其始周公所作……鬼谷子云，鄭人取玉必載司南，為其不惑也。至於秦漢，其制無聞，後漢張衡始復創造。」這裡說周公發明了指南車，令人難以相信，當時不可能有這樣複雜的機械。《鬼谷子‧謀篇》雖曾提及「司南」，但那時為指南針一類物件。看來，指南車是張衡的一項發明。現代學者王振鐸先生根據史書的有關記載，已對指南車進行了復原。其構造為：在車上立木柱，上刻木人，以臂指南。內部是一個差動齒輪系結構，車轉彎時內輪不動，外輪繞內輪旋轉，車轅便通過繩索牽動齒輪，改變其配合，使中央立柱不動，從而使木人指向常不變動。但漢代人所造的指南車究竟為何模樣，因缺乏實物資料而難以揣測。

風帆，風帆大約是中國古代利用風力做功的最早例證，其明確記載始於東漢中期。安帝元初二年（115 年），馬融上《廣成頌》一文，對風帆使用情況作了十分生動的描寫：「然後方余皇，連舼舟，張雲帆，施蜺幬，靡颲風，陵迅流，發櫂歌，縱水謳，淫魚出，耆蔡浮，湘靈下，漢女遊。」[43]這裡所說的「張雲帆」，是迄今為止中國關於風帆的最早的明確記載。東漢末年詩人王粲的《從軍詩》中，也有「柎帆倚舟檣」一語，可見風帆已用於航行。

在漢代，船的技術有了很大的發展，除了風帆以外，當時還發明和使用了櫓、舵和矴。櫓是人力推動船行的一種工具，外形似槳而較槳大，常支於船旁和船尾的櫓擔上，櫓搖動後，因櫓葉前後壓差而產生推力。櫓約始見於西漢時期。舵是控制行船方向的一種工具，約發明於東漢時期。矴後世稱為錨，石質謂矴，鐵質謂錨。它是沉之於水，或擲之於岸作固定船位用的。矴的發明不會晚於西漢

---

43 《後漢書‧馬融列傳》。

早期。以上這些，均有實物或文字資料作證。

　　眾多的機械發明，為秦漢時期勞動人民的生產和生活提供了極大的便利，有力地推動了生產力的發展。

第十四章

秦漢風俗

　　不同的民族，不同的時代，都有獨特的民俗風情。秦漢時期，隨著封建大一統帝國的建立與鞏固，各地經濟、文化的恢復與發展，特別是漢武帝時代開疆拓土，銳意進取，使中國北方與南方、中原與西域等地的風俗文化迅速得到交流，從而使秦漢風俗文化具有明顯的多源匯集的特點。這一時期，無論是居住、飲食、服飾、婚姻、喪葬、宗教、節日、儀禮，還是社會風尚，與先秦時期相比，都呈現出了一派嶄新的面貌。

第一節 ·

衣食住行

　　衣食住行是人們的基本生活需要。一個民族、一個時代人們的衣食住行狀況如何，是其文明發展程度的一個顯著標誌。秦漢時期，隨著社會政治、經濟和文化的發展，中國人民的衣食住行情況較以前有了新的變化。

一、式樣繁多的服飾

　　秦漢時期，隨著社會生產和生活的提高，與過去相比，服飾也具有鮮明的時代特徵。這主要表現在：服飾的質地愈加精良，式樣和品種愈加繁多，花案和佩飾愈加華貴。就是一般人所穿的服飾也較以前更豐富多彩。茲將其分為常服、冠服、特種服飾、雜服飾及梳妝幾類，作一簡要敘述。

（一）常服

　　所謂「常服」，顧名思義，就是一般人日常所穿的服裝。秦漢時期，常服可分為長袍與短衣兩大類。

　　袍服起源於先秦的深衣。所謂深衣，就是把著於上身的「衣」和服於下身的「裳」（即裙）縫合到一起的衣服。先秦時，袍服的形制一般均肥大臃腫，且費

工費料。秦漢時的袍服基本沿襲了這一式樣，並有一定改進。袍又分為禪衣、襜褕、複袍三種。

禪衣是單層的薄長袍。秦漢時，它是一般地主和貴族的常服。據《漢書‧江充傳》載：「初，充召見犬臺宮，自請願以所常被服冠見上。上許之。充衣紗縠禪衣，曲裾後垂交輸，冠禪纚步搖冠飛翮之纓。」服禪衣入宮須先請示，可見其有別於正式冠服。禪衣的質料，有的用布帛，有的用薄絲綢。其制為將衣襟拉長，向後擁掩，即所謂「續衽鉤邊」。較之先秦深衣，具有合身省料的優點。

襜褕是禪衣的一種變種，且更為寬博。它是直裾的，不用「續衽鉤邊」的「衽」，使腰部顯得寬鬆自如。襜褕原是男女通用的服飾，兩漢之際，漸轉為女子的常服。襜褕的質地一般為厚絲綢或毛料，所以多用於作外衣，以禦春寒秋涼。

複袍是一種夾服，其裡多用白縛，也有的內填棉絮。《睡虎地秦墓竹簡‧封診式‧穴盜》中，有關於複袍的記載：「五十尺，帛裡，絲絮五斤裝（裝），繆繒五尺緣殿（純）。」由此可見，一件絲綿袍需用衣料五十尺，用帛做裡，裝棉絮五斤，再用五尺繆繒做鑲邊。這顯然不是一般人所能擁有的。複袍是一種冬服。

秦漢時期，人們日常所穿的短衣類服裝，約略可分為內衣和外衣兩種。內衣的代表是衫和褕。衫，即單內衣。當時服制，袖端一是要加緣邊，俗稱「衣作繡，錦為緣」；二是袖肥大而袖端收小，如婦人之衣，袖口收縮而袖身肥大，狀如琵琶，故俗稱琵琶袖。而衫則無袖端。又，衫貼身穿，不宜厚，故為單衣，也稱單襦。衫而無袖，則稱汗衣。而褕，是夾內衣。《廣韻》云：「褕，短夾衫。」

外短衣的代表是襦和襲。襦是一種及於膝上的綿夾衣。《急就篇》顏師古注云：「襦自膝以上。」可見襦之下擺剛及於膝蓋。襦作短外衣用。在漢代，由於漢高祖劉邦為楚人，楚人好短服，一時襦成為貴族子弟中流行的便服。不過，他們所穿的襦以白色細綾做成，稱為綺襦。由於襦短僅及於膝，所以下面必著袴，即褲子。顯貴以紈做袴，故稱紈袴。漢代男子之袴有襠，女子之袴則無襠。

襲是一種沒有著棉絮的短上衣。它和襦的主要區別就在於無著，襲又作褶，是受當時北方遊牧民族騎射短服影響而製成的一種邊塞常服。

（二）冠服

冠服是國家規定的禮服。它集中反映了社會的等級關係。秦始皇統一六國後，在戰國靡麗之服的基礎上，創立了統一的封建帝國的一整套冠服制服。西漢基本沿用秦制，少有改變。東漢時，將秦制與所謂三代古制相糅合，冠服制度更趨完備。

秦始皇統一六國後，採用鄒衍的五德終始說，以為周為火德，秦得水德，因此確定「衣服旄旌節旗皆上黑，數以六為紀，符、法冠皆六寸」[1]。秦始皇本人服通天冠。《晉書·輿服志》云：「通天冠，本秦制。高九寸，正豎，頂少斜卻，乃直下，鐵為卷梁，前有展筩，冠前加金博山述，乘輿所常服也。」此冠服至唐代「其狀遺失」[2]。秦始皇又廢除了周代的六冕之制，郊祀之服，「難為玄衣絳裳，一具而已」[3]。「絳」為深紅色；「玄」為黑色帶紅。可見秦代服色尚黑，並非一切皆黑。天子所用冠服的衣料，多出自關東，其中以齊地東阿縣的繒帛最著名。秦始皇佩長劍，稱「太阿之劍」，劍長七尺（約今四尺半），以顯示君主的威嚴。當時少府的屬官御府令丞下有尚衣、尚冠二職，專門負責御服的製作。

關於秦代后妃的服飾，不見於秦漢史籍的記載。從唐馬縞《中華古今注》一書可知，當時后妃的服飾約略有冠子、鳳釵、花子、短裙、絲鞋等。其中，絲鞋在湖北雲夢出土的秦簡中已得到印證。

皇太子常用的冠服是遠遊冠。據《晉書·輿服志》記載，其形制似通天冠而無冠前所加的山述，但有展筩橫於冠前，且以翠羽為緌，綴以白珠。一般皇子所服也與遠遊冠相近，大概不能以翠羽為緌和綴白珠，以示與皇太子的區別。

1　《史記·秦始皇本紀》。
2　《通典·職官八》。
3　《太平御覽》卷六十九引摯虞《決疑·要注》。

秦代百官的冠服多取法於東方六國。今可考者，有高山冠、法冠和武冠三種。高山冠，一名側注。據《晉書·輿服志》記載，其形制「高九寸，鐵為卷梁，制似通天，頂直豎，不斜卻，無山述展筩。」相傳此冠出自齊王之冠。服用此冠服者一般為中外官、謁者、謁者僕射。法冠別稱獬豸冠。此冠高五寸，以縱為展筩，鐵為柱卷，取其不曲撓。相傳獬豸為獨角怪獸，出自北荒，性別曲直。「見人鬥，則觸不直者；聞人論，則咋不正者。」[4]楚王捕獲此獸，取其形以製衣冠。秦滅楚，以楚君冠服賜執法近臣御史服之。武冠亦稱鶡冠，以其多加雙鶡尾故名。據《晉書·輿服志》所載：「鶡，鳥名也。形類鷄而微黑，性果勇，其鬥到死乃至。上黨貢之，趙武靈王以表顯壯士。至秦漢猶施之武人。」可見此服始於趙，為武官所常服。

戴冠男俑

一般來說，秦官的袍服均採用深衣制，秦始皇規定三品以上服綠袍深衣，以絹為之，而庶民則准穿白袍。

西漢皇朝建立後，基本沿用了秦代的冠服制度。劉邦定都長安後，僅把鈎玄、長冠定為祭祀大典的通用冠服，其餘一仍舊制。百官的服制，雖有四時服色，但凡朝會必穿黑衣。其冠服異於秦代的，主要是進賢冠、繡衣和皇后貴人等服制的正式規定。進賢冠是文官的通用服，仿古代緇布冠。據《續漢書·輿服志》所載，其形制「前高七寸，後高三寸，長八寸。公侯三梁，中二千石以下至博士兩梁，自博士以下至小史私學弟子，皆一梁」。所以它不僅是文官之服，也是儒生之服。所謂繡衣，是漢武帝特派的直指使者所服，繡衣使者還持斧，以示有生殺之權。繡衣使者主要由御史擔任，故又稱繡衣御史。

4　《續漢書·輿服志》注引《異物志》。

西漢時，還對內宮服飾作了詳細的規定。入廟服，即祭服，太皇太后、皇太后、皇后均為「紺上皂下」，也即上衣為天青色，下裳為黑色。蠶服，本為養蠶時所穿之服，此時則定為內宮的朝服。服色「青上縹下」，即上衣為藏青色，下裳為月白色。貴人則「純縹上下」。上述服飾，均為深衣制。其附飾則區別較大。太皇太后及皇太后皆有簪珥；皇后則有假結步搖，簪珥；貴人則黑玳瑁，加簪珥；長公主加步搖，餘同貴人；其他公主僅有簪珥。

東漢時，依據周代冠服之制，參考秦制，對西漢所行冠服之製作了較大的調整，使之趨於完備。並以應火德而得天下，服飾尚紅。其時，天子祭祀天地、宗廟、明堂，皆服冕旒。冕旒是一種特製的冠。據《續漢書·輿服志》載：「冕皆廣七寸，長尺二寸，前圓後方、朱綠裡，玄上，前垂四寸，後垂三寸，繫白玉珠為十二旒，以其綬彩色為組纓。」著「玄衣纁裳」，即黑紅色上衣，淺紅色下裳。衣服上還有十二種具有象徵意義的圖案。

當時常用的冠服：天子服通天冠，有袍，隨五時色，深衣制；諸侯王服遠遊冠，有袍；近臣謁者服高山冠；諸文臣服進賢冠；執法吏服法冠，侍中、中常侍服駿鸃冠；武官著武冠，而五官、左右虎賁、羽林、五中郎將、羽林左右監則冠鶡冠，穿紗縠單衣。百官的服飾，也依時節不同而著不同的服色，當立春、立夏、先立秋十八日、立秋和立冬日，分別服青色、紅色、黃色、白色和黑色。

在漢代，印綬是服飾中的重要內容。凡官吏外出，必佩有與其身分相稱的印綬。一般官印佩在腰間（多裝鞶囊裡），印綬則垂在外面。綬帶的顏色，也因官職的尊卑而不同，如公、侯、將軍佩紫綬，比二千石以上佩青綬，秩比六百石以上佩黑綬，比二百石以上佩黃綬。

總之，秦漢時期的冠服有一套相當嚴格的規定，它是封建等級關係的一種外在標誌。

（三）特種服飾

這裡所說的特種服飾，主要是指軍服、囚服、喪服，以及各少數民族服飾。

秦代的軍服，缺乏文獻記載。從秦兵馬俑群形象看，當時的兵種分為步兵、車兵和騎兵三類，其中步兵中還分為一般士卒和部分弩兵。車兵則有御手和車士。從職務看，既有將軍，也有中級武官，還有下級武士。根據他們的不同身分，其服飾有一定區別。

從其所戴冠看，將軍頭戴長冠，雙卷尾飾。冠有組纓，繫扎於頦下，垂於胸前。一般武官也戴長冠，單卷尾。御手在白色圓形軟帽上戴長冠，單卷尾。車士有的戴白色圓形軟帽，有的則戴單卷尾長冠。而一般兵士則不戴冠，以布束髮，束髮之布稱為幘。

在秦代，從將軍到士兵，一律穿緊腰貼身的窄袍。所不同的是，將軍著兩層戰袍，其餘皆為單層。其服色，武士戰袍多為紅色，御手為褐色。鎧甲武士分為兩類：一類穿綠色短褐，衣領和袖口有赭色花邊，下穿深色袴；一類著紅色短褐，衣領、袖口為淺藍花邊，下穿藍色或綠色袴。

此外，秦代兵士多帶鎧甲。鎧甲形制多樣，所護部位幾乎遍及全身。從秦俑看，當時的士兵與武官、將軍小腿上都裹有護腿。

漢代的軍服制度，多沿襲秦制。西漢時，軍隊中以玄甲為尊，以玄甲軍陣送葬為軍人的最高榮譽。霍去病死後，就享受了這一待遇。東漢時，軍服的基本色為紅色，與火德相應。《漢官儀》云：「司空騎吏以下皂袴，因秦水行。今漢家火行，宜赤袴。」又《釋名》云：「交龍為旗，畫作兩龍相依倚也，通以赤色為之，無文彩。」可知當時旗以紅色為尊，一改秦和西漢的時尚。

囚服。在中國古代，人一旦陷罪，皆需易服。秦漢時，犯人服醬紫色的赭衣。據《漢書·刑法志》記載，秦二世時，「赭衣塞路，囹圄成市」。司馬遷《報任安書》中也提到，「魏其，大將也，衣赭衣關三木」。當時，犯罪之人不僅服赭服，而且還常常書其罪於背。據《漢書·賈山傳》載：「憐其衣赭，書其背。」《後漢書·李杜列傳》中也說：「河南尹李燮遇甄邵於途，使卒投諸溝中，笞捶亂下，大署帛於其背，曰諂貴賣友，貪官埋母。」徙往邊塞服刑的囚徒，其服式與內地有所不同。據陳直先生考證，有一居延漢簡曰：「大奴馮宣，年廿七八

歲，中壯，髮五六寸，青黑色，毋頭衣，皂袍，白布袴，履白革舃，持劍亡。」可見當地囚徒穿的是黑袍、白布褲、白皮製鞋，還可以佩劍。當時囚服的用料是七稷布或八稷布。

秦漢時期的喪服為白色。據《漢書・高祖本紀》記載：「寡人親發喪，兵皆縞素。」同書《蘇武傳》也說：「雲中生口言太守以下吏民皆白服，言上崩。」不過，並非一切白服皆為喪服。在漢代，一般官吏削職為民也服白色，著白巾。如《漢書・朱博傳》載：「斥罷諸病史，白巾走出府門。」而一般官府趨走賤役，也著白巾。同書《龔勝傳》說：「聞之白衣，戒君勿言也。」此「白衣」指諸司亭長之屬。所以一般平民亦稱作「白衣」。漢代平民除服白色外，也服用青綠色衣裳。但喪服一律為白色。

秦漢時期周邊各少數民族的服飾，則因民族而異。簡言之，匈奴人的服裝多為小袖而衣長齊膝，衣襟向右作矩形傾斜，不到掖即直下。也有的為對襟式樣，或改作圓領翻領，一般左衽。東北的穢、貊民族，據《說文》所言，其「女子無袴，以帛為脛，空，用絮補核，名曰縛衣，狀如襜褕」。縛衣是一種新式袍服。東南地區的越人是穿左衽衣服的。據《史記・越世家》載：「夫剪髮文身，錯臂左衽，甌越之民也。」這裡的「甌越」，指吳、越。而嶺南一帶的越人，則穿桶裙，「服布如單服，穿中央為貫頭」[5]，「以布貫頭而著之」[6]。百越人愛用玉器作為裝飾品。西南夷服飾也各有特點。其中夜郎、滇、邛都等皆盤髮於頂。從雲南晉寧石寨山出土的銅像看，當地滇人的男性衣左衽，長至膝部，頭裹巾，前額有圓形飾物；女奴耳墜大環，髻後垂作銀錠式，對襟袍服，腕間戴有多箍金鐲。嶲、昆明等皆編為辮。

（四）雜服飾及梳妝

在日常生活中，除了衣服外，鞋、襪、手套等也是不可缺少的。秦漢時，鞋

5　《漢書・地理志》。
6　《後漢書・東夷列傳》。

的叫法有履、舄、屐幾種。其中履又分為三種：一種是以皮革製成的，叫鞜；一種為絲鞋，即錦履；另一種為「不借」。「不借者，小履也。以麻為之，其賤易得，人各自有，不須假借，因為名也。」[7]以上幾種均為單鞋。除單鞋外，還有複底鞋，即舄和屐。舄是一種有木底的鞋，木底與履底大小略同。屐則以木為之，下有兩木齒，形與今日本木屐相似。

秦漢時人所穿的襪子，有的用布帛所作，也有的用皮革製作。襪高一般一尺餘，上端有帶，穿時用帶束緊上口。其色多白，但祭祀時則用紅色。在馬王堆漢墓出土的襪子中，有的用素絹做成。此類襪子為富貴人家所有。

秦漢時，人們有進門脫履的習俗。在屋中，多穿襪於席上。不僅平日燕居如此，上殿朝會也是如此。能劍履上殿，則為殊榮。

南方地區因為天氣濕熱，一般平民多無穿鞋和襪的習慣，無論在家還是外出，多赤足。

當時，人們為了禦寒，冬天也戴手套。在長沙馬王堆漢墓出土文物中，就有朱羅手套和素羅手套，面裡皆用羅，內絮以絲綿，形制與今棉手套相似。

繪有菩薩的印花棉布局部

秦漢時的雜佩，主要有帶、鞶囊、筆削、剛卯等。凡袍服必施帶。帶有革帶和絲帶之分，男性主要用革帶，而女子一律服絲帶。在腰側的帶上，人們還常佩有鞶囊。鞶囊是一種皮製囊袋，多用以盛印綬，以顯示自己的身分。也有的用鞶囊來盛奏章文卷，如尚書郎以此作為專門佩飾。一般的案牘吏，也有其獨特的佩飾，這就是筆削。剛卯也稱雙卯，上常刻有銘文，據說佩戴在身上可以避疾厲，因而當

7　《急就篇》顏師古注。

時人多愛佩之。此外，婦女的雜飾還有頭巾和香囊。

從漢墓中發現的壁畫、畫像石和帛畫看，當時婦女的髮式多種多樣。其中中老年婦女多梳成銀扎式，或稱馬鞍翹式，髮髻後傾；一般年輕婦女或侍婢，腦後多垂髮辮，分股按段扎束；女孩則梳雙辮，或與男孩一樣從丫角形，俗謂之「總角」。總的看，婦女髮式前後一般總有一部分需剪平，然後根據情況梳成不同髮型。貴族婦人常施粉黛。男子成年後，一般不剪髮，椎成髮髻，冠以冠巾。髮髻的形狀多種多樣，有單台圓丘髻、雙環單臺髻、雙環髻、三環髻、四環髻等。梳妝的用品，有銅鏡、梳篦、小刀、毛刷、脂粉等。

二、飲食結構的多元化

飲食是人們生活中最基本的生活需求。一個民族、一個時代的飲食狀況，是由當時社會生產力的發展水準、經濟類型、科技發達程度和人們的文化素質決定的。早在先秦時期，中國就已基本形成了以五穀為主，輔之以蔬菜、魚肉的飲食習慣。秦漢時期，隨著社會生產和生活水準的提高，人們除仍保留以五穀雜糧為主食的飲食傳統外，肉食的比重有

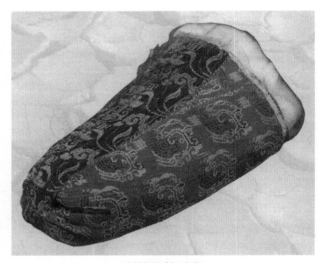

彩繪雲紋香囊

了較大的增加，烹飪技術也有了進步，食品種類有了新的發展。

（一）主食

秦漢時期的飲食，以五穀為主食。所謂五穀，指黍、粟、麥、菽、稻。黍還包括穄、稷。黍是黏性的，其餘二種是非黏性的。粟，即小米，亦稱穀子。凡古人單言「米」或「飯」多是指粟而言。粟是中國古代最重要的糧食。麥，分大麥、小麥、春麥等不同品種，此外青稞也可歸入此屬。菽是豆類的總稱，有大豆、小豆、胡豆、豍豆等不同品種。豆在當時不僅作為主食，也作為副食和調味品。稻有秈稻、粳稻、糯稻之分。

由於各地自然條件和作物種植狀況的不同，不同地區的主食也各具特色。北方關東地區以麥為主食，其次為粟、黍、菽。關中地區在西漢武帝前以食粟和黍為主，以後改為以麥為主食。江南和巴蜀地區以食稻米為主食，邊郡人則以雜糧為主食。

秦漢時期，把原糧加工成食用口糧的技術有了較大的進步。人們不僅沿用杵臼和簸揚法脫去穀物之皮，以食其穀粒，並且用踏椎、風車和人力、畜力、水力推動的石磨等工具，把穀物搗成或磨成粉末。從洛陽全穀園漢墓出土的漢陶倉上「大麥屑」的題字，說明麥麩已從麥粉中分析出來，移作他用。

主食的品種有餅、飯、粥三種。由於從西漢開始，麥食成為整個黃河中下游流域人們的主要食物，因而這裡主要介紹一下當時麥食的製作方法。先說麥餅。麥餅最遲在秦漢之際就已出現。據《三輔舊事》記載：「太上皇不樂關中，思慕鄉里，高祖徙豐沛屠兒、酤酒、賣餅商人，立為新豐縣。」可見當時已有了以專門製作麥餅為生的商人。麥餅的作法，有蒸、烤、煮三種。將去掉麩子的麵粉，用水摻和，不經發酵，捏成餅狀，放入釜甑中蒸煮而成的，為蒸餅。把調好味的麵團壓平，「以胡麻著其上」，放在烤爐頸邊烘烤酥脆，稱作烤餅，又叫胡餅。把和好的麵揪成麵片，下到沸水中煮熟，即可食用，為湯餅。所謂麥飯，即用麥子（主要是大麥）做成的乾飯。麥飯的優點是：一則作法簡便，麥不需經磨製，只要去秕，經蒸或煮即可食用；二則熟飯經暴乾，能保存較長時間，餓時可隨時食用。但因麥飯製作粗糙，多為一般平民所食，世人也以食麥飯為寒儉，或以示

清高。麥粥是用大麥做的粥，以其易消化，多為老人和婦孺所食。秦漢人常以麥粥待客，猶如今天設茶待客一樣。其他的糧食，如粟、黍、稻等，其烹製方法也基本與麥相同。其中又以做乾飯最為常見。

（二）副食

秦漢人的副食分蔬菜和肉食品兩大類。這一時期，雖然人們從總體上說食用肉類食品的比重比先秦時有很大增加，但對於普通人而言，蔬菜仍是主要的副食。即使在剝削階級的飲食中，經常吃肉食的也是少數。

從當時的文獻及考古發掘材料看，秦漢時期蔬菜的品種主要有葵、芹菜、芋頭、韭、蔥等。此外，我們所知的蔬菜尚有蕪菁、空心菜、芥菜、筍、蘿蔔、葫蘆、黃瓜、豆芽、藕、蒜等。漢武帝時，淮南王劉安發明了豆腐。從此，豆腐及各類豆製品也成為中國古代人們的重要副食品。

當時肉食的品種有很多，主要可分為家養和野生兩大類。六畜之中，馬、牛是役畜，很少食用，常被食用的是羊、豬、狗、雞，尤以豬和狗為最。秦漢時，人們普遍嗜好吃下水，如舌、心、肺、胃、腸、肝、頭、蹄等，幾乎無所不好。由於肉相對較貴，一般平民也常買一些下水來調劑一下生活。據荀悅《東觀漢記》記載：「閔仲叔客居安邑，老病貧寒，不能買肉，日買一片豬肝。」雞是各階層人都愛飼養和食用的家禽，雞肉和雞蛋在秦漢飲食生活中占有重要地位。除雞之外，家禽還有鴨和鵝。

秦漢人常食用的野生動物，獸類有鹿、兔、狼、鼠等。禽類有雉、雁、鵠、鶴、鳩、鴿、麻雀、鵪鶉等。水產類則有魴、鯉、鯽、鱖、白

庖廚畫像磚

魚、索魚、鮑魚、鰍、鱉、青蛙、蟹、螺、蚌、貝、蛤等。

秦漢時的烹飪方法和菜的名稱很少見於記載。從長沙馬王堆漢墓遣策所反映的情況看，當時副食品的烹飪方法，主要有羹、炙、燴、煎、熬、蒸、濯、膾、脯、醢、臘、鮨、菹等十餘種。所謂羹，就是肉湯。炙是把褪掉毛的肉，和以薑椒鹽豉，用竹簽成串，加於火上燒烤。燴是將帶有皮毛的獸肉，裹上泥，放在火上燒烤。煎、熬的作法相同，都是將食物放於釜中，加上水及佐料燒煮，只是煎法要燒至湯汁收乾，而熬則保留湯水。蒸是將食物放於甑中，離水隔火，以水蒸氣炊熟食物。濯，即投食物於油或沸水中將其炸熟或煮熟。膾即切生肉而食。脯，即純用鹽抹過和曬乾的鹹肉，不加調料。臘是將獸肉去毛，燒烤後再晾乾的乾肉。醢，即肉醬。鮨，即魚醬。鮑為醃臭魚。菹，就是醃製的醬菜。以上烹製方法常與調味品的使用相聯繫，當時的調味品主要有鹽、醬、醋、豉、曲、糖、蜜、薑、蔥、韭、桂皮、花椒、茱萸等。

（三）雜食

秦漢時，人們除了主食、副食外，還食用各類雜食。

水果是當時人們常愛食用的一種雜食。秦漢時，水果的種類很多。從各類文獻記載和有關考古材料看，當時人們常食的水果有桃、李子、橘子、香橙、柿子、棗、梨、梅子、楊梅、橄欖、西瓜等。

在各類飲料中，酒是各階層人均愛飲用的一種。當時社會飲酒風氣盛行，不僅男子飲酒，女子也頗有健飲者。同時，飲酒的習俗也滲透到社會生活的各種場合，無論是宮中宴會、祭天祭祖、饗會養老，還是娶妻生子、待友會客等，皆有飲酒之習，真所謂「有禮是會，無酒不行」[8]。除酒以外，當時主要的飲料還有漿。漿是用米粉或麵粉調水熬製而成的。

---

8 《漢書·食貨志》。

雜食中，還包括各種甜點，它是由餅食品演變而成的。其可考者有粗粔、稻蜜糒、稻粰、棗粰、白粰、糖扶於粰、孝糚等。據《齊民要術》可知，粗粔是用蜜和糯米粉做成的環形點心，用豬肉炸成甜食。棗粰、糖扶於粰則是分別加有大棗和荸薺的糯米點心。孝糚是用米汁熬煎而成的膠牙糖。

（四）飲食習俗

秦漢時，人們一般每日二餐，或三餐，因飲食者身分地位的不同而各異。從《睡虎地秦墓竹簡》中的《傳食律》和《倉律》看，無論是一般官吏、平民，還是囚徒，都是早晚各一餐。到了漢代，一般官吏和平民仍保持一日二餐的習俗，但是一日三餐的現象開始增加。據《漢書·淮南厲王傳》載：「請處蜀嚴道邛郵，遣其子、子母從居，縣為築蓋家室，皆日三食，給薪菜鹽飲食器席蓐。」至於天子的飲食，則為一日四餐，即平旦、晝、晡、莫各一次。《白虎通》曰：「平旦，食少陽之始也。晝，食太陽之始也。晡，食少陰之始也。莫，食太陰之始也。」

漢代提倡孝道，也表現在飲食中。當時，長者肉食，晚輩素食，被認為是尊老的美德。

飲食生活中，還有不少禁忌。其中多屬迷信，如日月薄食不飲、雷不作醬等。但也有合理成分，如不食鼠涉的飯，符合衛生要求。

除日常居家飲食外，秦漢時有宴飲之風。從目前所知的各類宴飲圖看，當時統治階層舉行宴會，宴席相當豐盛，食肉的數量和品種也相當驚人。並且，進食時還有相當嚴格的規定。據《禮記·曲禮》記載：「凡進食之禮，左殽，右胾，食居人之左，羹居人之右，膾炙處外，醯醬處內……」不過，一般平民之家飲食就沒有這麼複雜的規定了。

總體說來，秦漢時期人們的飲食品種是豐富的，烹飪的技術在當時世界上也堪稱上乘，但是，由於其飲食結構的主體是五穀和蔬菜，食肉畢竟不占主要地位，因而其營養標準較為低下。這一傳統的飲食結構，在中國以後兩千餘年的封

建社會中一直處於主導地位。

三、居室狀況的改進

秦漢時期，隨著社會生產力的發展與科技水準的提高，建築技術也有了明顯的進步。這一時期建築技術的成就，除了舉世聞名的萬里長城外，還可以眾多的富麗堂皇的宮殿建築為代表。在住宅建築方面，當時普遍採用了三合院或四合院。東漢時，木結構的多層磚瓦建築取代了高臺建築，居處面貌為之一變，成為以後中國歷代居室建設的基本特點。

（一）宮殿建築

在居室建築方面，宮殿建築可以說代表了秦漢建築的最高水準。秦始皇統一中國後，為了顯示勝利者的無上威勢，並滿足自己的窮奢極欲，令人把六國的宮殿圖樣描摹下來，在咸陽照樣興建。據《史記‧秦始皇本紀》記載：「每破諸侯，則寫其宮室，作之咸陽北阪」，「南臨渭，自雍門以東至涇渭，殿室複道，周閣連屬，所得諸侯美人鐘鼓以充入之」。這還不夠，他還令人在上林苑興建了規模宏大的阿房宮。阿房宮是由多種建築形式組合的龐大建築群，殿堂廊廡，園林池囿相隔其間。據記載，阿房宮東西五百步，南北五十丈，上可坐萬人，下可建五丈旗，宮前還有十二銅人像。有秦一代，關中宮殿計有三百座，關外四百餘座，可惜，這些精美的建築，包括阿房宮在內，許多都毀於戰火。

西漢皇朝建立後，遷都長安。丞相蕭何親自主持了興建宮殿事宜。他先命人將原秦朝的興樂宮改建為長樂宮，後又在其西面興建了未央宮，作為朝會施政之所。後來的皇帝也住在這裡。漢武帝時，隨著國力的增強，又開始大興土木，興建了明光宮、桂宮和北宮，作為后妃等人的住所。西漢宮中之殿數量多得驚人，僅《三輔黃圖》所列的未央宮中的殿名，就有三十座。東漢班固《兩都賦》中寫道：「肇自高而終平，也增飾以崇麗，歷十二之延祚，故窮泰而極侈。」西漢宮

殿之精巧富麗，比之秦代毫不遜色。

東漢王朝建立後，以洛陽為首都，西京長安的宮殿遭到廢棄。東漢自明帝時起，大量營建宮殿，其中最重要的是德陽殿，其規模不亞於阿房、未央。該殿可容萬人，陛高兩丈，殿前的朱雀闕高聳入雲，據說從四十里外都可望見。東漢時期的建築與秦、西漢有較大不同。由於洛陽地處平原，修建宮殿無山可傍，於是便大量採用由西漢時興起的木結構技術，用成組斗拱的抬梁式木構架結構，並越來越多地採用磚石，成為流行的建築形式。

東漢末年，董卓挾獻帝西遷，「悉燒宮廟府舍居家，二百餘里，無復孑遺」⁹。極盛一時的洛陽城頓成一片廢墟。

（二）住宅建築

秦漢時期，民宅的基本形式是一堂二室。《睡虎地秦墓竹簡‧封診式‧封守》記載了一個查封財產的士伍的房屋，其文曰：「一宇二內，各有戶，內室皆瓦蓋，大木具。」所謂「一宇」，即有堂屋一間；「二內」，即房屋有臥室二間。房屋上面覆有瓦，木構齊備。又《漢書‧晁錯傳》載：「營邑立城，制里割邑……先為築室，家有一堂二內門戶之閉，置器物焉。」可見一堂二室也是漢代民居的基本形式。

至於當時民居的具體結構，除少數採用承重牆結構外，大多數採用木架構結構。牆壁用夯土築造，屋頂多係懸心式頂或囤頂。每個房間都有窗，形狀有方形、橫長方形、圓形等。窗櫺以斜方格居多，也有作垂直密列形的。有的房間還特設許多小窗，以增加亮度。民屋周圍常有圍牆，自成院落。富貴人家常設有小院、大院等數個院落。

在當時，貴族的宅第與一般平民之家的居室有很大的不同。貴族豪強常聚族

9　《後漢書‧董卓傳》。

而居，家庭成員連同奴僕，往往達數十百人，建築內容眾多，規模很大。如四川德陽出土的漢代畫磚所示，其大門中有一座高大的正門，可以通車馬，看來是主人或貴賓來時才開啟。其一側有小門，供一般人平時出入。建築物後面透出樹影，看來裡面為庭院。與正門相對的，一般為前堂，有的在大門和前堂之間還設有中門。前堂是整個宅第的主要建築。堂上一般有兩楹，即兩根粗大的堂柱，南面開敞，另三面有牆，堂間高大寬敞，是家人團聚和社交的主要場所。堂兩側有夾室，後有房，皆有門戶相通，為家庭成員的居室。有的前堂之後還有後堂，作為飲食歌樂的處所。此外，院中還分別建有車房、馬廄、廚房、庫房以及奴婢僮僕的居室。有的顯貴富豪也仿效王室，建造了自己的私家園林。東漢時期豪族地主的莊園，常融住宅、園林、田地於一體。

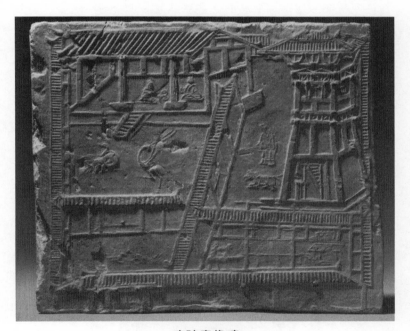

庭院畫像磚

與貴族豪門的深宅大院形成鮮明對比的，則是一般貧民簡陋的住房。《鹽鐵論・散不足》曰：「古者采椽茅茨，陶桴復穴，足禦寒暑，蔽風雨而已。及其後世，采椽不斫，茅茨不剪，無斫削之事，磨礱之功。」實際上，秦漢時貧民的居

室與先秦下民的居所並無二致。當時關中與隴上之民常以板為室，黃河中下游流域的百姓多住草廬。據《漢書‧吾丘壽王傳》載：「由窮蒼，起白屋。」師古注：「白屋，以白茅復屋也。」又《東觀漢記》載：「李恂坐事免，無田宅財產，居山澤，結草為廬。」又曰：「遷下邳相，鄰國貧民來歸之，茅屋草廬千戶。」由此可見，簡陋的草房絕非個別現象。在長江流域及嶺南地區，也有以竹為屋的。如《東觀漢記》中說鍾離意遷堂邑令，「市無屋，意出俸錢，率人作屋。人齎茅竹，或持林木，爭起趨作，浹日而成。」與板室、草廬相比，更為簡陋的是瓜牛廬和穴居。瓜牛廬是草廬中最為矮小而卑陋的住處。穴居者以山區居民為多。

秦漢時，居於中國境內的各少數民族的住所，因其經濟生活方式的不同而各異。北方的匈奴、烏桓、鮮卑等族，多以穹廬為舍。穹廬是用毛製品斿為材料而製作成的。居住在山谷中的西羌，雖喜放牧，但已開始開山種田，故建有草舍。西南夷及南越諸族，一般以耕田為業，居室穩定，建有木、竹和石屋。

陶院落

（三）室內用具

秦漢時期，上自帝王，下及平民，坐臥起居皆用席。因此，席為居家必備之物。席一般以蒲草或藺草編成。據《漢書‧文帝紀》載，文帝「以莞蒲為席」，以示其儉。又《東觀漢記》曰：「郭丹師事公孫昌，敬重，常持蒲編席。」長沙馬王堆漢墓出土的莞席有四件，其中完好的有兩件。一件長二點一九米，寬零點八一米；另一件長二點二二米，寬零點八二米。席邊均用黃絹包縫，邊寬零點二米左右。這大概是當時席的基本形狀。

漢代注重禮節，坐席也不例外。一般尊者有專席，如家庭中的長輩、講堂上的老師、宮廷中的帝王與皇后等，均設專席。從座次看，秦漢時以東向為尊，其餘座次為南向、北向、西向。凡同席者，身分應當相同，否則被視為不恭。其坐姿為屈足向後，以膝抵席，臀部依在腳後跟上，如同今日之跪。

睡眠一般用床。床多木製，較矮。戰國時的大床多圍以欄杆，而秦漢時的床一般沒有欄杆。床上一般都鋪席，唯貧者和清貧之吏才坐光板床。床上的用具有枕、被、褥等。床有時也作坐席用。

東漢末年，西域的「胡床」傳入中原。因為這類床可以折疊，且較輕便，深得京師貴族人家青睞。

富貴人家為顯示自己的身分高貴，往往不坐席，而坐榻。榻是一種較床輕便的坐具。榻以一人坐的獨榻為多。

室內主要的實用性裝飾是帷帳，冬以禦風寒，夏則擋蚊蠅。有的人家

長信宮燈

還有屏風，屏風上多繪有各種圖案。

幾案在當時使用較為普遍。官吏、儒生之室備有書案，以承文書或書卷。此外，案上常放有筆、墨、紙、硯。有的用來放置碗、盤等，相當於飯桌。几案腿短，適應了秦漢人坐席的姿勢。

住房中不能沒有燈燭。燭在很早就已開始使用，而燈則始用於戰國。秦漢時，燈的使用更為普遍，製作更為精巧，形制也越來越多。現在所知的燈具，有象形的人俑燈、羊尊燈、牛燈、朱雀燈、鳳鳥燈、雁足燈、花樹連枝燈等。還有仿器皿的豆形燈、檠燈、卮燈、三足爐形燈等。燈用銅、陶、鐵等材料製成。不少燈不僅有實用價值，而且還有較高的藝術欣賞價值。

此外，當時居室用具還有香爐、籠、篋、笥等。

四、便利的交通

秦漢時期，隨著國家的統一、交通道路的開闢以及車船製造技術的改進，人們的交通狀況與以往相比有了明顯的改善。同時，它又反過來對國家的統一與經濟文化的發展起到了積極的推動作用。

（一）陸上交通

為了加強封建中央集權的統治，鞏固國家的統一，並推動各地政治、經濟、軍事和文化的發展，秦漢兩朝都十分重視陸上道路的建設，從而在全國範圍內形成了一個以關中為中心的、四通八達的陸上交通網。

馳道是秦漢道路網的主幹。它始建於秦始皇二十七年（前 220 年）。馳道本為天子道，最早出現於龐大的宮殿群中。後秦始皇巡行各地，所經之處，皆修馳道，馳道遂由關中伸向各地，「東窮燕齊，南極吳楚，江湖之上，瀕海之觀畢

至」[10]。在秦代，馳道與各郡縣的道路相連接，在長江以北的黃淮流域形成了比較完整的道路網。

馳道全由黃土夯築而成，路面平整而無雜草。據文獻記載，當時的馳道規模頗為壯觀，「廣五十步，三丈而樹，厚築其外，隱以金椎，樹以青松」[11]。馳道中間的三丈之路，屬皇帝專用，任何人不得妄入；而「厚築其外」的旁道，才是一般平民可以自由來往的通路。

因為馳道係土路，所以需經常維修。西漢初期，基本上保留了秦代的馳道，同時歲月的流逝也不免使馳道受到不同程度的破壞。漢武帝巡幸天下，封禪於泰山，於是「天下郡國皆予治道橋，繕故宮」[12]。這是漢代規模最大的一次修路行動。以後歷朝都有規模大小不等的修路之舉。終東漢之世，馳道以關中地區為中心，東出函谷關，分別伸向中國的東部、東北和東南地區，成為當時最重要的陸上大道。

除馳道外，秦漢時期在各地還修建了不少交通道路。如秦始皇時，為了抵抗北方勁敵匈奴的入侵，鞏固北部邊疆，修建了一條自咸陽西北的雲陽出發，一直到今包頭市附近的秦九原郡長達一千八百里的直道。漢武帝時，在西北邊境修建了著名的回中道。東漢初年，光武帝劉秀為了抵抗匈奴、烏桓的騷擾，命人在今山西大同附近經今河北蔚縣一線一直向北延伸，修築了飛狐道。在交通條件十分困難的巴蜀及西南夷地區，秦漢時代也分別修建了子午道、故道和五尺道。在嶺南地區，陸路交通也有所開闢。如東漢初年衛颯為桂陽太守，「鑿山通道五百餘里」[13]。西漢時期，隨著張騫通西域的成功，還開闢了溝通歐亞大陸的、古代舉世矚目的國際商道——絲綢之道。以後又開闢了經西域、越蔥嶺、折西南而入印度的求佛法之途。

秦漢時期，陸上交通的主要工具是車和馬。車有大車、小車和手推車之分。

---

10 《史記·秦始皇本紀》。
11 《漢書·賈山傳》。
12 《史記·平準書》。
13 《後漢書·循吏傳》。

所謂大車，就是牛車，亦稱方箱車。小車，源自古代的兵車，以單轅為主，多為曲狀轅，服用的是馬。手推車，也叫鹿車，其形制與獨輪車相仿。此外，還有驢車、羊車等。人們因身分的不同而使用不同的車。先秦時，貴者用馬車，庶民用牛車，因此漢初「將相或乘牛車」，被看成是一種反常現象。但到後來，尤其到東漢後期，從天子到士大夫都常乘牛車。

銅車馬馭手

皇帝的坐乘叫「安車」，立乘叫「立車」。安車、立車都十分堅固，且十分華麗。車上豎有高九仞、垂十二旒，畫著日月升龍的大旗，駕六馬，體現了皇帝的尊嚴。在舉行籍田儀式時，皇帝乘耕車，出征則乘戎車，校獵用獵車。

婦女乘坐的車叫「軿車。」《釋名‧釋車》曰：「軿，屏也，四面遮罩，婦人所乘。」太皇太后、皇太后乘坐的軿車屏之以紫罽，左右騑，駕三馬。長公主的軿車屏之以赤軿，貴人、公主及王妃則乘油畫軿車，都只有右騑。

皇太子、皇子乘安車，朱斑輪，較（車廂）畫虎，軾上畫鹿，旗垂九旒，畫降龍，駕三馬。公侯也乘安車，中二千石至六百石官吏皆乘黑絲蓋車，其中又依各人的身分不同而有明確的規定。三百石乘黑布車，二百石以下乘白布車，而三老、商人則多乘小型、輕便、快速的軺車。

一般平民或步行，或用手推車，所用畜力因地而異。

除車外，馬是當時重要的交通工具。秦漢時期的驛傳多用馬，賓客過往也常用馬。馬還是重要的戰爭裝備。

（二）水路交通

秦漢時期的水路交通，分為海上交通和內河航運兩種。

中國古代的海上交通，至遲在春秋時期就已開始，當時的齊、吳、越諸國均為從事海上航行的強國。秦統一天下後，海上交通得到進一步的發展，出現了較大規模的近海航運和遠海航行之舉。著名的秦代方士徐福，為替秦始皇「入海求仙藥」，據說到了日本，至今在日本大阪附近和歌山縣新宿市還有徐福墓。

兩漢時期，近海航運較為發達，其中心在齊地和合稽郡。海運往往與內河航運相聯繫，省時又省費用，大大彌補了陸上交通運輸的不足。兩漢重要的海上、內河連通線，南起交趾，中經東冶，至臨淮入淮水，又轉由鴻溝入黃河，再追溯而上，沿洛水至洛陽。還可再溯河而上，直抵長安東郊。當時主要的海港是會稽郡的東冶與南海郡的番禺。從有關文獻記載看，遠海航行主要是向東至日本、琉球諸國，向南至菲律賓、新加坡、馬來西亞，直至印度。

秦漢時期的內河航運，或利用天然河道，或開鑿人工運河。利用自然河流通航，中國有著十分悠久的歷史，秦漢時則更為發達，著名的黃河、長江及其相關水系，均可通航。嶺南地區的主要水道，亦可行船。至於運河的開鑿，春秋戰國時期就已有開鑿邗溝、鴻溝等記載。秦代修建了靈渠，溝通了長江和珠江水系。漢代又興修了不少大型的開挖運河工程。

大量的水上航運，必然要求有較高的造船技術。秦漢時期，中國的造船技術已達到了相當高的水準，造船地點遍及全國。在廣州曾發現一處規模很大的造船工廠遺址，木船及木船模型、陶船模型屢有出土。船體具備了槳、櫓、帆、舵、錨等設備。

秦漢多樓船。漢武帝平定嶺南所遣將領中就有樓船將軍。東漢時，馬援伐交趾，所將大小樓船竟達二千餘艘，可見當時樓船之多。在廣東德慶漢墓出土的東漢陶船模型，該船分前、中、後三艙，前為頭艙，中為樓艙，後為舵樓。樓艙為船的主體，可能為梁柱結構。《史記·平准書》載漢武帝大修昆明池，中有樓

船，竟高達十餘丈，可見漢代造船工藝之高。

商船大者在五丈以上，漕運糧食入關的船隊，在萬艘以上。而一般民用船，則規模較小，也有三艙，但沒有施樓。如長沙馬王堆漢墓出土的木船模型就沒有樓，但有十六條槳，尾有一舵，當是一艘貨船。

除船以外，水上交通工具還有竹筏等。如《後漢書·岑彭傳》載：「公孫述遣其將任滿、田戎、程汎將數十萬乘枋箄下江關。」又同書《哀牢傳》載：「其王賢栗遣兵乘箄船南下江、漢。」這裡所說的「枋箄」、「箄船」，就是竹筏。

第二節 ·
婚姻與喪葬

婚喪是人類活動中普遍受到重視的大事。秦漢時期，無論是封建國家的法律，還是社會禮儀，都對婚姻和喪葬有一系列嚴格的規定，具有鮮明的時代特色。

一、婚姻禮俗

中國古代對於婚姻制度向來十分重視，常常將其與政治、經濟、軍事等相聯繫。古老的《周禮》就對婚姻制度有嚴格的規定。春秋戰國時期，「禮崩樂壞」，社會制度發生劇烈的變革，婚禮也受到猛烈的衝擊。秦漢時期，隨著統一的封建帝國的建立與鞏固，婚禮也得到了較大的修整。

秦漢時期的婚姻制度，大體包括議婚、婚儀、婚年等方面的具體規定。

議婚是婚姻的前奏。當時議婚的形式，一般多由男家向女家提出，或由介紹人從中撮合，但也有女家向男家請議，還有女子本人自主婚姻的。當時擇偶的標準，一般要求門庭相當，但也重視才賢或美貌。值得一提的是，當事人對女方能否生育很關心，將其作為擇妻的一個重要條件。議婚的特例是「指腹婚」，即子女尚在母胎，就由父母為其聯姻的。如《史記·項羽本紀》載：「張良出，要項伯，項伯即入見沛公，沛公奉卮酒為壽，約為婚姻。」後世也有類似情況。

關於婚儀，秦漢多遵古禮，即按所謂「六禮」進行的。「六禮」即「納采」、「問名」、「納吉」、「納徵」、「請期」、「親迎」。歸納起來，「六禮」包含了婚儀的三個階段，「納采」和「問名」相當於相親；「納吉」、「納徵」相當於定親；「請期」和「親迎」則為成親。一般來說，這三個階段都是必不可少的，但完全嚴格按此禮規定去做的，恐怕也只有皇族及講究禮儀的官宦之家。就普通人的婚姻來說，不可能「六禮」皆備，但在成親前，相親和定親還是必要的。

對於結婚的年齡，周禮規定男子二十而冠，冠而娶妻；女子十五而笄，笄而許嫁。在秦代，人們不以年齡而以身高作為成年與否的標準，一般男子身高六尺五寸（合今 1.50 米）、女子身高六尺二寸（合今 1.40 米）作為成年的標誌，可以嫁娶。秦漢之際，由於連年戰亂，社會人口銳減，因而漢初婚姻年齡普遍提前，如漢惠帝六年（前 189 年）詔會：「女子年十五以上至三十不嫁，五算。」[14]即以法定的形式規定女子十五為最高的結婚年齡。至於最低年限，則無明文規定。古人以男年十六、女年十四為道通，顯然，也對古禮有所突破。大體說來，秦漢人早婚現象較為普遍，由此也帶來不少弊端。西漢宣帝時，諫議大夫王吉批評這種現象說：「夫婦，人倫大綱，夭壽之萌也。世俗嫁娶太早，未知為人父之道而有子，是以教化不明而民多夭。」[15]

秦漢時期，雖然一夫一妻制已占主導地位，但媵妾制仍廣為流行。對於權

---

14 《漢書·惠帝紀》。
15 《漢書·王吉傳》。

貴、富豪來說，實際上是一夫多妻制。秦漢帝王的嬪妃制則是其最集中的反映。據《後漢書‧皇后紀序》載：「秦並天下，多自驕大，宮備七國，爵列八品；漢興，因循其號……自武、元之後，世增淫費，至乃掖庭三千，增級十四……及光武中興……六宮稱號，唯皇后、貴人……又置美人、宮人、采女三等。」顯然，封建帝王把治下所有的女子，都視為自己的媵妾，可以隨時隨意蹂躪。帝王以下的統治者，也都妻妾成群。諸凡太子、皇子、諸侯及官宦富豪，無不如此。在當時，男子於正妻之外，還有小妻、小婦、少婦、傍妻、下妻等，這些稱謂相當於後世的「小老婆」。此外，還有妾、侍婢、御婢等，這些人既是主人的奴僕，又是小老婆。另外還有不為社會所承認的「外婦」，相當於西方所說的情婦。媵妾的來源，一是買賣，二是掠奪。

在當時，一些豪富吏民們還常蓄養歌舞者。這種歌舞者又稱「倡伎」，實際上是特殊的媵妾。有的還堂而皇之地進入宮廷，進入統治階級的行列。

從文獻記載看，秦漢時男人在家庭生活中擁有特殊的權力。這一點，在漢代人規定的離婚條件中就有反映。雖然根據當時的法律，夫妻雙方均可提出離婚，但實際上丈夫的權力明顯超過了妻子。漢代關於離婚的基本原則是「七棄」、「三不去」。所謂「七棄」是指：「不順父母；無子；淫；妒；有惡疾；多言；竊盜。」只要妻子犯有其中一條，丈夫即可與妻子離婚。所謂「三不去」是指：「有所取而無所歸不去」；「與更三年喪不去」；「前貧賤而後富貴不去。」[16] 這裡講的是對男子隨便提出離婚的一種約束。但實際上，對於實際實行一夫多妻制的統治階級來說，這些規定沒有多少實際意義。

一般來說，秦漢人的婚姻必須徵得父母的同意，或乾脆由父母作主。但是，比起後來的封建皇朝，當時還算是比較尊重女子的個人意願的，不像後世專由父母包辦。如西漢時陽信長公主改嫁大將軍衛青，光武帝姐湖陽公主自擇嫁於宋弘，均是自主的。另一方面，秦漢時期的節烈觀也比較淡薄。從史書記載看，當時婚外性關係及婦女再嫁現象都較為普遍。這些，可以說是秦漢時婚姻習俗的特點。

---

16 《大戴禮記‧本命》。

此外，當時貴族婚姻中重親現象也較為嚴重。所謂「重親」，就是婚姻之家複結婚姻。有的甚至發生亂倫現象。

二、喪葬禮俗

人們對於死者的善後處理，謂之喪葬。中國古代對於喪葬之禮十分講究，並因死者身分的不同而有一整套嚴格的規定，不得擅越。秦漢時期，喪葬之禮大體繼承古制，而又有新的發展。一般說來，當時的喪葬之禮分為三個階段：一是葬前的喪禮，包括招魂、哭喪停屍等；二是葬禮，包括告別祭典、送葬、屍體處理（葬法），這是喪葬禮儀中最重要的一環；三是葬後服喪之禮。無論是天子還是平民，其喪葬之禮一般都具備以上內容。

人初死，則沐浴飯含。飯含之物以玉石珠貝為常見。對於某些高爵大官，皇帝往往親賜飯含珠玉。裹屍的衣衾，有金縷玉衣、銀縷玉衣、銅縷玉衣三種。據《後漢書·禮儀志》記載，皇帝用金縷玉衣，諸侯王、列侯、始封貴人、公主用銀縷玉衣，大貴人、長公主用銅縷玉衣。東漢時的諸侯王也有用銅縷玉衣的。至於一般的平民，則用布帛之類裹屍，甚至有裸體而葬的。

人死後，其家屬往往要向親友宣布死訊，謂之發喪。聞喪訊後，不論親友出遊於外者，抑或子女已嫁者，均要歸來赴喪；不能親赴者，則寄物以弔。喪家對弔唁者，不僅饗以酒肉，而且還娛之以音樂。如《漢書·周勃傳》載，勃「常以吹簫給喪事」。顏師古注：「吹簫以樂喪賓，若樂人也。」若死者為王侯公卿，皇帝或遣使持節弔唁，或親臨其喪；若死者為朝廷重臣或元老，天子往往罷朝三日，以示哀悼。

天子之喪，乃一國之大事。天子死後，往往要召集男女哭臨宮殿，奔喪者望見國都即哭。漢文帝臨死遺詔：「無發民哭臨宮殿中」，「令天下吏民，令到出臨

三日，皆釋服」[17]。其後諸帝，遵以為故事。喪服一般為白色。對於參加會喪人員，也有一定的限制。如東漢桓帝時，曾有「藩國諸侯不得奔弔」的禁令；安帝崩後，廢太子外保（即順帝）「以廢黜，不得上殿親臨梓宮，悲號不食」[18]。

關於停屍時間，秦漢較之先秦大為縮短。《禮記·王制》云：「天子七日而殯，七月而葬。」但是，由於秦漢諸帝往往預作壽陵，所以停屍時間大為縮短。如漢文帝自死至葬僅七日，景帝十日，武帝十八日，明帝十一日，章帝十二日。一般人則更短。

送葬時，帝王用輼輬車，具黃屋左纛，大駕鹵薄，禮儀甚重。喪車所過，沿路有祭。重臣之喪，國家或遣羽林孤兒挽送，或派軍士列陣以送。東漢以後，常有皇帝或帝、後共同送葬之舉。

棺槨之制，秦漢時有嚴格的等級規定。皇帝用的棺槨叫「黃腸題湊」[19]，包括黃腸題湊、樅木外藏槨、梗房和梓宮四部分。西漢時，皇后及諸侯王、王后，也可用此套葬具。某些重臣如霍光，也曾受此殊榮。東漢時，有的諸侯王也用此葬具，但不用梓宮，改為樟棺。一般平民用小棺，稱作「櫬」，困者則以席捲屍。棺槨

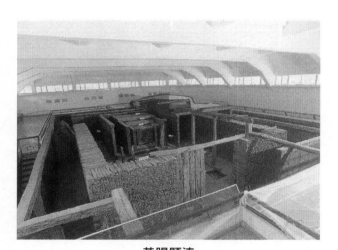

黃腸題湊

一般都用木製作，但材質則依貧富貴賤之不同而有別。據《續漢書·禮儀志》載，當時諸侯王、公主、貴人以及公、特進等，皆用梓棺。普通人一般以桐、杉、檜等，也有用雜木的。特窮者，則用瓦棺。棺飾極其複雜，有朱棺、畫棺、

17 《漢書·文帝紀》。
18 《後漢書·順帝本紀》。
19 《漢書·霍光傳》顏師古注引蘇林曰：「以柏木黃心致累棺外，故曰黃腸。木頭皆向內，故曰題湊。」

黑漆棺等，也有素棺。秦漢時新興的墓葬形式，有磚室墓、石室墓，墓室裡安置棺槨。

秦漢時期的墓葬中，往往還有大量的隨葬品。隨葬品的種類十分繁雜。由於當時人迷信冥間死人和活人一樣生活，故凡生人所用之器，如金銀財物、飲食用具、日常用器（銅鏡、鐙、杖之類）、樂器、兵器等，無不被列為隨葬之物。富貴人家，常用珠玉珍寶為隨葬品。與先秦時不同的是，秦漢時以活人殉葬的現象已極為罕見。這不能說不是時代的進步。

從考古發掘材料看，秦漢時帝王陵墓的隨葬品都十分豐富。如秦始皇驪山墓，「宮室百官奇器珍怪徙藏滿之……以水銀為百川江河大海，機相灌輸，上具天文，下具地理。以人膏為燭，度不滅者久之」[20]。在陵墓東面，埋藏著陣容整齊、兵強馬壯的兵馬俑。兩漢諸帝隨葬物品雖比秦始皇有所減損，但也十分可觀。武帝茂陵隨葬物品多至「百九十物」[21]。晉建興年間，有人盜掘了霸陵和杜陵，得珍寶極多，以至於當時的晉潛帝都大為驚歎：「漢陵中物何乃多邪！」[22]建國後在長沙馬王堆漢墓出土的大量文物，也是一個典型的例子。這是秦漢時厚葬風俗的一個反映。

秦漢葬禮的隆重化，還反映在陵墓的建築上。首先，秦漢人有生前預修陵墓的習俗。凡帝王無不如此。這種預修的陵墓稱為「初陵」，東漢時稱為「壽陵」。一般臣民也生前自營塚塋。其次，墓地的營建日趨複雜化。在當時，墳墓的大小規模有嚴格的等級規定。

霍去病墓

---

20 《史記·秦始皇本紀》。
21 《漢書·貢禹傳》。
22 《晉書·索靖傳》。

凡帝陵封土，皆如山似陵。秦始皇陵現殘存的封土就高達七十六米，底邊周長四百八十五乘五百一十五米。昔日的驪山陵，其規模當比現在還大。西漢諸帝陵墓封土面積一般方一百二十（漢）步，高十二（漢）丈。東漢帝陵封土一般方三百（漢）步，高十五（漢）丈，較矮的高為四點六（漢）丈。「列侯墳高四丈，關內以下至庶人各有差。」[23] 對於一些特殊人物，還建以特殊的墓塚，如霍去病起塚像祁連山，衛青墓像盧山（在塞外，非江西九江之盧山）等。墓旁建有祠堂，多以石築，壁間往往雕刻人物畫像。墓前又起闕，一般為「雙闕」，也有「三出闕」。墓旁還起樓，築池，墓前築神道。神道之外，又列石人，設石獸，樹石柱。墓前刊立石碑。這些風俗一直流傳到後世。

針對當時的厚葬之風，也有不少人提出反對意見。如漢武帝時黃老之徒楊王孫，曾提出布袋盛屍、入地七尺的薄葬。東漢光武帝劉秀也提出「薄葬送終」，不過他自己沒有做到。東漢思想家王充在《論衡》一書中，也力主「聖賢之業，皆以薄葬省用為務」。而與達官貴人們的喪葬奢靡之風形成鮮明對比的，則是平民百姓生時啼饑號寒、死後拋屍原野。據《後漢書・獨行傳》載，暢為河南尹，收葬洛陽城旁客死骸骨萬餘人，這是京師平時死後不得葬者的數字。一旦遇上災荒，或是兵荒馬亂之際，百姓死後無以為葬者更不知有多少人！當時，盜墓事件時有發生，以至於像董卓、曹操這樣的軍閥首領都曾側於盜墓者之列。

秦漢時，凡客死他鄉者，一般都要將其屍運歸故里安葬。夫婦之間則盛行合葬。當時不僅帝王貴族講究合葬，一般吏民同樣如此。如古詩《孔雀東南飛》中，就有「兩家求合葬，合葬華山旁」之句。此外，秦漢時還有附葬的風俗。所謂附葬，即子孫從其父祖而葬，亦稱「歸舊堂」，實際就是聚族而葬。

凡遇喪事，親戚故友以財物送喪家，謂之賻禮。貧家不能具賻者，則助之以力。喪家貧者，往往待賻而發喪。如西漢朱建，其母死，貧未有以發喪，後陸賈說辟陽侯奉百金，列侯貴人也賻贈，凡五百金，始得舉喪。兩漢時，凡中都官死者，官屬有送；郡縣長吏死者，不僅吏民有送，國家且有法賻；貴臣死，天子及

---

23 《周禮・春官・塚人》鄭注引《漢律》。

其親屬均有賻送。在當時，還有一些人專門以幫助喪家經營喪事活動，稱為護喪。如諸侯王、貴戚、重臣等死，國家往往還派使節護喪。

對於死者的親屬來說，在將死者安葬後，還得遵守一定的喪期，並有守塚的習俗。西漢初年，一般喪期較短，但後來實行三年喪制。《漢書・揚雄傳》應劭注云：「漢律不為親行三年喪不得選舉。」在守喪期間，居官者要離職，封官者暫不得任職，平時不得飲酒食肉，不近婦人。唯有軍人「遭喪不服」。至於守塚的習俗，至少春秋時就已出現。如孔子死後，他的弟子就在其墓旁結廬守喪，有的守喪長達三年之久。西漢建立之初，漢高祖劉邦下令二十家為始皇帝守塚。漢武帝的茂陵，就專門有五千人為其守塚。一般的吏民，也各有其親屬為其守塚。當時人推崇的至孝行為是「焦毀過禮，草廬土席，衰杖在身，頭不批沐，體生瘡腫」[24]。不過，其中也不乏沽名釣譽者。

按照當時的習俗，秦漢人對死者還定期舉行祭祀活動。王充《論衡・四諱篇》說：「古禮廟祭，今俗墓祀。」秦漢人重墓祀，主要是從東漢開始的。這也是有別於先秦廟祭的地方。自東漢明帝始，由天子率百官特祭於陵，垂為永制。當時官吏在外任職需上塚者，必須先上書請准，或受特詔以行。墓祀時，往往召集宗族、會賓客、期故人，饗以酒食，惠以金帛。墓祭之人不僅限於死者後代，還有弟子上師塚者，故臣上舊塚者，故吏上長吏之墓者，故僕上舊主之塚者，地方長吏祠鄉賢墓者，士大夫奠知己之墓者。凡被刑為徒之人，不得上墓參加祭祀。

---

24 《後漢書・章八王傳》。

第三節·

節令習俗

　　直到今天，在中國民間仍流行著許多傳統的節日，如除夕、元旦、社日、上巳、寒食、端午、七夕、重陽等。這些節日大多萌芽於先秦時期，在漢代基本定型。同時，秦漢時期特殊的政治、經濟和文化環境也對這些節日習俗留下了鮮明的印記。

一、除夕與元旦

　　除夕與元旦，就是延續至今的春節，俗稱過年。這是中國民間生活中最重要的節日。中國自古以農立國，因此這一節日的形成與農業生產有著十分密切的關係。在漢字中，「年」本為「豐收」之意，也有禾穀一年一熟的意思，與每年一次的農業祭祀有關。中國古代的帝王，將祭祀與戰爭作為國家兩件最重要的事情。祭祀中，就有農業祭祀的內容。人們用祭祀的方式，慶賀豐年，並祈禱來年風調雨順，五穀豐登，這便是「年節」的原始含義。

　　關於過年的習俗，雖然早在先秦時期就已產生，但到漢代才基本定型。這首先是因為，在春秋戰國時期，由於諸侯林立，分裂割據，交通阻隔，因而不同地區的節日風俗往往有很大的差別，形成了百里不同風、千里不同俗的局面。秦漢時期，尤其到了漢代，由於國家統一，社會穩定，各地經濟文化交流日趨頻繁，

從而為各地民間習俗的**趨**於一致提供了方便條件。其次，由於諸侯割據，各國施行的曆法不盡一致，使過年這一習俗在各地難以取得一致。秦和西漢初年施行顓頊曆，以建亥孟冬之月（今農曆十月）為歲首，以今農曆九月為一歲之終。由於這一曆法與實際農事不完全相符，因而使過年的習俗也難以在民間廣泛開展。漢武帝時作太初曆，仍以夏曆正月為歲首，夏曆即今之陰曆，也叫農曆。由於曆法的這一改動，使年節近於立春時節，農曆年終歲首正值農閒時節，便於舉行各種慶賀活動，因而年節的日期也就得到了固定。

當除夕與元旦來臨之際，人們常舉行一系列節日活動。其中一項就是貼門神。早在先秦時期，祭門神便被列入「五祀」之一。大約從漢代開始，門神被賦予了具體的形象和姓氏，最著名的是神荼和鬱壘。王充《論衡·訂鬼》引《山海經》佚文，謂神荼和鬱壘是古代神話傳說中度朔山上的兩位神靈，統領萬鬼，能手執葦索，捆縛惡鬼，並讓老虎吃掉惡鬼。人們在自己的家門上貼上這些門神，以壓伏邪氣。在當時，除了神荼和鬱壘兩位出自人們想像的神祇外，也有以歷史上英勇善戰的將軍勇士為門神的。據《漢書·景十三王傳》記載，漢景帝的曾孫、廣川王劉吉的殿門前就貼有古勇士成慶的畫。成慶短衣大袴，手執長劍，似驅逐邪鬼。這是我們所知的以勇士為門神的最早記載。

在除夕活動中，還有一項很重要的內容，便是驅儺。驅儺源於先秦時期的儺祭、儺儀和儺舞。它本是一項十分古老的巫術活動，殷周時期就在中原一帶流行。在漢代，驅儺儀式有了較大的發展。據《後漢書·禮儀志》記載：「先臘一日大儺，謂之逐疫。其儀：選中黃門（貴族）子弟十歲以上、十二歲以下百二十人為侲子，皆赤幘，皂制，執大鞀。方相氏黃金四目，蒙熊皮，玄衣朱裳，執戈揚盾；十二獸（或曰十二神）有衣毛角，中黃門行之。冗從、外射將之，以逐惡鬼于禁中……持炬火送疫出端門門外，騶騎傳炬出宮，司馬闕門門外，五營騎士傳火，棄洛水中。」這是漢代宮廷舉行驅儺儀式的詳細記載。驅儺的含義，就是為了禳除陰氣、驅除疫鬼，以求吉祥平安。

除夕夜，人們往往一家團圓，吃「團圓飯」，並有守歲的習俗。家中的長輩往往給晚輩一定的禮物或錢，即「壓歲錢」。晚輩則向長輩施禮。

元旦是一年中的第一天。人們一早起來，燃放爆竹，以驅邪鎮惡，祝福新年吉祥如意。放完爆竹，家長要率妻子合祭百神，追祭祖先。祭祖完畢，一家人不分尊卑老幼，團聚在一起飲椒柏酒，預祝一年中身體健康。飲完椒柏酒，還要喝桃湯。漢代元旦還要為斑鳩等鳥雀放生。據說劉邦被項羽所追，避於滎陽眢井，兩隻斑鳩落在井口，項羽誤以為「井有人，鳩不集」，使劉邦倖免於難。同時，漢代還規定元旦不得殺雞，並要畫雞於門戶之上以避邪。

二、元宵節

元宵節起源於漢代祭祀「泰一神」（又作太一神）的習俗。戰國時期，人們就已對泰一神加以敬祀，如《楚辭·九歌》和宋玉的《高唐賦》中都提到祀泰一神之事。漢武帝時，亳人謬忌奏請祭祀「泰一神」，稱泰一神是天神之最貴者，位在五帝之上。漢武帝採納其說，在甘泉宮建了泰一祭壇，上供泰一神，下有五帝。武帝祭祀時，對五帝及日月諸神只是長揖而已，對泰一神卻虔誠下拜。正月十五日，對泰一神的祭祀最為隆重，從黃昏開始，通宵達旦，用盛大的燈火祭祀，從而形成了正月十五張燈結綵的習俗。同時，人們把正月十五視為吉日，也因為中國古代的曆法與月相有密切關係，每月十五必逢圓月，滿月象徵著美滿、團圓。而正月十五則是一年中第一個滿月之夜，此時祭奠，祈禱神靈的保佑也就十分自然。

佛教傳入中國後，元宵節又與紀念佛祖的活動有關。佛教教義把火光比作佛之威神，所謂「無量火焰，照耀無極」。佛教盛會需大明燈火，以光明法王。據佛教傳說，佛祖釋迦牟尼示觀神變，降伏神魔是在西方十二月三十日，即東土正月十五日。為紀念佛祖神變，故於此日燃燈法會。

東漢道教產生後，也對元宵節日習俗產生了影響。道教把正月十五日稱為上元，七月十五日稱為中元，十月十五日稱為下元。並把三元和三官相配，以上元為天官之聖誕日，中元為地官之聖誕日，下元為水官之聖誕日。當時在各地建有三官廟，並於其聖誕日從事紀念活動。元宵節也因此被稱為上元節。

三、上巳節

農曆三月上旬的第一個巳日稱為「上巳」。上巳節的由來，與中國的氣候和古代的醫療條件有關。由於每年春季正是瘟病與感冒的易發季節，因此每年三月的上巳日，女巫在河邊舉行儀式，為人們除去災病。這時，人們紛紛到水邊祭祀，並用經過浸泡的香草水沐浴，以為這樣可以祛除疾病和不祥。史書稱這種儀式為禊或祓禊、祓除。祓是古代除災祈福的儀式，禊有清潔之義。同時，春天又是萬物復蘇、鮮花盛開的時節，人心情舒暢，於是人們常將這種祓禊活動與踏青聯繫起來，以增添節日氣氛。據《後漢書·儀禮志》記載，每到三月上巳節，官民要到城東水邊「洗濯祓除」。後來，人們不再舉行祓禊儀式，轉為踏青郊遊。

四、寒食節、清明節

現在人們常將寒食節與清明節混在一起，以為清明節即寒食節。事實上，這兩個節日不僅來源不同，在過去日期也不一致。在秦漢時期寒食節還只有一個雛形，並無固定的日期。魏晉時，寒食節始定在清明節前一、二日。到唐代，兩節才趨於合一。

關於寒食節的來歷，有不同的說法。寒食禁火可能與原始信仰中對火神的崇拜有關。有一種說法認為，寒食節的產生與介子推有關。相傳春秋時，介子推隨晉公子重耳流亡在外十九年。一次，重耳快餓死了，介子推就偷偷從自己腿上割下一塊肉為重耳充饑，後來重耳回國執政，是為春秋五霸之一的晉文公。晉文公大封從臣，卻忘了赤膽忠心的介子推，介子推與母隱居綿山。事後，晉文公想起舊事，欲逼介子推出山受賞，介子推不從，晉文公下令焚山，介子推卻抱木死於火海。晉文公為哀悼介子推，規定每年在介子推死的那天（即清明前夕）嚴禁煙火，吃寒食。流傳到後代，變成了寒食節。

清明是中國農曆二十四節氣之一。節氣是中國物候變化、時令順序的標誌。清明節作為節日，與一般的節氣不同，包含一定的風俗活動，並有某種紀念意

義。秦漢之際，清明節尚處於醞釀階段，當時最主要的活動是掃墓，或稱墓祭、祭墓。在春秋戰國時期，就已有了墓祭的習俗，但時間並不固定。秦漢時期，掃墓才基本定在寒食之後。這時，掃墓之風已上至君臣，下至庶民。如《後漢書・光武紀》記載，光武帝劉秀於建武十年曾「事十二陵，躬祭於墓邊」。《漢書・嚴延年傳》載，嚴延年從京師跋山涉水「還歸東海掃墓」。但因犯罪判刑者，不得掃墓。

五、端午節

五月初五為端午節。關於端午節的稱謂較多。古代「午」與「五」同音，故端午又稱端五。又因兩五相重，故又有「重午」或「重五」之稱。由於古時人們常於此日以蘭草湯沐浴，所以端午節又叫浴蘭節。道教稱五月五日為「地臘節」，後代又有「天中節」、「端陽節」、「五月節」、「女兒節」等稱法。

歷來對端午節的起源說法不一。比較一致的看法是，最初可能萌芽於民間的巫術和巫醫活動。端午時節，盛夏即將來臨，陽氣上升，疾病容易流行。所以早在先秦時期，北方中原地區就把五月五日作為驅邪避瘟的日子。戰國時，人們也視五月五日為惡日。東漢王充的《論衡・四諱》中還提到正月、五月生子殺父母的事。

秦漢時，端午節的活動主要是圍繞著祛病禳災而展開。據應劭《風俗通》載：「五月五日要以五彩絲繫臂避兵及鬼，令人不病溫。」《荊楚歲時記》也說，漢時，在五月五日，人們用青、赤、黃、白、黑等五彩絲合成細索，繫於臂上，稱為長命縷，續命縷、五色縷、朱索等。古人認為五色絲縷能驅邪避惡。此外，還有五色桃符，即「以朱索五色印為門戶飾，以難止惡氣」[25]。直到今天農村許多地方每逢五月初五，姑娘媳婦還喜歡用五色繡花線扎成大小不等的精緻五彩粽

---

25 《後漢書・禮儀志》。

子，用紅線串起來，討個吉利。

在端午節，人們還要「採艾以為人，懸門戶上，以禳毒氣」，或將艾葉「剪綵為小虎，黏艾葉以戴之」[26]。端午剪艾虎與年節在門上掛桃符、畫虎的作用一樣，都是為了借助虎的威力以驅邪避鬼。這天，人們還要掛菖蒲飲菖蒲酒。菖蒲對人體有開竅、止痛、祛風濕等作用，用它泡酒可以防病健身。

吃粽子也是端午節的重要習俗。這一習俗與端午節始於夏至有關。《荊楚歲時記》載：「夏至節日食粽。」又周處《風土記》也說：「謂為角黍，人並以新竹為筒粽。」粽子用菰葉或箬葉包裹，用水煮熟，色香味俱全，是暑熱到來之時的時令佳品。後來，由於人們將端午節與紀念屈原之死相聯繫，粽子也就被視為祭品。

在南方漢族及傣、苗等少數民族地區，端午節還有龍舟競渡的習俗。龍舟競渡最初可能源於民間的原始崇拜。龍與鳳，是中華民族的象徵，龍舟競渡是對龍的圖騰崇拜。漢末魏晉以後，一般以為龍舟競渡是為了紀念屈原。有一種說法是，東漢光武帝時，有一長沙人叫歐回，白日忽見一人，自稱三閭大夫屈原，對歐回說每年人們投於水中的祭品多為蛟龍所食，今後若有惠祭，當以楝葉塞其上，以五彩絲纏之，此兩物均為蛟龍所害怕。歐回依從其言，從此五月五日做粽子用楝葉並纏五彩絲便成為習俗。又據《荊楚歲時記》云：「五月五日競渡，俗為屈原投汨羅日，傷其所死，故命舟楫以拯之。」不過，漢代端午節各地所紀念的人物不一定都是屈原，如山西為介子推，吳越兩地為伍子胥與屈原，浙江紹興、會稽一帶為曹娥。只是到後來，人們才逐漸統一以五月五日為紀念屈原日。

六、七夕

每年農曆七月初七為七夕。七夕是中國民間一個重要的節日，又稱「乞巧

---

26 《荊楚歲時記》。

節」、「女兒節」、「少女節」等。七夕節的來歷，主要源於古代牛郎織女相會的傳說。中國古代對牛郎、織女二星的記載，最早見於《詩・小雅・大東》。其詩曰：「維天有漢，監亦有光，跂彼織女，終日七襄；雖則七襄，不成報章；睆彼牽牛，不以服箱。」詩中所說的天上二星男耕女織，雖係人們想像，卻是民間耕織生活的真實反映。戰國以後，文獻中對於牽牛、織女二星的記載漸多，並更加擬人化，但是愛情糾葛尚未產生，「七夕」也不是一個節日。

　　七夕作為一個節日，始於漢代。在漢代，男耕女織、自給自足的小農經濟在中國經濟生活中已占居主導地位，同時，一夫一妻的婚姻制度也已基本定型。但是，由於封建禮教的束縛和統治階級的壓迫，也製造了許多愛情悲劇。於是，人間的悲劇也反映到了天上，牛郎織女悲歡離合的愛情故事便成為人間婚姻的化身。七月初七牛郎織女相會的日子，也就成為人們紀念的節日。在漢代的文學作品中，有不少關於牛郎織女的題材。著名的如東漢末年《迢迢牽牛星》一詩，其詩曰：「迢迢牽牛星，皎皎河漢女，纖纖擢素手，箚箚弄機杼，終日不成章，涕泣零如雨。河漢清且淺，相去復幾許，盈盈一水間，脈脈不得語。」

　　據《西京雜記》記載，漢代彩女們在七夕當天，還要「穿七孔針於開襟樓」。用彩線穿七針，便是後來乞巧風俗的濫觴。織女能「雲錦天衣」，婦女們當然要向她乞巧。另外，在一些地區，民間還有於七夕曬棉衣的習俗。據宋卜子《楊園苑疏》記載，漢建章宮之北有太液池，池西有漢武帝的曝衣閣，「常至七月七日，宮女登樓曝衣」。到後來，人們不僅於七夕曝衣，而且曬書。

七、重陽節

　　農曆九月初九為重陽節。它是中國古老的民間傳統節日。重陽節名稱的由來，可能與《易經》有關。《易經》以陽爻為九，將九定為陽數，兩九相重為「重九」。又因日月逢九，兩陽相重，故名「重陽」。早在戰國時期的文獻中，「重陽」一詞就已出現。如屈原《遠遊》一詩中，就有「集重陽入帝宮兮」之句。在其名作《離騷》中，還提到「朝飲木蘭之墜露兮，夕餐秋菊之落英」。這很可能是指

當時人們於重陽日餐菊之習俗。不過，戰國時是否已將重陽定為節日不得而知。

從文獻記載看，兩漢時期重陽節已成為固定的節日。在《西京雜記》中，作者提到漢高祖劉邦的愛妃戚夫人被呂后害死後，她的侍女賈某也被逐出宮，後來嫁給平民為妻，一日她談起每年九月九日在皇宮中飲菊花酒、佩茱萸、吃蓬餌，以求長壽的情形。茱萸是高丈餘的落葉喬木，秋天結實，果實係中藥材，有通五臟、九竅、強陰助陽作用。菊花酒是用菊花釀成的酒。該書還說：「三月上巳，九月重陽，士女遊戲，就此祓禊登高。」可見，當時人們還有重陽節登高的習俗。無論是佩茱萸、飲菊花酒，還是登高，都是為了驅疫避邪。魏晉以後，人們逐漸把重陽節作為健身、娛樂、遊玩的節日。

第四節 ·
社會時尚

一定歷史時期人們的精神風貌，總是與該時期人們的社會生活密切地聯繫在一起的；不妨說，它是當時社會生活的一面鏡子。秦漢時期處於中國封建社會的初步發展階段。這時國家統一，社會相對穩定，政治、經濟和文化各方面都有較大的發展，因而人們的精神面貌總的來說是趨於積極向上、生氣勃勃的。表現在社會時尚方面，任俠、節義與名士風雅也成為這一時代的特色。

一、任俠

　　近年來，隨著歷史研究的逐漸深入，俠客文化作為歷史研究的重要組成部分，也越來越引起人們的重視。但是，對於「俠」的含義、特點及其產生年代等問題，尚缺乏統一的認識。在中國古籍中，對「俠客」有多種稱謂，如「俠」、「游俠」、「任俠」、「劍士」、「劍客」、「刺客」等。最早提出「俠」這個概念的是戰國時的韓非子。他在《五蠹》篇中將「俠」列為「五蠹」之一，說「儒以文亂法，俠以武犯禁」，明確指出「俠」的特徵是以其武力觸犯法律。西漢時，司馬遷作《史記》，專為「俠」立傳，稱之為《游俠列傳》。他說：「今游俠，其行雖不軌於正義，然其言必信，其行必果。已諾必誠，不愛其軀，赴士之阨困。既已存亡死生矣，而不矜其能，羞伐其德，蓋亦有足多者焉。」司馬遷這裡所說的游俠，就其「不軌於正義」這一點而言，正與韓非子所謂的「以武犯禁」相同。同時，他還指出了「游俠」的三大特徵，即講信用、願捨己而救人、施恩義於人而不自矜不圖報。另外，《史記‧季布傳》中說：「季布者，楚人也。為氣任俠。」對於「任俠」，《辭源》解釋為：「抱不平，負氣仗義。」這裡也基本點明了「俠」的特徵。

　　俠客究竟產生於何時？司馬遷在《史記‧游俠列傳》中說：「古布衣之俠，靡得而聞。」又說：「閭巷之俠，修行砥名，聲施於天下，莫不稱賢，是為難耳。然儒墨皆排擯不載，自秦以前，匹夫之俠，湮滅不見。」所以他在《游俠列傳》中，只記了漢興以來幾位游俠。但是，司馬遷所界定的「匹夫之俠」或「布衣之俠」，其實只是眾多俠客中的一類。而稱為「劍客」、「私俠」、「俠」、「刺客」、「死士」、「鉅子」的俠客，在先秦絕不是沒有。如《史記‧刺客列傳》中所提到的曹沫、專諸、豫讓、聶政、荊軻五人的事蹟，除曹沫本是魯國大將外，其他幾位均為布衣之徒。從本質上講，他們甘心冒死去行刺，在「已諾必誠，不愛其軀，赴士之阨困」這方面，正表現了他們的「俠」的精神。在刺客荊軻的周圍，我們同樣也看到了不少豪俠之士的身影。為了激勵荊軻，田光自刎而死；為使荊軻達到目的，樊於期捧出了自己的頭顱；易水邊，為荊軻送行，一群身著素衣的士人，個個目瞋髮豎；這些不是「俠」士又是什麼？《淮南子‧泰族訓》中

說：「墨子服役者百八十人，皆可使赴火蹈刀，死不還踵。」這是墨子之徒多俠客的證明。而《漢書》的作者班固除將孟嘗君、平原君、信陵君、春申君視為游俠之首外，還將「行俠為官、亦官亦俠」的陳遵、原涉等人寫入《游俠傳》，從而大大突破了司馬遷所說的「布衣之俠」的範圍。由此可見，任俠之風大致起於春秋而盛行於戰國。

秦漢時期，游俠之風依然十分盛行。關於秦代的俠客俠事，史書記載很少。但張良在秦滅韓後為圖謀恢復韓國而結交刺客於博浪沙狙擊秦始皇一事，依稀讓人窺見秦代俠士活動的痕跡。至於漢代游俠之盛，自不待言。司馬遷作《史記》，班固著《漢書》，均為游俠立傳，就說明了這一點。《史記》載游俠朱家家藏「活豪士以百數」。郭解家中也多藏亡命之徒。當時游俠還各占區域，游俠郭解不肯從它縣奪人邑賢大夫權。乃至京師一城之中，也各有界限。《漢書‧游俠傳》敘至萬章時，說當時「長安熾盛，街閭各有游俠。章在城西柳市，號曰『城西萬子夏』」。東漢人張衡在《西京賦》中也有一段描述當時長安游俠盛行的情形：「都邑游俠，張趙之倫。齊志無忌，擬跡田文。輕死重氣，結黨連群，寔蕃有徒，其從如雲。茂陵之原，陽陵之朱；趫悍虓豁，如虎如貙。睚眥蠆芥，屍僵路偶。」這裡提到的張趙，是指與萬章一起被處死的游俠張回和趙君都。無忌與田文，即信陵君與孟嘗君。「茂陵之原」，是原涉；「陽陵之朱」，指朱世安；都是漢代著名的俠客。漢代游俠之盛由此可見一斑。

關於漢代游俠興盛的原因，班固說得很清楚：「及漢興，禁網疏闊，未之匡改也。是故代相陳豨從車千乘，而吳濞、淮南皆招賓客以千數。外戚大臣魏其、武安之屬競逐於京師。」「布衣游俠劇孟、郭解之徒馳騖於閭閻，權行州域，力折公侯。眾庶榮其名跡，凱而慕之，雖其陷於刑辟，自與殺身成名，若季路，仇牧死而不悔也。」由此看來，漢代游俠之風所以盛行，一是因為「禁網疏闊」，二是部分權貴的參與，三是社會對俠士行為的推崇。不過，這並不是說漢代最高統治者對游俠採取了寬容政策。相反，在文、景、武三代，統治者對游俠的誅伐是十分嚴厲的。如郭解之父因任俠尚氣，在漢文帝時被誅。郭解本人也被公孫弘「以睚眥殺人」，而被處誅滅三族。萬章等一批豪俠被京兆尹王尊所殺。漢武帝更立所謂「沉命法」，規定凡敢藏匿罪人者，判以殺頭之罪。而令人回味的是，

即使在統治者這樣嚴厲的裁抑下，任俠之風仍沒有銷聲匿跡。如在漢景帝親自下詔誅滅了一批游俠之後，游俠反而「紛紛復出」。郭解被殺，但「自是之後，為俠者極眾，敖而無足數者」。真是「野火燒不盡，春風吹又生」。看來一味地彈壓是行不通的，還必須針對「制度不立，綱紀廢弛」的現象，另做文章。

《史記·游俠列傳》中記載了朱家、劇孟、郭解等西漢前期一批有名的「布衣之俠」的事蹟。魯人朱家與漢高祖劉邦是同時代人。魯人因孔子的緣故，大都以儒家思想設教，但朱家卻以行俠而聞名。當時的豪俠或殺人犯法者無處躲藏，大都到朱家這裡向他求助。朱家總是想盡辦法解救他們，把他們隱藏起來。經他隱藏解救的豪傑數以百計，一般的人更是不可勝數。但他從不以此炫耀自己，從來不求報償，甚至害怕碰見他們。救人急難，總是先照顧到那些貧賤的人。他自己家中也並無多少餘財。他衣著破舊，每頓飯也不吃兩個葷菜。出門乘坐的也是用小牛犢拉的車子，卻到處奔走救人急難，比自己的事還用心。當時楚人季布也是一位尚氣任俠的豪傑，在當地很有名。楚漢相爭時，項羽讓他帶兵，他曾多次窘困劉邦。後來項羽敗亡，劉邦當了皇帝，下令懸賞千金捉拿季布，如有敢隱藏季布的，誅滅三族。於是有人把季布送到了朱家那裡。朱家不僅不退避，反而對他悉心照顧，並去洛陽向汝陰侯滕公求助。在朱家、滕公的幫助下，季布得到了皇上的赦免，並被任命為宮廷侍衛。季布因此出了名。但等到季布官居權要、名顯位尊之後，朱家卻終生不再去見他。這就是朱家的為人。

劇孟是洛陽人。當時洛陽人大都以經商射利為能，而劇孟卻以行俠顯名於諸侯。漢景帝時，發生了吳楚七國之亂，震驚朝野。條侯周亞夫時任太尉，被派去平定叛亂。周亞夫乘坐驛舍所備的快車到洛陽，見到了劇孟，高興地說：「吳楚諸王發起這麼大的行動而不求劇孟參與，我知道他們成不了氣候的原因了。」以周亞夫身居太尉之尊，而如此看重一個布衣之俠，由此也可以看出劇孟當時的聲望與能量。劇孟的為人行事大體上像朱家，但喜歡下棋之類的博弈活動。劇孟的母親死時，四方遠近前來送葬的竟至車馬千乘，冠蓋盈門。但到劇孟死時，其家中所剩的財產卻不足十金。

郭解是軹縣（今河南濟源軹城鎮）人，字翁伯。郭解的父親曾因行俠而在漢

文帝時被處死。郭解身材短小，精明強悍，卻不善飲酒。年輕時，他內心陰狠，稍有不快便動武殺人，常義氣用事，為朋友兩肋插刀，什麼犯法的事都幹過。年長後，他一改惡習，對自己嚴加約束，常以德報怨，施恩於人而不圖報，救人性命而不炫耀。但有時仍難以自控，對仇人怒目而視，那些仰慕他的少年常暗中替他報仇，而不讓他知道。一次，郭解的外甥依仗其舅父的聲勢，硬逼人喝酒，結果對方一怒之下抽刀刺死了他便逃跑了。郭解的姐姐很生氣，一怒之下，把她兒子的屍體拋在大路上不下葬，想以此來羞辱郭解。郭解暗中找到了兇手，非但沒有報復，反而說是自己的外甥無理，並釋放了他。同時收屍葬了其外甥。此事傳開後，更多的人敬慕他。郭解平時出入，不管走到哪裡，人們都躲避著他。但有一個人膽子大，碰見郭解總是用傲慢的眼光看著他。郭解手下的人以為此人大不敬，便想殺掉那人。郭解卻說：「居於鄉里而不被鄉人尊敬，只能怪我自己不修德行啊。他何罪之有？」後來，郭解還幫那人免除了差役。漢武帝時，為了打擊地方豪強勢力，曾下令把家庭財產在三百萬以上的豪富遷徙到茂陵（今陝西興平東北）去，以便於控制。郭解當時的家產不足三百萬，不應被遷。但因為他一向有豪俠的名聲，被官府列入遷徙之列。大將軍衛青得知後，為郭解辯解說：「郭解家裡並不富足，不夠遷徙資格。」漢武帝聽了這話，說：「一個普通老百姓，竟能使一個大將軍替他說話，這說明他家裡不窮。」郭解於是只得遷徙了。遷徙之時，單是同郭解往來的人為他送行而出的錢就達一千多萬。後來，因為其家人及門客殺人，被判以「大逆無道」，全家被誅，但郭解「權行州域，力折公侯」的事蹟卻至今仍存於史書之中。

與司馬遷不同，班固的《漢書・游俠傳》除照錄《史記・游俠列傳》中的幾位和萬章之外，還記載了行俠為官或亦官亦俠之人，如陳遵、原涉等。其實陳遵的為官行俠，主要是好結交，好飲酒，行為不加約束，有點類似於魏晉時代的一些名士。用司馬遷對俠的理解，「為官亦俠、亦官亦俠」較有代表性的是原涉。原涉字巨先，他父親在漢哀帝時為南陽郡太守。當時大郡官守俸祿為二千石，死在任上，賦斂送葬所得在千萬以上。當時又很少有人在父母死後服三年喪的。原涉父親死時，他卻一概不收當地人們送的財物，並且在他父親的墳上結廬守喪三年。他因此得以揚名京師。後來大司馬史丹舉薦他為谷口縣令，他才二十幾歲。

谷口這個地方本來盜賊較多，原涉來做縣令後，為非作歹的人卻偃旗息鼓了。在此之前，原涉的叔父被茂陵一個姓秦的人所殺，原涉到谷口上任半年，為了報仇，竟辭去了官職。谷口一位豪傑因為殺秦氏，躲藏了一年多，遇到大赦才出來。當時郡國豪傑以及長安、五陵的俠義之人都很敬慕此人，原涉也同他傾心相待，並以與這些俠士交結而感到快樂。原涉為人也專以賑濟貧窮、赴人之急為務。有一次，朋友請原涉飲酒。有人告訴他說有位客人的母親病了，避在裡宅不能來赴宴，原涉就前去問候，卻聽到裡面有哭聲。原涉進門施行憑弔，問喪事辦得如何，才知此人家中一無所有。原涉回到朋友家，要求撤去酒席，在賓客們的幫助下，替人置辦了一切下葬所需的資源送去，並替人家辦理了喪事。原涉後來又幾度任官，幾次被免。原涉生性有點像郭解，外表溫和而內陰好殺。他要恨誰，一瞪眼這人就活不成。最後他終因殺人而被捕，處斬。

自東漢以後，正史中不再為俠客立傳，所以也就無事蹟可述。但不少人物的傳記中都提到他們是好俠尚氣的，可見任俠之風並未消失。如《後漢書·段熲傳》載其「少便習弓馬，尚游俠，輕財賄」。董卓「以健俠知名」（《後漢書·董卓傳》）。袁紹「好游俠」（《後漢書》及《三國志》注引《英雄記》）。袁術「以俠氣聞」（《後漢書·何進傳》）。張邈「以俠聞」（《後漢書·呂布傳》）。甘寧「少有氣力，好游俠。招合輕薄少年為之渠帥。群聚相隨，挾持弓弩，負毦帶鈴。民聞鈴聲，即知是寧」。凌統「輕俠有膽氣」（《後漢書·凌統傳》）。魯肅也曾為俠客所擁戴，「攜老弱將輕俠少年百餘人到居就瑜」（《後漢書·魯肅傳》）。許褚也曾招聚俠客「從（許）褚俠客，皆以為虎士」（《三國志·魏書·許褚傳》）。這是東漢末年俠客眾多的明證。這裡還不包括那些名不見經傳的布衣之俠。

大體而言，漢人所說的游俠，都不是以武功劍術而聞名天下的。在《史記》和《漢書》所記載的俠士中，只有劇孟是喜好劍術的。這些人之所以被稱為俠，主要是其任俠的精神。他們無視官府、無視法禁，而敢於自掌正義、自執禮法，並往往為之不惜身家性命。儘管他們的本意並不是一定要與官府作對，更不是要推翻封建政府，但是，由於他們以俠義為重，所以當封建的法律有礙於其行俠時，他們往往會毫不猶豫地衝決它。另一方面，他們又可以與權貴們結交，甚至親自為官。所以說，游俠最突出的人格特色便是優游行事，不拘滯，不俯仰，不

屈辱。他們就是以這種人格的力量博得了人們的好感和仰慕。當然，在游俠之中，也有一些人以行俠為名而發洩私憤，「以睚眥殺人」，侵淩孤弱，越人財貨。流品至此，與其說是游俠，不如說是強梁或盜賊了。魚龍混雜，善惡並存。因此，對於游俠，人們有不同的看法。如司馬遷雖認為游俠「時扞當時之文網」，觸法犯禁，但「其私義廉絜退讓，有足稱者」，基本是稱頌的態度。而班固卻不然，他認為：「郭解之倫，以匹夫之細，竊殺生之權，其罪已不容於誅矣。觀其溫良泛愛，振窮周急，謙退不伐，亦皆有絕異之資，惜乎不入於道德。苟放縱於末流，殺身亡宗，非不幸也。」在他看來，這些游俠雖有值得肯定之處，但到底是罪不容誅。這兩種意見，具有一定的代表性。後人對於游俠，也可自評說，但有一點是不容否認的，即俠客文化的持久魅力甚至到今天仍有人津津樂道。

二、節義

在談到秦漢時期人們的精神風貌時，有一點是不能被忽略的，這就是當時人們講氣節、重信義的精神。所謂氣節，是指堅持自己的信仰，不屈服，不動搖；所謂信義，是指講信用、有道德，堅持正義。這種講氣節、重信義的精神，表現在人格理想上，便是孔子所說的「三軍可奪帥，匹夫不可奪志」的「志」，便是孟子所說的「富貴不能淫，貧賤不能移，威武不能屈」的大丈夫氣概；表現在社會責任上，便是我們常說的「天下興亡、匹夫有責」，以天下為己任的精神。講究節義，是中國人民的優秀文化傳統。

在秦漢以前，在中國歷史上不乏講究節義之人，如商代的箕子、比干，西周時的微子，春秋時的史官南史與董狐，戰國時代詩人屈原等。但是，在中國歷史上首次以群體人格的形式，自覺地踐行節義、追求儒家所稱道的大丈夫的理想人格的，則是秦漢時期，尤其是東漢時代的士人。宋代理學家程頤說：「後漢知名節，成於風俗，未必自得也，然一變可以至道。」[27]明末清初的思想家顧炎武也

---

27 《二程遺書》卷一。

說：「依仁蹈義，捨命不渝」，「三代以下風俗之美，無尚於東京者」[28]。這些，都是對東漢士人氣節的讚譽。而《後漢書》的作者范曄是這樣論述東漢士人的人格理想的：「夫稱仁人者，其道弘矣！立言踐行，豈徒殉名安己而已哉，將以定去就之節，正天下之風，使生以理全，死與義合也。夫專為義則傷生，專為生則騫義，專為物則害智，專為己則損仁。若義重於生，捨生可也；生重於義，全生可也。上以殘暗失君道，下為篤固盡臣節，臣節盡而死之，則為殺身以成仁，去之不為求生以害仁也！」[29]這是歌頌與社會邪惡勢力作殊死鬥爭的東漢士人的人格氣概的話，實際也是對秦漢時代人們重視節義這一精神的有力說明。

在古代的史籍中，留下了大量的秦漢時代人們講氣節、重信義的事蹟。在《史記·田儋列傳》中，司馬遷就講述了一個講求節義的感人的故事。在楚漢戰爭中稱齊王的田橫，當楚漢戰爭結束後，面對漢高祖劉邦派去招撫的使者，不肯臣服而自盡。其留守海島的五百壯士，不受漢使招撫，也全部壯烈自盡。對於他們這種行為的是與非，人們可以有不同的看法；但是，他們的這種精神，卻不能不令人敬佩！

兩漢時期，重名節成風，而重名節之人也比比皆是。其中富有民族氣節的典型如蘇武，天漢元年（前100年）出使匈奴，不畏匈奴逼降，在寒冷荒涼的北海（今貝加爾湖）「持漢節牧羊」，連匈奴統治者也「壯其節，朝夕遣人候伺」[30]。十九年後才歸漢。又如張騫出使西域，在外十餘載，多次為匈奴所扣留，但絕不投降，終於設法逃回，不辱使命。不戀官位、注重名節的典型，如嚴光（字子陵）曾與劉秀同學，劉秀稱帝后，「除為諫議大夫，不屈，乃耕於富春山（今浙江桐廬南），後人名其釣處為嚴陵瀨焉」[31]。又如不貪錢財、注重名節的典型，如楊震任東萊太守時道經屬縣昌邑，縣令王邑「夜懷王金以遺震」，說：「暮夜無知者。」楊震駁斥說：「天知、神知、我知、子知，何謂無知！」又，楊震子常蔬食步行，其故舊長者或乏為其產業，震不肯，說：「使後世為清白吏子孫，

---

28 《日知錄》卷十三《兩漢風俗》。
29 《後漢書·李杜列傳》。
30 《漢書·李廣蘇建傳》
31 《後漢書·逸民列傳》。

以此遺之，不亦厚乎！」[32]至於為保持名節、視死如歸的，更是大有人在。

東漢後期，君主昏庸，宦官專政，官場十分混濁。但是，正是在這樣一個政治十分黑暗腐敗的背景下，在這樣一個「風雨如晦」的時代，卻湧現出了一大批敢於以自身的德操來對抗社會邪惡勢力，以自鑒自勵、不降志辱身為原則的東漢士人。據《後漢書・黨錮列傳》記載：「自是正直廢放，邪枉熾結，海內希風之流，遂共相標榜，指天下名士，為之稱號。上曰『三君』，次曰『八俊』，次曰『八顧』，次曰『八及』，次曰『八廚』，猶古之『八元』、『八凱』也。竇武、劉淑、陳蕃為『三君』。君者，言一世之所宗也。李膺、荀翌、杜密、王暢、劉祐、魏朗、趙典、朱寓為『八俊』。俊者，言人之英也。郭林宗、宋慈、巴肅、夏馥、范滂、尹勳、蔡衍、羊陟為『八顧』。顧者，言能以德行引人者也。張劍、岑晊、劉表、陳翔、孔昱、苑康、檀敷、翟超為『八及』。及者，言其能導人追宗者也。度尚、張邈、王考、劉儒、胡母班、秦周、蕃向、王章為『八廚』。廚者，言能以財救人者也。」文中提到的這些人物，都是當時的名士。面對黑暗的社會現實，他們能夠堅持士節，與腐朽勢力相抗衡，以匡正社會上存在著的不良風俗，代表了社會上正直善良、追求光明的人們的願望。而從社會政治的角度看，他們的反宦官行動，則是東漢統治階級中一部分人較為清醒的改良自救運動。范文瀾先生說：「這一類名士，是統治階級中耿直派，也是抱有正義感，對人民有同情心的人。他們人數不多，在士人中卻起著宣導作用。」[33]《後漢書・陳蕃傳》記陳蕃對薛勤所說的話：「大丈夫處世，當掃除天下，安事一室乎！」范滂「慨然有澄清天下之志」[34]，李膺「欲以天下名教是非為己任」[35]。這些士人們的言行，足以代表當時社會崇尚節義之風。

范滂是東漢士人中頗具代表性的人物。他不曾任高官，卻有澄清天下之志。他任清詔使，剛入州境，髒汙的守令便望風而去。他任三府掾屬，劾奏刺史、二千石權豪之黨二十餘人。他任郡功曹，舉薦的是身有異節、隱於幽隨之人；為

---

32 《後漢書・楊震傳》。
33 范文瀾：《中國通史》第 2 編，頁 187，北京，人民出版社，1994。
34 《後漢書・黨錮列傳》。
35 《世說新語・德行》。

鄉黨所不齒者，雖是親屬，且有權貴推薦，也不召用。在統治者的榜掠、死刑面前，他挺身而出，絕不累及他人。能在邪惡面前不低頭、堅持士節的人，在當時大有人在。如杜密、魏朗在獄中自盡，持「死與義合」的信條而不向宦官屈服；眾多的士人，在掩護張儉的過程中，「莫不重其名行，破家相容」[36]，等等。這裡有必要指出，東漢士人的這種以天下為己任的精神，殺身成仁、捨生取義的氣節，其精神內涵，就是主體對社會的前途和命運抱有強烈的責任感和使命感。而這種責任感和使命感，又是由主體的需要及其與現存世界的聯繫而產生的。使命感與責任感不能僅僅理解為生理上或心理上的感情，更主要的是，它們是有力地推動人們干預社會現實生活的驅動力，是崇高的理想在主體意識中的基石。在一定的社會環境下，這種使命感與責任感就會爆發出來，成為一股巨大的社會力量。因此，對於秦漢時期人們講氣節、重信義的風尚，尤其是對於東漢士人們的氣節，不僅應看到其感人的言行，更應該理解其內在的精神實質。

三、名士風雅

　　由於受選舉制度的影響，在漢代的士人中還盛行著一種評品之風。這也是漢代社會歷史的一個重要特點。所謂評品，就是對一個人的品德、才能等作出評價。當時評品的形式，有歌、語、謠、諺、號等。如《史記·曹相國世家》載：「百姓歌之曰：『蕭何為法，顜若畫一；曹參代之，守而勿失。載其清靜，民以寧一。』」這是對漢初丞相蕭何、曹參執政情況的簡短評語。又《後漢書·延篤傳》載，郡人為之語曰：「前有趙、張、三王，後有邊、延二君。」這是對西漢趙廣漢、張敞、王尊、王章、王駿、東漢邊鳳、延篤幾位京兆尹的讚語。《後漢書·黨錮列傳》載，鄉人為之謠曰：「天下規矩房伯武，因師獲印周仲進。」這是對當時河南尹房植、尚書周福的讚語。在這些評品中，也有對壞人醜惡行徑的揭露。如《漢書·酷吏傳》載，號曰：「寧見乳虎，無直甯成之怒。」這是對西

---

36 《後漢書·黨錮列傳》。

漢酷吏甯成為政猛苛嚴酷之情狀的生動揭露。不過，西漢時期的這種對人物的評品，主要是在民間，在統治者和廣大士人中還沒有形成很大的氣候，影響還有限。

與西漢時期相比，東漢時的評品之風有了很大擴展。在當時，有許多士人加入了人物評品的行列，他們或以其獨特的見解裁量人物，或主動邀名士評論。往往名士的一席談話，能夠改變一個人的前程，或使人聲名鵲起，或使人名聲掃地。甚至有人感歎說：「寧為刑罰所加，亦不為名士所短。」但也有一些名士的評論能使人改過從善，起到獎勵、提拔作用。在東漢廣為流行的評品之風中，郭太和許劭是兩位極有代表性的人物。

郭太，字林宗，太原郡界休縣人。家裡世代貧困。早年喪父，母親想讓他在本縣官府當差，他說：「大丈夫怎能甘居如此低微的差役職位呢？」於是拒絕了。後來，他跟隨成皋人屈伯彥學習，用三年時間完成了學業，通曉古代典籍，並善於高談闊論，愛好音律。他來到都城洛陽，得到當時河南尹李膺的賞識。李膺是當世名士，郭太受到李膺的器重，從此聲名鵲起。後來他回歸故鄉時，士大夫和眾儒生為他送行到黃河岸邊，送行的車輛多達數千。而郭太單獨與李膺同船共渡，送行人遠遠望去，還以為是神仙下凡。他曾多次得到官府的徵召與舉薦，但都婉言謝絕。他說：「我夜晚觀測天象，白天考察社會，料到當今朝廷已被上天所廢棄，無法再支持下去了。」

郭太一生未在官府擔任什麼職務，他主要的活動，便是周遊郡國，結交人物，並從事教學活動。他生性能識別人才，樂於褒獎教誨士人，因而十分受人仰慕。一次他遊經陳、梁之間，途中遇雨，他就將頭巾折起一角遮雨，從那以後人們就故意將頭巾折起一角使用，並稱之為「林宗巾」。可見當時人對他的敬慕達到了何種地步。有人曾問范滂說：「郭林宗是怎樣的人？」范滂說：「他退隱但不離開自己的親人，保持貞潔但不與世俗隔絕，天子不得以他做臣下，諸侯也無法與他交朋友，除此之外我不知道他還有什麼其他品格。」後來他母親逝世，他以至孝被人稱頌。郭太雖然善於辨別、評述人的流品，但是從不危言聳聽，所以雖然宦官專權也不能對他有所傷害。到黨錮之禍興起，許多名士為宦官所害，而

郭太卻能倖免於難。

　　郭太作為當時的一代名士，受到世人的極力推崇。而經他評論的人物，也多有與其評論吻合的，說明其確有過人的見識。如經郭太評論的左原，是陳留郡人。在郡學校做學生時，左原便因觸犯法律而受到斥逐。郭太曾在路上與他相遇，擺設酒菜對他加以勸慰，說道：「從前顏涿聚是梁甫山的大強盜，段干木是晉國的大商人，最終一個成為齊國的忠臣，一個成為魏國的著名賢者。蘧瑗、顏回尚且不能沒有過錯，況且是其他人呢？千萬不要懷恨在心，自思己過就是了。」左原接受了他的勸告就離去了。有人因此指責郭太不與惡人絕交。郭太答道：「不仁義的人，如果對他們過於厭惡，他們就會起而作亂。」左原後來忽然憤恨再起，勾結外人到郡學想要報復眾儒生。那日正巧郭太也在郡學，左原一見郭太，自愧有負於先前的諾言，於是作罷離去。後來此事內情暴露，眾人對郭太又感激又信服。

　　經郭太獎拔而成才的還有茅容。茅容字季偉，陳留郡人。四十餘歲時，在田中耕作，有時與大夥在樹下避雨，別人都相對蹲坐一圈，唯獨他端坐一旁，恭敬倍至。郭太路經此處，見到茅容這般不尋常的神態很是驚奇，於是與他攀談，並因此應邀借宿茅容家中。次日天明時分，茅容殺雞備飯，郭太還以為這是為他準備的，不一會兒茅容把雞送到他母親那裡，自己用野菜與客人一起用餐。郭太見狀起身而拜，道：「閣下真是賢才啊！」於是勸茅容立志於學會，最終使他成為一名有賢德的人。

　　另有一人叫黃允，字子艾，濟陰郡人，因為才智出眾而四方知名。郭太見此人而對他說：「閣下有超人的才華，足以成為偉大人物。然而只怕堅守道義不夠忠誠，將會有所失誤。」後來司徒袁隗想為姪女求親，見到黃允而感歎道：「能得個像黃允這樣的女婿我就心滿意足了。」黃允聽到這話就休棄了妻子夏侯氏。夏侯氏因此對婆婆說：「現在我被休棄，就要與黃家訣別了，我只要求與親屬們有一次聚會的機會，以便表達辭別之情。」於是黃家隆重召集賓客三百多人，夏侯氏端坐中央，挽起衣袖憤憤地歷數黃允見不得人的骯髒惡事十五件，說罷登車，毅然離去，黃允因此而被當時人唾棄。

莊子曾說過，人的情欲比山河還要險惡，因為它既動靜可以觀察，又深沉難於預測。所以，深厚的人性與個人的感情、面貌並不一致；知人善用的鑒別之事，是帝王所難以做好的。而郭太身為士人，終身不就朝廷徵聘，作為一介儒生除能用當時的社會道德標準，結合自己對人物品評的經驗積累，鑒別各類人物外，作為評價的主體，他不帶任何官吏的成見，作為被評價的客體，也不必有什麼掩飾造作。正因為他這種特殊的身分，能不帶成見，在被評價者不加掩飾的情況下接受品評，加之他本人的過人學識，所以他才能屢評屢中，獎掖後進，使人改過自新，奮發有為，從而充分展示自己一代名士的風範，受到世人的敬慕。

　　漢末的人物品題是當時歷史上一種很有特色的社會現象。東漢末年以善於品評人物著稱的，除郭太外，還有許劭等人。許劭字子將，汝南郡平輿縣人。年輕時已有高尚的名譽與節操，喜歡品評人物，有很多人得到他的賞識。當他充任郡功曹時，太守對他十分敬重。郡府中官吏聽說許劭入府為吏，沒有不趕快改變節操、粉飾言行的。同郡人袁紹，身為公子，強橫任俠，辭去濮陽縣令官職回歸故鄉時，隨同的車騎與僕從非常多，將要進入汝南郡界的時候，袁紹就遣散賓客，說：「我的車乘衣冠章服怎可以讓許子將看見。」於是只單獨乘一輛車回家鄉去了。許劭曾經到過潁川郡，去拜見過許多名人，唯獨不去問候陳寔。又如陳蕃為給妻子送葬而回鄉時，鄉親們都去看望他，而只有許劭不去。有人問起其中原因，許劭說：「太丘縣長陳寔道術太廣泛，廣泛了就難以周全；陳蕃性情嚴峻，嚴峻了就難以通達。因此不去造訪他們。」從這些記載可以看出，許劭不僅年輕時就已成為名士，具有評判人的資格，而且確有與眾不同的見解，對人有獨特的審視眼光。

　　不過，與郭太品題人物不同，許劭的評品人物不是隨機性的，遇到誰就品評誰，而是有一定計畫性的。事實上，許劭也是以善於議論人物、論定高下而聞名於士林的。許劭曾與他的堂兄許靖一起，每個月總要更換他們對人物高下的評語，因此汝南俗語有所謂「月旦評」一說。他們所品題的主要內容，包括人物的品德、性情、才能、識度等方面。據說，曹操地位低下時，常常說些恭敬謙虛的話，送上豐厚的禮品，來請求許劭為他的人品作鑒定。許劭鄙視此人而不肯答應他，曹操就窺測可乘之機對他加以威脅，許劭不得已，評定他的人品說：「君清

平之奸賊，亂世之英雄。」曹操得此結論十分高興而離去。

　　東漢士人之所以如此重視名士的品評，不僅與當時的選舉制度有關，也與當時社會上注重名節的風氣不無關係。那些被社會上公認為具有名節的士人，往往享有很高的社會威望，他們的議論，能成為一股強大的社會輿論。他們的褒貶不僅影響到某個人的政治前途，還會影響到朝廷。從某種意義上說，魏晉時期的社會清談風氣，實是漢末人物品題的繼續。

參考書目

司馬遷.史記.中華書局點校本

班固.漢書.中華書局點校本

范曄.後漢書.中華書局點校本

陳壽.三國志.中華書局點校本

淮南子.諸子集成本

董仲舒.春秋繁露.二十二子本

桓寬.鹽鐵論.上海：上海人民出版社，1974

白虎通義.抱經堂叢書本

吳樹平.風俗通義校釋.天津：天津人民出版社，1980

吳樹平.東觀漢記校注.鄭州：中州古籍出版社，1987

王充.論衡.北京大學歷史系《論衡注釋》本.北京：中華書局，1979

王符.潛夫論.彭鐸校正《潛夫論箋》本.北京：中華書局，1979

白壽彝總主編.中國通史（第4卷）.上海：上海人民出版社，1995

白壽彝.中國史學史（第1冊）.上海：上海人民出版社，1996

中華文明史（第 3 卷）.石家莊：河北教育出版社，1992

翦伯贊.秦漢史.北京：北京大學出版社，1983

林劍鳴.秦史稿.上海：上海人民出版社，1981

林劍鳴.秦漢史.上海：上海人民出版社，1989

林劍鳴、余華青、周天游、黃留珠.秦漢社會文明.西安：西北大學出版社，1985

呂思勉.秦漢史.上海：上海古籍出版社，1983

呂思勉.兩晉南北朝史.上海：上海古籍出版社，1983

王仲犖.魏晉南北朝史.上海：上海人民出版社，1979

劍橋中國秦漢史.北京：中國社會科學出版社，1992

顧頡剛.秦漢的方士與儒生（新 1 版）.上海：上海古籍出版社，1978

侯外廬、趙紀彬、杜國庠、邱漢生.中國思想史（第 2 卷）.北京：人民出版社，1957

任繼愈.中國哲學發展史（秦漢卷）.北京：人民出版社，1985

金春峰.漢代思想史.北京：中國社會科學出版社，1987

張岱年.中國哲學大綱.北京：中國社會科學出版社，1982

張岱年.文化論.石家莊：河北教育出版社，1996

周予同經學史論著選集（增訂本）.上海：上海人民出版社，1996

蔣伯潛、蔣祖怡.經與經學.上海：上海書店出版社，1997

湯志鈞、華有根、承載、錢杭.西漢經學與政治.上海：上海古籍出版社，1994

劉澤華主編.中國古代政治思想史.天津：南開大學出版社，1992

柳詒徵.中國文化史.北京：東方出版中心，1988

趙吉惠、郭厚安等.中國儒學史.鄭州：中州古籍出版社，1991

周桂鈿.中國傳統哲學.北京：北京師範大學出版社，1990

胡奇光.中國小學史.上海：上海人民出版社，1987

孫鈞錫.中國漢字學史.北京：學苑出版社，1991

李新泰主編.齊文化大觀.北京：中央黨校出版社，1992

楚文化研究會編.楚文化論集.武漢：荊楚書社，1987

周一良主編.中華文化交流史.鄭州：河南人民出版社，1987

沈福偉.中西文化交流史.上海：上海人民出版社，1985

梁容若.中日文化交流史論.北京：商務印書館，1985

陳少鋒.中國倫理學史（上冊）.北京：北京大學出版社，1996

韓養民.秦漢文化史.西安：陝西人民教育出版社，1986

杜芳琴.女性觀念的衍變.鄭州：河南人民出版社，1988

馮爾康等.中國宗族社會.杭州：浙江人民出版社，1994

卿希泰主編.中國道教史（第 1 卷）.成都：四川人民出版社，1988

睡虎地秦墓竹簡整理小組.睡虎地秦墓竹簡.北京：文物出版社，1978

陳東原.中國婦女生活史.上海：上海書店，1984

毛禮銳等編.中國古代教育史.北京：人民教育出版社，1979

顧樹森.中國歷代教育制度.南京：江蘇教育出版社，1981

孟憲承編.中國古代教育史資料.北京：人民教育出版社，1961

黃留珠.漢代仕進制度.西安：西北大學出版社，1985

安作璋、熊鐵基.秦漢官制史稿.濟南：齊魯書社，1984

俞啟定.先秦兩漢儒家教育.濟南：齊魯書社，1987

張鳴岐.董仲舒教育思想初探.長春：吉林教育出版社，1988

游國恩等.中國文學史.北京：人民文學出版社，1979

王文生主編.中國文學史.北京：高等教育出版社，1989

鄭振鐸.插圖本中國文學史.北京：人民文學出版社，1957

羅大杰.中國文學發展史.上海：上海古籍出版社，1982

羅根澤.中國文學批評史.上海：上海古籍出版社，1984

郭預衡.中國散文史.上海：上海古籍出版社，1986

韓兆琦、呂伯濤.漢代散文史稿.太原：山西人民出版社，1986

馬積高.賦史.上海：上海古籍出版社，1987

陸侃如、馮沅君.中國詩史.北京：人民文學出版社，1983

蕭滌非.漢魏六朝樂府文學史.北京：人民文學出版社，1984

李浴.中國美術史綱.瀋陽：遼寧美術出版社，1984

張光福.中國美術史.北京：知識出版社，1982

王遜.中國美術史.上海：上海人民美術出版社，1985

金維諾.中國美術史論集.北京：人民美術出版社，1985

田自秉.中國工藝美術史.北京：知識出版社，1985

劉敦楨.中國古代建築史.北京：中國建築工業出版社，1980

楊蔭瀏.中國古代音樂史稿（上冊）.北京：人民音樂出版社，1981

王克芬.中國舞蹈發展史.上海：上海人民出版社，1989

彭松.中國舞蹈史（秦漢魏晉南北朝部分）.北京：文化藝術出版社，1984

吳曾德.漢代畫像石.北京：文物出版社，1984

林伯原.中國體育史（古代部分）.北京：北京體育學院出版社，1989

中國社會科學院考古研究所.新中國的考古發現和研究.北京：文物出版社，1984

文物編輯委員會.文物考古工作三十年（1949-1979）.北京：文物出版社，1979

李約瑟.中國科學技術史（第 1-4 卷）.北京：科學出版社，1975

李約瑟.中國科學技術史（第 5 卷）.北京：科學出版社，上海：上海古籍出版社，1990

董粉和.中國秦漢科技史.北京：人民出版社，1995

梁家勉主編.中國農業科學技術史稿.北京：農業出版社，1989

自然科學史研究所編.中國古代科技成就.北京：中國青年出版社，1978

申漳.簡明科學技術史.北京：中國青年出版社，1990

林乃.中國飲食文化.上海：上海人民出版社，1989

彭衛.漢代婚姻形態.西安：三秦出版社，1988

祝瑞開主編.秦漢文化與華夏傳統.上海：學林出版社，1993

再版後記

　　本套叢書第一版出版於二〇〇〇年，若再上溯到一九九五年項目正式起動，則距今已有十五年之遙。十五年前的中國，改革開放正進入重要階段。隨著國家現代化建設事業的不斷推進，深層次的文化問題愈益受到普遍關注。人們也越來越意識到，所謂現代化，首先就是人的現代化；而所謂人的現代化，離不開人的道德文化素養的提升，所以，歸根結柢，現代化的實現有賴於文化的現代化。也因是之故，一九九七年黨的十五大報告即提出了建設「有中國特色社會主義的文化」的宏偉目標。報告不僅強調「社會主義現代化應該有繁榮的經濟，也應該有繁榮的文化」，而且強調有中國特色社會主義的文化，「它淵源於中華民族五千年文明史，又植根於有中國特色社會主義的實踐」。學術反映時代。明白了這一點，便不難理解，隨著文化問題自二十世紀八〇年代後期以來的持續升溫，其時中國文化史的研究也發展到了一個新的階段：關注對中國文化總體史的探究。這也正是本叢書當年創意的緣起。

　　本叢書的作者多是來自京內外高校和科研院所的中青年學者。當年既沒有什麼科研經費，也沒有什麼津貼，大家的合作主要是出於共同的學術興趣。整套叢書寫作長達四年之久，尤其是最後一年，幾乎每週末都需要開會討論問題。但大家心態平和，似乎都樂此不疲。當然，說到底，這還要感謝當年比較寬鬆的學術環境，因為那時侯高校沒有如今這樣沉重的量化考核的壓力，作者得以避免產生浮躁的心態和陷入急功近利的怪圈。當年參與本叢書編寫的作者，今天多成了有成就的學者和各單位的學術骨幹，大家有時聚首，說起來都很懷念那一段共事的時光。

由於種種原因，本叢書出版後沒有為更多讀者所熟知，也沒有產生應有的社會效益。二〇〇九年，北京師範大學出版社找到我，認為這套「文化通史」依然有著重要的學術價值，值得向廣大讀者推介，希望能夠將之再版。這一動議讓我看到了北京師範大學出版社對學術與市場雙向的判斷力，和助益學術的執著追求。所以，我當即表示欣然同意。

　　現在本叢書即將出版，我們想利用這個機會，對北京師範大學出版社的大力支持深表感謝。策劃編輯饒濤、李雪潔同志為本叢書出版付出了很多的辛勞；碩士研究生明天、李豔鳳、鞠慧卿同志為本叢書的圖片選取，也做了大量的工作，在此，一併申致謝意。

鄭師渠

於北京師範大學

二〇〇九年五月十五日

亮點書系．中國文化通史 A1001004

中國文化通史・秦漢卷　下冊

主　　編	鄭師渠
版權策畫	李　鋒

發 行 人	陳滿銘
總 經 理	梁錦興
總 編 輯	陳滿銘
副總編輯	張晏瑞
編 輯 所	萬卷樓圖書股份有限公司
排　　版	菩薩蠻數位文化有限公司
印　　刷	維中科技有限公司
封面設計	菩薩蠻數位文化有限公司

出　　版　昌明文化有限公司
桃園市龜山區中原街 32 號
電話 (02)23216565
發　　行　萬卷樓圖書股份有限公司
臺北市羅斯福路二段 41 號 6 樓之 3
電話 (02)23216565
傳真 (02)23218698
電郵 SERVICE@WANJUAN.COM.TW
大陸經銷
廈門外圖臺灣書店有限公司
　　電郵 JKB188@188.COM

ISBN 978-986-496-156-6
2018 年 1 月初版
定價：新臺幣 480 元

如何購買本書：
1. 劃撥購書，請透過以下郵政劃撥帳號：
　　帳號：15624015
　　戶名：萬卷樓圖書股份有限公司
2. 轉帳購書，請透過以下帳戶
　　合作金庫銀行　古亭分行
　　戶名：萬卷樓圖書股份有限公司
　　帳號：0877717092596
3. 網路購書，請透過萬卷樓網站
　　網址 WWW.WANJUAN.COM.TW
大量購書，請直接聯繫我們，將有專人為您
服務。客服：(02)23216565 分機 610

如有缺頁、破損或裝訂錯誤，請寄回更換

版權所有・翻印必究
Copyright©2016 by WanJuanLou Books CO., Ltd.
All Right Reserved　　　　Printed in Taiwan

國家圖書館出版品預行編目資料

中國文化通史. 秦漢卷 / 鄭師渠. -- 初版. --
桃園市 : 昌明文化出版；臺北市 : 萬卷樓
發行, 2018.01
　　冊；　　公分
ISBN 978-986-496-156-6(下冊 : 平裝)
1.文化史 2.中國
630　　　　　　　　　　　　　107001799

本著作物經廈門墨客知識產權代理有限公司代理，由北京師範大學出版社（集團）有
限公司授權萬卷樓圖書股份有限公司出版、發行中文繁體字版版權。